项目：吉林省教育厅社会科学研究项目"美国教育实习的理〔践反思"（吉教科文合字[2015]第154号）研究成果；吉林师年度校级高等教育教学研究课题"构建高等院校全方位育人与实践"研究成果。

高质量教师教育体系建设

GAOZHILIANG JIAOSHI
JIAOYU TIXI JIANSHE

龚冬梅 著

经济管理出版社
ECONOMY & MANAGEMENT PUBLISHING HOUSE

图书在版编目（CIP）数据

高质量教师教育体系建设/龚冬梅著 . —北京：经济管理出版社，2023.7
ISBN 978-7-5096-9168-7

Ⅰ.①高…　Ⅱ.①龚…　Ⅲ.①教师教育—教育体系—研究—中国　Ⅳ.①G659.2

中国国家版本馆 CIP 数据核字（2023）第 137085 号

组稿编辑：张馨予
责任编辑：张馨予
责任印制：黄章平
责任校对：陈　颖

出版发行：经济管理出版社
　　　　　（北京市海淀区北蜂窝 8 号中雅大厦 A 座 11 层　100038）
网　　址：www.E-mp.com.cn
电　　话：（010）51915602
印　　刷：唐山玺诚印务有限公司
经　　销：新华书店
开　　本：720mm×1000mm/16
印　　张：14
字　　数：218 千字
版　　次：2023 年 8 月第 1 版　　2023 年 8 月第 1 次印刷
书　　号：ISBN 978-7-5096-9168-7
定　　价：88.00 元

前　言

百年大计，教育为本。教育兴则国家兴，教育强则国家强。当前，加快推进教师教育现代化发展、建设高质量教师教育体系是构建高质量教育体系的首要保障。在教师教育领域，高质量教师教育体系建设的基本路径为：充分发挥师范专业认证的理念引领，排查筛选功能。在核心层面上，夯实教师教育者和师范生的双主体地位，补齐教师教育者职前培养、入职教育和职后培训短板，扭转"师范生专业地位和专业认同度不高"的不良倾向；在质量层面上，确立师范生核心素养教育体系，厚植教师教育文化，进而推进教育信息化、智能化与教师教育深度融合；在支持层面上，加快建设现代化的教师教育学科体系，进一步优化非师范院校教师教育体系。

本书主要对教师教育体系建设相关内容进行研究，总结高质量教师教育体系建设的方法与路径。主要内容包括教师教育培养体系，教师职前、入职、职后全过程实践，教师教育者的身份与教学能力构建，教师教育信息化高质量发展，构建高质量教师教育体系的实践路径等内容。本书全面总结教师教育体系建设的问题与过程等相关内容，实践教学紧密联系教师教学理论与原则，体现了相关领域的进步性与实践创新性。

作者在撰写本书的过程中参阅了大量的文献资料，在此对相关作者表示感谢！由于作者水平有限，书中难免会有不足之处，恳请广大读者给予批评指正！

作　者

2023 年 3 月

目　录

第一章　高质量教师教育体系建设概述 ……………………………… 1

第一节　建设高质量教育体系的基本内涵与任务 ……………… 1

第二节　新时代高质量教师队伍建设的背景、内涵与策略 ………… 13

第二章　教师教育发展研究 ……………………………………… 21

第一节　教师教育的内涵界定 ………………………………… 21

第二节　教师教育的理论探索 ………………………………… 22

第三节　教师教育的体系建设 ………………………………… 28

第三章　教师教育培养体系研究 ………………………………… 37

第一节　教师教育的培养机构 ………………………………… 37

第二节　教师教育的课程设置 ………………………………… 47

第三节　教师教育的培养模式 ………………………………… 60

第四章　教师全过程教育实践探究 ……………………………… 69

第一节　教师职前教育实践探究 ……………………………… 69

第二节　教师入职教育实践探究 ……………………………… 84

第三节　教师职后教育实践探究 …………………………… 104

第五章　教师教育者的身份与教学能力构建 ················· 119

　　第一节　教师教育者的专业身份及其认同 ············· 119

　　第二节　教师教育者的专业素养要求 ················· 121

　　第三节　教师教育者教学能力的影响因素分析 ········· 126

　　第四节　教师教育者教学能力的提高策略探究 ········· 131

第六章　教师教育信息化高质量发展研究 ················· 137

　　第一节　教师教育信息化的时代内涵 ················· 137

　　第二节　教师的信息素养 ··························· 147

　　第三节　教师教育信息化促进教育高质量发展的路径 ··· 155

第七章　构建高质量教师教育体系的实践路径 ············· 168

　　第一节　构建助力科技自立自强的高质量高等教育体系 ··· 168

　　第二节　建设高质量教师教育学科体系 ··············· 171

　　第三节　深化教师教育管理综合改革 ················· 183

　　第四节　全面建设高素质专业化创新型教师队伍 ······· 189

参考文献 ··· 203

第一章　高质量教师教育体系建设概述

第一节　建设高质量教育体系的基本内涵与任务

一、建设高质量教育体系的基本内涵

（一）坚持党的全面领导

中国共产党领导是中国特色社会主义最本质的特征，是中国特色社会主义制度的最大优势。教育是国之大计、党之大计。坚持党的全面领导是建设高质量教育体系的总体要求，更是其根本保证。

要坚定不移地走中国特色社会主义教育发展道路。中国特色社会主义教育发展道路是中国特色社会主义道路的重要组成部分，也是在教育领域对中国特色社会主义制度的伟大实践。坚持党对教育事业的领导是中国特色社会主义教育发展道路的实践特征，是中国特色社会主义教育发展道路的历史经验，也是中国特色社会主义教育道路科学发展的根本保障。

（二）坚持立德树人，在新的历史征程中培养时代新人

人才培养过程中，首先要明确三个基本问题："为谁培养人""培养什么

人""怎样培养人"。党的十九大旗帜鲜明地回答了这一系列问题:"要全面贯彻党的教育方针,落实立德树人根本任务,发展素质教育,推进教育公平,培养德智体美全面发展的社会主义建设者和接班人。"这一系列论述成为我国教育事业培养人的根本目标和基本原则。

首先,要坚持把立德树人作为人才培养的中心环节。人无德不立,育人的根本在于立德。立德树人任务的实现包括知识、能力、价值三个层次。第一,学校、家庭、社会要为学生提供系统完善的道德与法治知识,并设立相应的考核评价机制;第二,认识指导实践,引导学生能够在现实生活中应用相关知识,做到"知行合一";第三,引导学生吸收、内化、认同相关知识,帮助学生树立正确的世界观、人生观、价值观,以此确保学生为人处世基本原则的确立与实践,在"知行合一"的基础上做到"慎独"。

其次,要坚持为党育人、为国育才,在新征程中培养时代新人。人才培养的目标和过程要能够与国家和社会的发展道路紧密契合,培养能够为中国共产党领导下的新时代中国特色社会主义事业添砖加瓦的人,能够以实现中华民族的伟大复兴为根本使命的人,能够"把自己的理想同祖国的前途、把自己的人生同民族的命运紧密联系在一起,扎根人民,奉献国家""在实现中国梦的伟大实践中创造自己的精彩人生"。

最后,要培养德智体美劳全面发展的人。教育不仅是传授知识的事业,人才的培养更不是仅仅依靠知识的传递就可以完成,我国的人才培养目标强调了"五育并举",即要求学生在德智体美劳五个方面能够全面发展。随着我国经济社会发展水平的不断提升、教育观念的更新和教育体制的改革,包括人文底蕴、科学精神、学会学习、健康生活、责任担当、实践创新在内的六大核心素养越来越成为人才培养的关键点。尤其是我国教育正处于从应试教育向素质教育转型的时期,对学生自主发展和社会参与方面的素养提出了更高的要求,包括对文明素养、社会责任意识、实践能力的培养,对于青少年的身体素质和心理健康也更加关注。

(三)坚持培养创新人才,提升自主创新能力

教育培养人才,教育的持续发展更需要人才。"人才是创新的根基,创新

驱动实质上是人才驱动，谁拥有一流的创新人才，谁就拥有了科技创新的优势和主导权。""教育是培养人才和增强民族创新能力的基础，必须放在现代化建设的全局性战略性重要位置。"

释放高校基础研究科技创新潜力。高质量教育体系要求创新人才的大量涌入，尤其是在高等教育学段，科研创新人才既是激活我国创新战略的重要力量，推动我国科技事业稳步向前发展，更是高等教育开展的坚实基础，直接引导培养新一代创新人才的成长成才。高校应当着眼于基础研究，从中取得的收获能够用于应用研究及作为其他相关研究的创新源头，增强创新的活力和能力。

聚焦国家战略需要。当今世界综合国力的比拼，是经济与科技实力的比拼，而这有赖于人才和技术的发展。"创新是引领发展的第一动力，是建设现代化经济体系的战略支撑。"一个国家的科技创新能力是与国家安全密切相关的。因此，科技创新要聚焦国家战略需要，服务于国家重大需求，贯彻科教兴国战略。

瞄准关键核心技术，加快技术攻关，当前我国产业结构优化升级，但部分产业中仍存在核心技术依赖其他国家的问题，这使我国的产业安全乃至国家安全都存在隐患。核心技术攻关需要大量科技创新人才的努力，需要人才培养制度、人才选拔制度、人才考核与评价制度等的同步更新，也有赖于国家创新体系的建立和相关社会支持的完善。

（四）优化教育结构

教育结构指的是各级各类教育之间的横向和纵向的比例关系，一般包括类型结构、层次结构、学科专业结构等。教育结构是否合理，对于各级各类教育事业能否持续健康发展具有重要意义。因此，高质量教育体系的建立需要在优化教育结构的基础上进行，也就是要建立与我国当前新发展格局相适应的教育结构、学科专业结构和人才培养结构。

改革开放以来，我国的各级各类教育事业都进入了高速发展的时期，"效率优先、兼顾公平"的政策取向也在逐渐暴露我国教育事业发展中不均衡、不协调等问题。教育结构的优化也势必要以此为切入点，在改善城乡二元教育结构、发展学前教育和职业教育上集中发力，集中力量解决我国教育事业发展中的"短板"，推动教育公平作为教育政策的关键价值，并以此推动社会公平正义。

教育结构，尤其是高等教育中的学科专业结构与人才培养结构直接影响着人才的就业结构，对我国产业结构的进一步发展有着深远影响。学科专业结构与人才培养结构的调整也是我国产业结构发展、调整、转型、升级的基础，这二者的优化调整必须与我国当今的经济社会发展相适应，解决大学生就业难和企业招工难之间的结构性矛盾，为国家经济科技发展的关键领域培养和输送人才。

（五）深化教育领域综合改革

改革是新时期教育事业发展的强大动力，而教育改革在新的历史起点上是全面深化改革的重要组成部分，深化教育领域综合改革更是满足人民群众对多样化高质量教育需求的可靠保障，因而深化教育领域综合改革既具有重要性，又具有紧迫性。

其一，要增强教育改革的系统性、整体性、协同性。教育领域综合改革涉及多方面制度和政策，包括办学体制、管理体制、经费投入体制、考试招生及就业制度、学校内部管理制度、人事薪酬制度、教学管理制度、人才培养模式、教学内容与方法，等等，但一切教育领域内的变革，都要以"培养德智体美劳全面发展的社会主义建设者和接班人"为根本目标，以推动教育公平、提升教育质量为基本方向，以客观规律为基本遵循，"使各级各类教育更加符合教育规律、更加符合人才成长规律"。广泛征集专家、教师、学生、家长等利益相关者的意见，变革更要建立在政策的试点—反馈机制基础上，有条不紊地逐步推进。

其二，要构建具有世界先进水平的教育评价体系。教育评价是教育发展的指挥棒。要根据《深化新时代教育评价改革总体方案》的总体精神，结合我国的国情、学情，改革党委和政府教育工作评价、学校评价、教师评价、学生评价、用人评价，构建既符合中国实际又具有世界先进水平的教育评价体系，从而对我国教育事业的发展和教育改革的进行起到牵引和导向作用。

其三，要更新教育理念，变革教育模式，教育领域的综合改革要建立在教育理念革新的基础上。2019年末以来，线上教育的发展带来更多机会，线上教育和网络教育等新的教育模式同样也拓宽了教育事业发展的可能性。同时，新模式的诞生、稳定、丰富和发展还需要更多新观念、新技术、新文化的推动。

其四，优化教育开放全球布局。教育改革要坚持文化自信，以文化育人，以教育丰富、传递和发扬中华文化，以文化孕育、激活、推动教育事业的进一步发展。同时，教育更是文化交流与文明对话的重要一环，更是推动人类命运共同体建设与发展的重要动力，因此教育改革也要顺应全球化趋势，不断优化教育开放全球布局，以教育开放推动文明交流与对话、推动文化的革新与发展。

其五，守住安全底线，积极引导学生和教师群体拥护党的全面领导，教育领域综合改革要以中华民族优秀传统文化为依托，使学生树立以爱国主义为核心的民族精神和以改革创新为核心的时代精神，培养德智体美劳全面发展的社会主义建设者和接班人。

（六）坚持评价引领

教育评价事关教育发展方向，有什么样的评价指挥棒就有什么样的办学导向。《深化新时代教育评价改革总体方案》中提出要改进结果评价，强化过程评价，探索增值评价，健全综合评价。

围绕党委和政府、学校、教师、学生、社会五类主体进行教育评价改革，形成富有时代特征、彰显中国特色、体现世界水平的教育评价体系。《深化新时代教育评价改革总体方案》将教育评价改革落实到五类主体，从而探索建立多主体、全方位、多维度的教育评价体系，包括：改革党委和政府教育工作评价，推进科学履行职责；改革学校评价，推进落实立德树人根本任务；改革教师评价，推进践行教书育人使命；改革学生评价，促进德智体美劳全面发展；改革用人评价，共同营造教育发展良好环境。

坚持评价引领，充分发挥教育评价的指挥棒作用，确保教育正确发展方向。科学合理的教育评价体系的建立有利于科学、健康的教育发展观、人才成长观、选人用人观在大众和社会中的推广和普及。多维度、全方位评价体系的建设为评估教育事业的发展质量和水平提供了参考，能够有效减轻对分数、排名、升学率等指标的盲目追求，为确保教育正确发展方向、探索教育系统的健康可持续运转提供更多可能性。健全的教育评价体系能够反映国家和社会的教育目的、教育制度、教育发展原则等，坚持评价引领的前提是坚持社会主义办学方向，落实立德树人根本任务，培养德智体美劳全面发展的社会主义建设者和接班人。评价体系的建立需要依据这样的原则，评价引领发展更需要始终坚持这些基本原则。

（七）健全学校家庭社会协同育人机制

教育是一个广泛的概念，不仅发生在学校中、课堂上，更发生在家庭中、社会中；对下一代的教育不仅是学校的责任，更是家庭和社会的责任。健全学校、家庭、社会协同育人机制要求强化家庭教育的基础作用，释放社会育人活力，实现家校社互融互通、同心同向，形成"大教育"格局。

一方面，学校教育、家庭教育和社会教育应当各司其职，在各自的专业领域内履行教育责任。学校教育应当发挥其体系化、专业化的优势，德智体美劳五育并举，依靠专业的教师与工作人员强化对学生各方面知识与能力的教学。"家庭是人生的第一所学校，家长是孩子的第一任老师。"家庭教育贯穿人的一生，尤其是在学前教育阶段，对个体的成长具有至关重要的基础性作用，也是学校教育的重要补充，能够真正因材施教、个性发展。社会教育既包括面向父母的教育，也包括面向儿童的教育；社会既能够为儿童提供生产、生活等各方面的知识和技能，也能够利用教育市场为儿童提供各方面的优质课程。另一方面，机制的建立健全。一是强化学校教育中的家长和家庭参与，如建立家长委员会参与到学校与班级事务中，开展父母讲座，建立有效可行的家校互动机制等，使家长能切实了解学校的教育教学情况，并针对不同儿童个体展开各有侧重的家庭教育；二是倡导社会企事业单位与学校合作育人，如博物馆、科技馆进校园和消防讲座等，学校根据教育教学的重点，与校外单位合作，强化学生对知识的全面了解与掌握，增强学生与社会的联系；三是社区有效利用资源，开发教育活动项目，鼓励以家庭或儿童个人为单位的参与互动，在社区乃至社会范围内营造教育交流的氛围。

学校、家庭、社会三者既有分工，又有合作。协同育人机制的建立既需要三者教育职责的切实履行，更需要建立有效的沟通、联络、合作通道，成为教育的"共同体"。而协同育人机制的健全，关键在于培养目标的明确与统一，即"培养德智体美劳全面发展的社会主义建设者和接班人"，需要三者向着这一目标共同发力、通力合作。

（八）提升教师教书育人能力素质

教师是立教之本、兴教之源，是学生成长过程中的引路人，学生知识能力的增长、道德情操的培养、价值观的确立与成熟，都离不开教师的教与育。好老师要"有理想信念、有道德情操、有扎实知识、有仁爱之心"。在互联网和现代科技飞速发展、各类信息化技术应用于学校与课堂的今天，教师仍然是教育事业健康发展的基础元素，是学校和课堂不可剥离的关键要素。高素质教师队伍是高质量教育体系的重要组成部分，是实现全员、全程、全方位三全育人的核心力量，更是培养德智体美劳全面发展的社会主义建设者和接班人的坚实基础。

教书的能力素质要求教师在学科教学中具备良好的专业素养，既包括教的资格，也包括教的能力，也就是说，教师既要拥有对本学科专业知识的扎实基础，能够积极主动学习以更新知识体系，还要能够以准确、生动的方式将知识传达给学生，帮助学生学习和掌握知识。育人的能力素质直接对标立德树人的根本任务，在教育教学过程中，教师应当以身作则，要严于律己，以高道德标准要求自己，成为学生学习的首要典范。教师应当具备进行道德教育的基本能力，如何将道德教育融入学校的日常学习生活中、如何采用有效的德育手段和措施成为教师育人过程中的关键问题。

提升教师教书育人能力素质要贯穿教师培养、选拔、管理的全过程。在教师培养中，要求师范学校将教书育人能力素质纳入培养方案和课程体系，增强师范专业学生的专业知识和技能。在教师选拔中，教书育人能力素质应当作为关键考核标准，提高教师准入的专业素质门槛。在教师管理中，一方面，政府和学校应当以提高教师教书育人能力素质为目的，建立教师培训的长效机制，推动教师专业上的不断成长；另一方面，教书育人能力素质也应当纳入考核体系，建立多元化、全方位的考核标准，营造和维护良好的教育教学实践生态，为教师的专业成长与晋升提供良性的政策空间。

二、建设高质量教育体系的根本任务

建设高质量教育体系、培养高素质时代新人，需要进一步普及教育并提高教育质量，包括全面普及高中阶段教育、提高高等教育普及程度、扩大研究生教育规模、构建服务全民终身学习的终身教育体系等，推动全民受教育程度的不断提升，促进教育适应当代中国经济社会的发展状况，为国家和社会的协调、可持续发展提供源源不断的内生动力。

（一）健全优质均衡的基本公共教育服务体系

基本公共教育服务是指在教育领域提供的基础性公共服务，具有公共性、普惠性、基础性、发展性四个主要特征，主要由政府提供，涵盖了普惠性学前教育、九年义务教育和高中阶段教育。基本公共教育服务体系是高质量教育体系建设的起点，是完善高等教育体系和终身学习体系的基础，与个体的切身利益和成长成才，以及国家和民族的繁荣发展紧密相关。

首先，要推动基本公共教育服务的均衡性，使教育发展成果惠及全民，以教育公平推动社会公平正义。尤其是要集中力量缩小基本公共教育服务的差距，推动教育资源向农村地区、边疆地区、集中连片地区倾斜，在学校基础设施、教师配置等方面提供扶助，关注薄弱学校，关注处境不利的家庭与儿童，包括进城务工人员随迁子女、家庭经济困难学生和残疾学生等。同时，以义务教育为核心，大力发展学前教育和高中阶段教育。一方面推动普惠性幼儿园的建立发展，完善相关的管理监督机制，从制度上保障"幼有所育"；另一方面着力提高高中阶段教育的普及率，优化教育结构，推动普通高中和中等职业教育协调发展。

其次，要提升基本公共教育服务的质量，提高新时代教育的育人质量。基本公共教育服务的质量直接影响到后续教育阶段的质量和国民素质，提升教育质量是教育事业发展的必由之路。高质量的教育必须以人为中心，以培养德智体美劳全面发展的社会主义建设者和接班人为育人目标，在学校、家庭、教师、教材、教法等多个方面集中下功夫，深化教育领域的综合改革，利用信息网络技术开发新型教育资源和教学模式，努力让每个孩子都能享有公平而有质量的教育。

（二）构建支撑技能社会建设的职业教育体系

2014 年《国务院关于加快发展现代职业教育的决定》明确提出了"形成适应发展需求、产教深度融合、中职高职衔接、职业教育与普通教育相互沟通，体现终身教育理念，具有中国特色、世界水平的现代职业教育体系"的发展目标。完善成熟的职业教育体系直接影响到一个社会的产业结构和行业发展，更是技能型社会建设的关键和基础。

第一，加大人力资本投入，增强职业技术教育适应性。职业教育的适应性包括两个方面：一是增强职业教育对经济社会发展的适应性，支撑产业发展；二是增强职业教育对人的发展的适应性，让人民满意。这要求职业教育体系在建设过程中，既能对接社会和产业发展的需要，培养和输送高质量的专业技术技能人才，又能够合理规划设计职业教育的学校、课程和制度体系，以人为本，关心个体的成长、成才，而不只是浮于技术与技能。

第二，深化职普融通、产教融合、校企合作。职业教育与普通教育分属两种不同的教育类型，具有同样的地位，两者并不是并肩而行的两条轨道，而应当是为学生多样化选择、多路径成才搭建的"立交桥"。产教融合、校企合作是职业学校开展教育的基本要求，能够将学校、企业、产业相联结，用企业和产业的实际情况和发展状况助力学校教育，推动知识转化为技能应用于实践，也不断向企业和产业中注入新鲜血液，保持行业活力。

第三，大力培养技术技能人才。职业教育以培养职业技能为教学目标，持续向社会输入技术技能人才。现代学徒制是教育部根据《国务院关于加快发展现代职业教育的决定》，借鉴西方学徒制经验在我国职业教育领域推行的一项试验，以校企双重主体育人为根本，以"学生""学徒"双重身份为保证，以岗位成才为路径，是一种全新的深层次职业教育的工学结合人才培养形式。探索中国特色学徒制对于建设中国特色职业教育体系具有重要意义，能够最大限度上使职业教育的人才培养形式契合于我国的国情、发展目标和特点、现实需要以及我国的人才培养路径，提升职业教育的质量，推动技术技能人才的成长成才。

（三）构建世界一流的高等教育体系

2012 年，教育部出台《教育部关于全面提高高等教育质量的若干意见》，提出要"坚持稳定规模、优化结构、强化特色、注重创新，走以质量提升为核心的内涵式发展道路"。此后，我国高等教育走上了内涵式发展的道路。《统筹推进世界一流大学和一流学科建设总体方案》提出要推动一批高水平大学和学科进入世界一流行列或前列，到 21 世纪中叶，基本建成高等教育强国。

构建世界一流的高等教育体系，首先要提高高等教育质量。树立正确的质量观，强化本科教学，重视社会实践和道德教育；加强高等学校教师队伍的建设，推动研究型、创新型大学的建设，充分激发高校人才从事科学研究的动力和活力；同时要探索体制机制改革，扩大教育对外开放。其次要分类建设一流大学和一流学科。完善高等教育管理体制，对高校和学科实行分类管理。高等学校要根据自身历史和特点，积极探索合适的一流大学和一流学科建设路径，加强创新型、应用型、复合型人才培养，既要向国外高校学习宝贵经验，也要审视自身，挖掘中国特色和自身特色。最后要加快培养理工农医类专业紧缺人才。高等学校要与社会和就业市场密切联系，紧密结合社会和现实的需求，培养学生的专业技术能力以及应用知识的能力，为社会输送急需的专业技术人才，推动产学研深度融合。尤其是在理工农医等专业领域，要加大投入，重点培养，改善目前我国在这些领域的人才短缺现象，推动产业和行业健康持续发展。

（四）构建服务全民终身学习的教育体系

高质量教育体系不仅要惠及学龄儿童与青少年，而且要惠及包括行业从业者、老年人等在内的广大人民群众。

其一，要推动终身学习观念在全社会的树立。如今，我国的主要矛盾已经演变为"人民日益增长的美好生活需要和不平衡不充分的发展之间的矛盾"，人民的日常生活所需已经基本能够得到满足，为终身学习观念的树立提供了物质基础。观念革新引导行为变化。长期以来，儒家"学而优则仕"的观念深入人心，但随着教育普及率与全民受教育程度的不断提升，"入仕"不再是更不应是教育唯一的目的，不断求知、终身学习也能带给人持续的成长和幸福。同时，当今世界，新问题、新变化、新知识在不断涌现，现代科学技术的发展也使得社会面貌日新月异，客观上需要个体知识体系的不断更新，以适应社会的发展变化。

其二，要加强顶层设计，建立终身学习的法律和政策体系。终身学习体系和学习型社会的建设必须由党和国家宏观把控，建立政府主导，学校、企业、行业、机构等共同参与的运行机制，明确以终身学习为目标的发展战略框架和社会各方权责义务，为构建终身学习体系提供制度保障。相关政策和法律的出台，一方面能够调动各企事业单位的积极性，激活教育行业和市场；另一方面，也能够约束市场的不当行为，为终身学习体系和学习型社会的建立和发展营造良好的环境与氛围。

其三，要紧密结合现代信息技术的发展，有效利用"互联网+"技术、大数据等开发教育资源、提高各类学习资源的利用率。在信息化、网络化、数字化、智能化以及5G技术的支持下，教育呈现为一种新的形态。传统的授课和学习方式都在发生变革，人们获得知识、习得技能的渠道和方式越来越多样化，尤其是新冠疫情暴发以来，基于互联网技术的线上教育优势凸显，此类新型课堂进入校园，也为更多人熟知和认可。技术的发展增加了各类学习资源的可获得性，同一堂课可以以直播、录播、线下观看等多种方式，在时间和空间上被延展；同时，新技术的诞生和应用会改变现有的学科结构和产业结构，本身就能够作为一门新的学科或是激活一类新产业，在提高学习资源利用率的同时，也可依据其本身的属性和特点，开发出新的教育和学习资源，为大众终身学习提供更多内容、方式上的选择。

（五）促进民办教育持续健康发展

改革开放以来，我国的民办教育事业获得了长足的发展，有效增加了教育服务供给，满足了人民群众多层次、个性化的教育需求；改变了政府办学的单一教育体制，为教育改革实践提供了新鲜经验；培养了数以千万计的各类人才，为推动教育现代化、促进经济社会发展做出了历史性贡献。高质量教育体系的建设必须将高质量民办教育的建设纳入其中，完善民办教育相关法律与政策体系，促进民办教育持续健康发展。

首先，民办教育要坚持中国共产党的领导，坚持社会主义办学方向，坚持民办教育公益性。民办教育事业属于公益性事业，育人仍然是第一宗旨，社会效益仍然是第一位的。作为我国社会主义教育事业的组成部分，也是我国建设社会主义教育强国不可或缺的力量，民办教育必须要"正本清源"，以培养德智体美劳全面发展的社会主义建设者和接班人为目标，以立德树人为根本任务，坚持走中国特色社会主义教育发展道路。

其次，分类管理，支持和规范民办教育发展。民办学校包括营利性和非营利性两类，应当依法登记，依其特性和类别服从分类管理。国家鼓励社会力量参与办学，高度重视保护和激励民办学校举办者的办学积极性，在财政资助、税收优惠、用地划拨等方面，加大了对非营利性民办学校的支持力度，有明确的政策安排，重点支持内涵建设和质量提升。但对于部分民办学校不当的逐利行为也提出了定期公示公开相关信息、接受教育监督与督导的要求，维护教育秩序和受教育者的合法权益。对于民办学校中的违规违法行为，也设立了相应的惩处措施。

最后，构建公办教育与民办教育协调发展的新格局。尽管属性有所不同，但是二者共同构成了我国的社会主义教育事业，基于民办教育的公益性属性，二者在办学方向、办学目标、人才培养目标等方面都具有相当的一致性。民办教育同样也是公办教育的重要补充，尤其是在学前教育、高等教育方面，社会力量办学对于开发教育资源、增加教育服务、培养多样化人才做出了重要贡献，能够有效激发我国教育事业的发展活力与动力。构建公办教育与民办教育协调发展的新格局，需要完善相关管理和激励机制，形成良性竞争、互相促进的新关系，从而推动我国教育事业蓬勃发展。

第二节 新时代高质量教师队伍建设的
背景、内涵与策略

教师队伍建设的成效和质量直接关系教育事业的兴衰成败和国家社会的长治久安。2018年1月，中共中央、国务院结合新时代我国社会发展特别是教育改革发展的新变化，颁布了《关于全面深化新时代教师队伍建设改革的意见》（以下简称《意见》），明确把"造就党和人民满意的高素质专业化创新型教师队伍"作为未来教师队伍建设的基本方向和目标。2019年2月颁布的《中国教育现代化2035》又进一步强调了建设高素质专业化创新型教师队伍在推进教育现代化进程中的重要性。2020年，党的十九届五中全会更是提出建设高质量教育体系和教育强国的长远目标。应该指出，建设高质量教育体系的根基是打造一支高质量教师队伍，那么，与以往相比，为何要在新时代建设高质量教师队伍，它有着何种特殊内涵，又该如何推进新时代的高质量教师队伍建设，就是亟须解决的重大理论和现实问题。本节试对这些问题进行探讨。

一、新时代建设高质量教师队伍的基本背景

党的十九届五中全会在教育强国的基础上进一步提出建设高质量教育体系。为了保证高质量教育体系建设，加快建设教育强国，必须打造一支高质量的教师队伍。具体而言，新时代之所以要建设高质量教师队伍，主要出于以下几个方面的需要：

（一）开启全面建设社会主义现代化国家新征程的需要

"十三五"期间，我国始终将教育摆在经济社会发展的优先位置，坚持将加强教师队伍建设作为教育事业的基础工作，有力支撑起世界规模最大的教育体系，源源不断地为我国经济社会发展提供了人才和智力支持，有力保障了脱贫攻坚战略和全面建成小康社会的稳步推进。党的十九届五中全会进一步指出，要在"确保如期打赢脱贫攻坚战，确保如期全面建成小康社会、实现第一个百年奋斗目标"后，"为开启全面建设社会主义现代化国家新征程奠定坚实基础"。强国必先强教，强教必先强师，教师强则教育强，教育强则国家强。要为第二个百年奋斗目标开好局、起好头、铺好路，根基在教育，关键在教师。面向未来，要为现代化建设"培养造就大批德才兼备的高素质人才"，离不开高质量的教师队伍。

（二）传承优秀教师文化、弘扬优质教师传统的需要

我国是一个有着五千年文明史的国家，教师文化源远流长，早在先秦时期，就出现了很多关于教师的论述，其中一个核心要义，就是对教师在思想品德、文化知识和教学艺术等方面提出了严格要求。如《学记》提出"知类通达"，要求教师做一名"达师"，既要有"仁之方"的高尚品德，又要有"博学之"的丰厚学识，更要有"能博喻"的教学方法，还要懂"知其心"的学习心理，足见对教师质量要求之高，也说明我国有着建设高质量教师队伍的优良传统和丰厚土壤。中华人民共和国成立后，我国依然十分重视高质量教师队伍建设，特别是改革开放以来，围绕教育改革发展的战略重点和阶段目标，我国对教师队伍建设提出了不同要求，其中所内含的质量诉求也有一定差异。中国特色社会主义新时代，社会主要矛盾已经转变为人民日益增长的美好生活需要和不平衡不充分的发展之间的矛盾，体现在教育中，就是人民日益增长的对美好教育生活需要和教育发展不平衡不充分之间的矛盾。如何破解这一矛盾，满足广大人民群众对优质教育的需求，需要传承我国的优秀教师文化传统去建设高质量教师队伍。

（三）推动教育高质量发展、建设教育强国的需要

党的十七大首次把教育公平写进党的报告中，之后开启了基于促进教育公平、推动教育均衡发展的教育改革。经过十余年的努力，教育公平问题得到很大缓解，教育质量问题开始逐步浮出水面。在此背景下，经过"十三五"时期的努力，我国建成了世界上规模最大的教育体系，教育事业取得巨大成就。党的十九届五中全会在通过的《中共中央关于制定国民经济和社会发展第十四个五年规划和二〇三五年远景目标的建议》（以下简称《建议》）中明确指

出，未来我国要建成"文化强国、教育强国、人才强国、体育强国、健康中国"，并把建设高质量教育体系作为推进教育强国建设的基础工程。《建议》的"建设高质量教育体系"部分明确指出，要"全面贯彻党的教育方针，坚持立德树人，加强师德师风建设，培养德智体美劳全面发展的社会主义建设者和接班人……提升教师教书育人能力素质"。这就是说，要建设高质量教育体系，关键在教师，唯有打造一支高质量的教师队伍，才能为高质量教育体系建设奠定基础，进而确保在 2035 年全面建成教育现代化，最终为 21 世纪中叶把我国建成社会主义现代化强国提供智力支持和人才保障。

（四）应对国际形势、参与国际竞争的需要

英国在 2011 年颁布了《培养下一代卓越教师：实施计划》，德国于 2012 年和 2013 年分别提出了"卓越教师计划"和"教师教育质量攻势"计划，澳大利亚、法国、芬兰、日本、新西兰等国都采取了相应措施，旨在进一步提升教师培养质量。可见，高质量教师队伍建设是世界各国参与国际竞争的普遍做法。在此背景下，我国要在变局中开新局，也应把高质量教师队伍建设作为未来人才培养的基础工程，为赢取先机奠定基础。

二、新时代高质量教师队伍建设的基本内涵

建设高质量教师队伍是教育工作的题中应有之义，在新时代背景下建设高质量教师队伍，需要明确其基本内涵和基本诉求，方能有计划、有步骤、可持续地推进教师队伍建设，打造一支高素质专业化创新型教师队伍，早日全面实现教育现代化，建成教育强国。与以往更多强调目标、理想与追求的高质量教师相比，新时代的高质量更加突出中国特色，更加强调全球经验，更加彰显可达成性。换言之，新时代的高质量是指向全面实现教育现代化的，它更强调任务的达成，而非仅仅是对理想的追求。具体来说，新时代高质量教师队伍建设重点体现在质量主体、质量目标、质量内涵、质量标准和质量文化五个维度上，是这五个维度的内在统一。

（一）在质量主体上，坚持人民中心的诉求和期盼

我国已经建成世界上规模最大的教育体系，但这一教育体系建得如何，关

键看其是否满足了广大人民群众的诉求和期盼。教育体系是否健全、教育改革是否成功、教育质量是否有保障，关键看人民。《建议》在谈及"十四五"时期经济社会发展必须遵循的原则时指出要"坚持以人民为中心""始终做到发展为了人民、发展依靠人民、发展成果由人民共享……增进民生福祉，不断实现人民对美好生活的向往"。这就是说，人民群众关于教育的获得感、幸福感、安全感是评判教育质量的最终标准。"满足人民群众对美好教育生活的向往，就是要更好地满足人民群众对多样、特色、优质教育的强烈需求，这对教师队伍素质提出了越来越高的要求。建设一支高质量的教师队伍，是办好人民满意的教育的根本保障。"一名教师能否获得人民群众的尊重和爱戴，整个教师队伍建设能否赢来尊师重教的社会风尚，关键看教师心中是否有学生，看教师队伍是否以对人民高度负责的态度和精神来开展教育教学工作，看教师队伍建设是否回应了广大人民群众对美好教育生活的诉求。这说明，新时代教师质量的话语体系开始发生重要转变，即话语主体开始逐步回归到以人民为中心。

（二）在质量目标上，突出立德树人的指向和宗旨

质量目标是事关质量价值的重要维度，对教师质量目标来说，它回答的是"要培养什么样的人"的问题。因此，教育必须体现社会主义方向性，教育目的就是为社会主义现代化培养建设者和接班人，这从1993年《中国教育改革和发展纲要》颁布以来，就成为我国教育的指导思想。党的二十大报告丰富了建设者和接班人的思想内核和培养路径，同时也进一步明确了新时代教师工作的主要方向，内含着对教师质量目标的客观要求，成为新时代教师质量的重要标识。

（三）在质量内涵上，凸显育人素养的品性和意蕴

质量内涵是质量体系的基本构成，对于高质量教师队伍来说，从《意见》到《中国教育现代化2035》，再到《建议》，都作了明确规定。《意见》指出要培养高素质专业化创新型教师队伍，《中国教育现代化2035》做了进一步明确，《建议》指出要"提升教师教书育人能力素质"，从而把高素质专业化创新型统一到教书育人的能力素质上来。所谓教书育人能力素质，包含教书能力素养和育人能力素养两个方面。其中，前者又具体体现为政治素养、道德素

养、专业素养等，重在强调教师从教所必备的职业能力和素养；后者强调入乎脑、发乎情、本乎心、见乎行，重在强调从教的目标和效果。前者是条件、过程和手段，后者是结果、归宿和落点，两者是内在统一的关系。新时代的教师不仅要成为"四有好老师"，而且也要做"四个引路人"，还要做到"四个相统一"，这一从"四有"到"引路"再到"相统一"的内在发展逻辑，说明了新时代教师育人素养的重要性，凸显了高质量教师在育人素养方面的独特品性和意蕴。有学者明确指出，新时代的教师观"将育人本领作为高素质专业化创新型教师队伍建设的关键标准，引导教师培养一批又一批德智体美劳全面发展的社会主义建设者和接班人"。与以往重在强调以"教"为主的教师质量观相比，新时代更加强调以"育"为主，更加突出"育"的内涵和品质，从而实现了教师质量观的重大变革，为高质量教师队伍建设扫除了观念障碍。

（四）在质量标准上，注重和谐创新的品质和追求

质量建设往往离不开评价指标体系，教师质量也是如此。21 世纪以来，为了保障教育改革的顺利进行，我国出台了教师专业标准、教师教育专业标准、校长专业标准等一系列标准，也通过不断提高教师学历等入职标准，严格教师准入，为高质量教师队伍建设奠定了良好基础。实际上，建立高质量教师标准是世界各国的普遍做法，如美国在高质量教师计划中，就把高质量教师标准分为一般要求和专业要求，指出教师可以选择参加考试的学科或通过本州开发的"更高的、客观的、统一的评估标准"来证明自己的学科知识水平和教学能力。之后，联邦政府、州政府、学区还规定了专业发展要求，以保证教师知识水平和教学能力的进一步提高。与其他国家相比，我国的高质量教师队伍建设是基于中国经济社会发展的场域展开的，是伴随教育改革而持续深化的。因此，教师质量并不是一个静态的概念，而是有一个动态提升的过程。从这个视角来审视高质量教师，其内含了许多发展性指标，如绿色、开放、和谐、创新。其中，和谐是中华文化的重要传统，也应成为中国特色高质量教师队伍的内在品质，而创新是民族进步的不竭动力，也是高质量教师队伍持续发展的动力源泉。和谐创新集中体现了高质量教师队伍建设的发展方向，也成为新时代高质量教师的重要标准。

（五）在质量文化上，弘扬扎根基层的精神和情怀

质量文化是质量体系建设的重要组成部分。所谓质量文化，是指企业在生产经营活动中所形成的质量意识、质量精神、质量行为、质量价值观、质量形象以及企业所提供的产品或服务质量等的总和。对教师队伍建设来说，质量文化主要是指教师队伍在长期教育过程中所形成的对教育质量的认识、态度、情感、精神乃至行为的总和。改革开放以来，我国涌现出了一大批优秀教师、特级教师和教书育人楷模，近年来，我国又开展了正高级教师评选活动和最美教师评选。可以说，这些教师身上有一个共同特点，那就是扎根基层、扎根一线，他们把自己全身心融入教育事业，漫步在教育的丛林，体验着教育人生的快慰，这是一种情怀，也是一种境界，更是一种文化。我们在新时代要建设高质量教师队伍，实际上就是要弘扬扎根基层这一质量文化和质量传统，让广大教师安心从教、幸福从教、创造性从教。应该指出，近年来，教师队伍中出现了一些不稳定因素，离职倾向也在不同程度加强，在这一背景下建设高质量教师队伍，不仅要提高基层教师的社会地位和物质待遇，而且要大力营造扎根基层的教师质量文化。只有扎得下根，安得下心，方能潜心钻研教学工作，也才能为大批高质量教师脱颖而出创造条件。

三、新时代高质量教师队伍建设的主要策略

新时代对高质量教师队伍建设提出了许多新的要求，也体现出许多新的内涵和特点。因此，在新时代推进高质量教师队伍建设，也必须有相应的配套策略和措施。具体来说，主要有以下五个方面：

（一）大力加强师德师风建设，重塑新时代中国特色师魂

新时代开展高质量教师队伍建设，首先要解决师魂的问题。魂是统摄，魂是初心，魂是坚守，魂是追求。这就是说，我们要培养的高质量教师，应是立足中国大地的，应是坚守中华文化的，应是坚持以人民为中心的，应是体现高尚师德的。唯有以此来加强教师队伍建设，方能塑造新时代的师魂。立足新时代重塑师魂，就是要扎根中国大地深入开展师德师风建设，就是要把其作为评价教师队伍素养的第一标准，就是要把其放在事关育人和育才质量、事关党的

兴衰存亡和国家繁荣富强的高度来认识，持续推进师德师风建设常态化，不断提升高素质专业化创新型教师队伍水平，增强育人本领和育才能力。

（二）聚焦职前职后一体化培养，打造全链条高质量培训体系

高质量的教师队伍离不开高质量的教师教育体系，这就需要构建职前职后全链条的高质量培养培训体系。从就职前来说，《意见》要求建立以师范院校为主体、高水平非师范院校参与的中国特色师范教育体系，并提出重点建设一批师范教育基地、提高师范生培养层次、改革招生制度、改革培养模式、强化实践能力培育、改革培养体系、完善质量保障机制、完善教师资格认定制度等。有学者曾提出高质量职前教师培养的十个条件，分别是大学普通本科及以上院校、专业学院体系及其教师教育的学科专业制度、设计定量和定性相结合的选拔制度、小班化教学和互动参与的大学课堂模式、以研究为主的专业训练、教师教育课程的实践属性、鲜明的教学理念、学科课程和专业课程整合、较长时间的独立专业实践、高质量的教师教育者队伍。对于职后教师培养，《意见》除明确指出高素质之外，还针对学前教育、中小学教育、职业教育、高等教育分别提出善保教、专业化、双师型、创新型的要求。同时，完善区县教师教育体系，构建教师教育质量保障体系，以此打造高质量的一体化教师培养体系。

（三）深化教师管理体制改革，推进教师队伍治理现代化

开展高质量教师队伍建设，需要完善教师管理体制，推进教师队伍治理现代化。《意见》明确提出了教师队伍体制机制改革的近期目标和远期目标。其中，近期目标是"事权人权财权相统一的教师管理体制普遍建立"，远期目标是"教师管理体制机制科学高效，实现教师队伍治理体系和治理能力现代化"。围绕上述战略目标，我国将从教师编制改革、教师人事制度改革、教师工资制度改革、教师职称和考核评价制度改革、校长队伍管理改革、现代学校制度改革、教师荣誉制度改革等方面入手，全面推进教师管理制度创新。如在编制改革上，实行教职工编制区域统筹配置和加大跨区域调整力度；在人事制度改革上，将在国家特殊公职人员的基础上深化教育公务员制度改革；在工资制度改革上，完善绩效工资分配办法，适度向农村偏远学校、一线教师和班主

任倾斜；在职称和考核评价制度改革上，完善符合中小学特点的岗位管理制度，实现职称与教师聘用衔接，建立符合岗位特点的考核评价指标体系。总体来说，就是要明确政府、学校、社会在教师治理体系中的权责边界和相互关系，实现教师队伍管理改革的重心从内部系统治理转向外部合作治理，从根本上解决教师队伍治理现代化的路径问题。

（四）补齐教师质量建设短板，夯实高质量教师队伍基石

我国幅员辽阔，教育资源的地区差异较为明显，尽管经过十多年以促进教育公平、推动教育均衡发展为指向的改革已经取得了很大成就，但是仍存在一些问题，特别是教师队伍仍有很大地域差异，也存在不少教师质量建设的短板。对此，建立省级统筹乡村教师机制，提高特岗计划乡村教师招聘比例，鼓励地方大力培养"'一专多能'的本乡本土乡村教师"，立足新时代，补齐教师发展短板需要我们创新乡村教师管理体制，完善乡村教师激励制度，特别是要在绩效工资保障、荣誉制度、编制改革、职称评定、乡土资源开发、教师培训等方面向乡村教师倾斜。唯有如此，才能最终建成高质量的乡村教师队伍，夯实高质量教师队伍的基石。

（五）完善教师质量保障体系，筑牢教师队伍高质量防线

教师队伍高质量建设是一项系统工程，除了上述几方面外，还有一个重要方面，就是健全教师队伍的质量保障体系。质量保障体系建设包括两个方面，一是高质量教师队伍的内部动态保障指标体系建设，二是高质量教师队伍的外部保障体系建设。对前者而言，需要在现有教师标准的基础上进一步优化指标体系，以体现高质量教师队伍建设的诉求，彰显发展性、动态性、生成性，同时建立高质量教师队伍建设的督导反馈机制，将其作为各级党委和政府绩效考核的重要依据。对后者来说，则体现在政治保障、组织保障、经费保障、技术保障等维度上。在组织保障上，加强领导，实行一把手负责制，建立教师工作联席会议制度；在经费保障上，要确保教育经费优先安排、足额发放，完善经费投入结构、比例、领域和地区，并纳入绩效评估；在技术保障上，要着力提升教师的信息化教学领导力，实施中小学教师信息技术应用能力提升工程，不断提升教师的数字化素养。通过上述保障体系建设，不断筑起教师队伍高质量建设的平台。

第二章　教师教育发展研究

从我国教师教育学术发展的视角看，教师教育学术发展是一个不断递进、跃迁、重建的过程。从"师范教育"向"教师教育"的变革不仅意味着这个领域概念的更新，而且也意味着教师教育学术研究视野和思维方式的转换。教师教育学术发展的动能既来自学术发展的本然诉求，同时也受到社会发展外部驱动力的影响。教师教育研究除了对教师教育领域中现象、问题等事实性、规律性的揭示与阐释，也涉及研究者对教师教育领域乃至整个社会的价值取向和价值选择。

第一节　教师教育的内涵界定

近年来，教师教育的概念表述不断丰富和发展，总体上体现了社会本位与教师本位的融合。2018 年《中共中央 国务院关于全面深化新时代教师队伍建设改革的意见》强调"百年大计，教育为本；教育大计，教师为本"，将教师教育发展问题摆到国家政策决策层面。在社会发展层面提出坚持兴国必先兴师，明确教师是教育发展的第一资源，承担传播知识、传播思想、传播真理的历史使命，肩负塑造人的时代重任，更是国家富强、民族振兴、人民幸福的重要基石。在教师教育发展层面，要求更多地关注教师思想政治素质与专业素质能力的全面提升，通过创新教师培养形态，突出教师教育特色，促进教师终身学习和专业发展，造就学科知识扎实、专业能力突出、教育情怀深厚的高素质专业化创新型教师。该意见标志着新时代教师教育的育人视野从社会本位观转向社会与个体发展的统一，育人思维从专业发展思维走向全人发展思维。这对于引导广大教师教育研究者在新时代认识教师教育概念具有重要指导意义。教育学者朱旭东（2014）① 基于教师教育的本质意涵，提出教师教育的本质既在于以教师成长为中心实现其专业发展，更在于通过教师的"全专业"的发展促进学生的全面发展。

随着对教师教育内涵认识的不断深化，越来越多的学者将教师教育的内容延伸至其所培养的教师如何促进学生发展的间接映射关系上。在中国学生发展核心素养背景下，教师教育衍生出对"以生为本"的教师核心素养内涵的探讨，以及基于教师核心素养的教师培养模式的转型变革。教师教育内涵的丰富和发展，既反映了社会本位的价值诉求，又体现了教师本位的发展方向，呈现出社会本位和教师本位的价值融合，这不仅是教师教育顺应时代变迁的应然追求，也是教师教育未来发展的基本方向，同时也为教师教育研究提供了更为广阔的空间。

第二节　教师教育的理论探索

我国教师教育理论的建构一方面来源于国际教师教育思想的引介与学习，另一方面很大程度上来源于教师教育实践。中华人民共和国成立以来，学者、政府、学校等研究和实践主体对教师教育的认识经历由师范教育到教师教育的转变。任何一个学科或是研究领域对本体认识的目的都在于尽可能准确地确定学科或领域的边界和内容，它是明确做出一项有关某一对象是否属于某个学科

---

① 朱旭东. 论教师专业发展的理论模型建构［J］. 教育研究，2014，35（6）：10.

或领域的必要条件。换句话说，教师教育作为一个研究领域，不同时期研究与实践共同体所形成的对教师教育的共性认识不仅决定了这一时期教师教育的外在样态和领域边界，而且也是该研究领域得以发展的重要基础。所有科学努力的目标，是要形成一个知识总体。我国教师教育理论研究在引进吸收国外教育理论的同时，也在不断比照和反思本土教育的历史和现实，在问题的争鸣和实践的检验中不断探索中国特色教师教育理论的建构路径。

中国本土教师教育理论创生的重要性是毋庸置疑的，正如恩格斯所言："一个民族要想站在科学的最高峰，就一刻也不能没有理论思维。"无论是出于应对中国经济社会发展、教育改革的需要，还是在全球结构之中占领学术创新的制高点和发出中国学术的声音，中国教师教育研究者必须树立清醒的自我意识，创生符合本国、本民族教育发展实际需要，具有显性的文化同一性的理论和话语体系。在某种程度上，教师教育理论可以理解为教师教育实践的抽象语言。中国特色教师教育理论作为中国教师教育实践语言，能够准确反映滋养在中华文化和中国社会环境中的教师教育概念和现象。在全球化背景下，中外在社会各个领域的交流日益密切，中国特色教师教育理论扎根于中国本土教育实践，运用本土化的理论话语阐释本土实践不仅不妨碍与世界进行跨文化对话，而且在交流融合的过程中还能够丰富世界教师教育的话语表达。只有中国特色教师教育理论在指导实践中不断发挥作用，在世界舞台上不断发声，中国教师教育学术研究才能真正取得长足进步。

一、中国教师教育的理论反思

中华人民共和国成立后国家大力发展师范教育，参照多个国家的教育制度，快速重建并发展独立设置、教师培养培训分离的师范教育体系以缓解教师教育师资供给短缺矛盾。20 世纪 90 年代后期，又借鉴发达国家的经验，逐步建立以师范院校为主，综合性高校参与的开放的教师教育体系，以应对优质师资供给不足的矛盾。我国就教师教育的发展方向展开了三次重要讨论与反思。这三次关于教师教育理论与发展方向的审思不仅在实践层面推动我国教师教育的改革创新与科学发展，而且进一步激发我国教师教育研究活力，促进教师教育思想的解放。具体体现在以下三个方面：首先，打破教条学习封闭式师范教育发展的保守思维。面对教师教育体系封闭、培养渠道单一、教学内容脱离中国实际等问题，学界普遍认识到从其他国家师范教育发展思维与模式中突围是我国教师教育改革与创新发展的必由之路。许多学者提出打破封闭模式，扎根本土实际探索新的发展道路，例如曾煜提出应当摆脱"以外化为主、内生为辅"的发展道路，探求适合中国教师教育自主发展的道路。其次，是对教师人才培养专业性的反思。集中体现在对师范院校"师范性"与"学术性"问题之争。学术界通过讨论，逐渐厘清教师教育中的"师范性"与"学术性"是一体两面的关系。叶澜（1999）[①] 在《一个真实的假问题——"师范性"与"学术性"之争的辨析》一文中对三类不同程度上对"师范性""学术性"关系认识偏激的观点进行了分析和批判，提出对教师教育具有师范性与学术性的要求反映了教师职业作为一种专业的丰富性。对这种丰富性要求的把握需要人们重新认识教育的使命和本质，认识教育在人的发展和社会发展中重要和独特的功能，认识教育过程的复杂性和综合性。唯有如此，才能真正理解和认识教师与人类命运的关系，认识教师需要有独特而富有整体性的专业修养。"师范性"与"学术性"的争论应走向终结，教师教育人才培养过程中要关注的问题是如何全面把握教师的专业性。再次，是对教师教育机构多样化发展的思考，焦点集中在以下两个方面：其一，关于教师教育人才培养主体开放程度的讨论，即是以师范院校为主体、综合院校为补充，还是彻底赋予高等教育机构教师教育的育人功能；其二，关于师范院校发展方向之争，有学者主张师范院校应尽快向综合大学转型，有学者认为未来师范院校仍是教师教育的主体，要根据自身特点和定位决定是否向综合大学发展。还有学者提出师范院校应"坚持师范方向，走综合性发展道路"，提高师范教育办学层次和质量，实现师范教育的大学化，并发展学士后教育等观点。理论反思是理论发展与创新的必由之路。我国理论界对教师教育发展的理论与关键问题的反思既是教师教育发展模式革新、学术理论创新的动力，也是激发学术研究活力、摆脱思维定

---

① 叶澜. 一个真实的假问题——"师范性"与"学术性"之争的辨析［J］. 高等师范教育研究，1999（2）：11–17.

式、走向学术自主的需要。

二、教师教育研究者的主体自觉

教师教育研究者主体自觉唤醒的内在动力是教师教育研究者开始关注中国教师教育的现实问题，作为整体的中国教师教育学术群体及其学术成果有益于中国教师教育的进步和社会的整体发展。随着中国教师教育的不断改革与发展，教师教育研究者越来越意识到过度依赖外来教师教育研究理念、经验，不仅无法有效解决本土教师教育问题，而且非理性借鉴还会导致"文化殖民"的不良后果，在实践层面造成民族传统文化、本土教育传统的"集体遗忘"，在研究层面造成思维的僵化和多元思想的消解。我国学者楚江亭（2006）① 指出，在我国的教师教育研究中，"关注自我发展"是非常重要的。这个自我既是指中国教师教育作为主体发展的客观需要，也是指中国教师教育研究者使命感、责任感的唤醒和主体性、能动性、创造性的发挥。自我发展是为了实现中国社会文化生态中教师教育良好发展的愿景，那么就不能照搬或移植外部的模式或思路，必须由中国教师教育研究者扎根本土实践，自下而上地生成本土理论，呈现中国理论特色，解决中国教师教育问题。

在学术风貌上教师教育研究者的主体自觉也体现为文化主体性意识与"和而不同"的包容心态。自觉树立自主的文化标准权意识已成为学术研究的共识性追求。在教师教育理论与实践研究方面立场坚定地保持研究的主体性，旗帜鲜明地推动社会科学本土化，自觉建构本土教师教育学术话语体系，提升我国教师教育研究理论的解释力。有学者认为教师教育研究者的主体性应建立于对中国的时代特征和文化语境有基本的"自知之明"的基础之上，只有如此才能通过教师教育研究引领本土教师教育实践，破解教师专业发展困局，进而树立教师教育研究的本土理论自信，不断强化教师教育研究主体的理论担当。"和而不同"则体现出我国教育研究者兼容并包的学术理念。这种研究理念为不同的"研究范式"之间最大限度地保留了"通约性"。从方法论层面

---

① 楚江亭. 科学知识观与教师创新能力养成——社会建构论视野中的科学知识性质解析及启示 [J]. 教师教育研究，2006（6）：6.

看，研究者在研究过程中逐步形成互学互鉴的方法论自觉，即以平等与相互尊重的态度认识多样化教师教育发展道路的特点与价值，促进我国教师教育的改革与发展，并为世界教师教育的发展做出贡献。

三、中国教师教育的理论建构

中国特色教师教育理论建构不仅是一个系统工程，而且是一个不断完善的过程。总体来说，主要表现在以下三个方面：

其一，在教师教育人才培养观念上坚持理论自觉。中华人民共和国成立70多年来，我国对教师教育的认识和实践虽然经历波折，但总体思路和原则是清晰的，始终坚持马克思主义的普遍原理和中国教师教育的具体实践相结合。培养什么人，是教师教育的首要问题。在中国社会主义建设的不同时期，对于教师教育人才培养的社会属性具有高度的一致性。在人才培养观上一贯坚持党的教育方针是中国特色教师教育理论的核心。1996年《关于师范教育改革和发展的若干意见》强调师范教育要加强马克思主义理论和党的基本路线教育，引导学生树立科学的世界观、人生观、价值观，培养学生为教育事业奉献终身的职业理想，坚持教育与生产劳动相结合，培养学生热爱劳动人民的思想感情，促进学生健康成长和全面发展。2011年10月，《教育部关于大力推进教师教育课程改革的意见》指出"要围绕培养造就高素质专业化教师的目标，坚持育人为本、实践取向、终身学习的理念"，"着力培养师范生的社会责任感、创新精神和实践能力。"2018年2月，教育部等五部门关于印发《教师教育振兴行动计划（2018—2022年）》的通知中指出教师教育振兴行动计划的指导思想为"以习近平新时代中国特色社会主义思想为指导，全面学习贯彻党的十九大精神"，"坚持和加强党的全面领导，坚持以人民为中心的发展思想，坚持全面深化改革，牢固树立新发展理念，全面贯彻党的教育方针，坚持社会主义办学方向，落实立德树人根本任务"。我国的教师教育人才培养一直坚持贯彻党的教育方针，并能够在理论上不断结合中国教育实践和教师教育实践不断创新，体现出鲜明的实践性和时代性的特征。

其二，在教师教育本土化路径探索过程中不断增强自主意识。无论是从历史经验教训、我国当代教师教育发展需求，还是从当下全球文化激荡的时代环境出发，自觉树立教师教育自主的意识有助于构建中国特色教师教育理论体系和学术话语体系，提升当代中国理论的解释力，满足我国教师教育发展需要，解决发展中面临的具体问题。在健全和完善中国特色教师教育体系的实践过程中，我国应辩证处理继承师范教育传统和推进教师教育创新之间的关系。正如我国学者陆道坤、钱婉君（2019）① 所言，中国特色教师教育理论体系是具有"中国气象"、兼收并蓄、博采中外古今，并着眼未来的教师教育理论体系。其建构过程必须基于自我的对话、与历史的对话、中外之间的对话三个途径。我国在审视本土教师教育发展和解决本土教师教育问题的过程中坚持了优秀传统的继承与时代发展创新的统一。中国特色教师教育理论的建设与发展不仅仰赖历史的机遇，更重要的是有自觉而艰苦的积累。21 世纪，我国教师教育依然与时俱进，探索建设国际性与本土化、定向性与开放化、职业性与综合化、专业性与大学化、阶段性与终身化、规范性与多元化相结合的理论体系。在中国特色教师教育话语建设方面，我国学者注重从传统教育哲学、民族文化以及本土教育实践中产生中国特色教师教育话语，如在中国社会文化语境下，教师这一概念不仅是指知识或技能的传授者，在一定程度上还被赋予了"天地君亲师"的神格意蕴。因此我国对教师职业的道德规范不仅规定教师作为职业的底线要求，而且更有"学为人师，行为规范"这种极高的社会心理期待。在本土教师教育理论解决教师教育问题方面也发挥了巨大的作用，如在城市化转型的背景下我国乡村教育发展面临共性的乡村空心化、教师紧缺的问题。面对这种状况我国教师教育研究者没有盲目参照别国"去农村教育"的经验，而是从建设性思维出发，探索乡村教师本土化路径，并提出"定向培养与优化环境并举、观念包容与政策倾斜结合、职前培养与在职培训共生"等诸多本土化理论。

其三，在中外教师教育对话交流中坚持互学互鉴。教师教育作为教育学科的重要领域要不忘本来，吸收外来。既要坚守主体地位，又要保持开放心态，

---

① 陆道坤，钱婉君．论教育自信视角下中国特色师范教育体系的建构——基于120余年师范教育发展历程的反思［J］．高校教育管理，2019，13（3）：31.

从人类命运共同体的更高的站位看待教师教育理论的多元性和价值性，以更宽广的视野汲取不同文化背景下生长出的教师教育成果，推动中国特色教师教育理论体系的发展。20世纪中叶以后，各国师范教育进入密集改革时期，呈现出前所未有的复杂多样性。虽然各国通过不同的制度安排促进教师教育转型和变革，但是其核心内容具有共性，即实现教师职业专业化、教师机构开放化、教师教育内容整合化、教师教育体系一体化。我国教师教育也同样朝着人才培养目标和模式专业化、培养机构综合化和教育体系一体化的转型发展时期，在构筑自我意识，走自主、自觉发展道路的同时要做到本土立场与国际视野的统一。中国教师教育研究者已充分意识到过去教师教育理论与实践过程中存在的"拿来主义""实用主义""标签主义""等级主义"问题。新时代教师教育研究必须坚持本土与国际对立统一的关系，利用批判性分析手段，整合国际教师教育理论的发展成果，在中外教师教育理论互鉴、融通的过程中实现自我更新与完善。有学者也指出，当前我国教师教育理论研究存在心态自信不足、理论自信不足与实践自信不足的问题。学界，教师教育管理者、研究者与实践者都要牢固树立新时代中国特色社会主义教育自信。新时代中国特色教师教育理论体系的建构需要基于自省和自觉的实践逻辑，形成具有中国特色的教师教育实践范式，强化实证研究以提高教师教育研究的科学性和理论效度，在建构中国教师教育发展模式和规划理想的同时，为世界教师教育发展贡献中国智慧。

第三节　教师教育的体系建设

从历史发展视角来看，在不同的时空断面，人们对教师教育本质的认识会因时代背景下政治、经济、文化等背景或是历史中的具体事件的影响而不同。从教师教育政策与制度历时性的发展变迁来看，历史"时差"下的教师教育所展现出的是时代需求与自身诉求统一的多样化的教师教育样态。

一、师范教育体系的完善

改革开放后，尽管我国师范教育的重建在形式上依旧延续了师范教育独立、定向的体系框架，但是其精神内核是对 20 世纪 60 年代初我国师范教育本土化、自主化发展意志的继承与延续。师范教育发展的历史实践告诉我们，师范教育的发展必须适应教育发展与社会发展的需要。随着我国对外开放和社会主义市场经济体制的建立与完善，生产力和社会发展水平不断提升，对于人才专业能力提出更高的要求，这就要求师范教育更新发展理念，不断提升专业化水平。师范教育的发展水平与教育总体发展水平密切相关，随着我国各级各类教育，特别是基础教育和高等教育的飞速发展，必然要求瓦解过去以计划经济体制为基础搭建的封闭、独立的师范教育体系，走向以适应性、开放性、多样性为特征的变革方向。

（一）教师培养的专业化

教师教育理念的变革必然带来从教育到高等教育师资培养与在职培训制度的整体转型。改革开放以来，我国重建师范教育，形成对应各级教育的独立的三级层次的师范教育体系。这种师范教育体系的建构是基于静态的、非专业化的教师发展理念，即认为不同层次的教育对教师专业能力、知识水平要求相对固定且有高下之分。学前教育、初等教育教师能力、素养达到中等教育水平即可，而中等教育则需要具有较高专业水平和教学能力的本科、专科层次的教师。然而，教师作为一种专门职业，它必须具有独特的、不可替代的职业要求和职业特点。教师专业化不仅应体现在职业层面，即教师与各个行业的比较之下能够凸显其专业性，而且在教师体系内部结构中，各级各类教师间也能够彰显其教师工作的特殊性和专门性。

随着终身教育与学习化社会理念的深入人心，教师职业水平更不能在固定层次上停滞不前，教师专业化也被赋予了提高教师培养层次、衔接职前职后教育的要求。在教师专业性的逻辑下，教师所教的对象年龄层次越低，对教师的要求也就越低这一错误观念逐渐被摒弃，各级各类教师不断向各自所处的教育领域纵深发展，逐渐实现由准专业化到完全专业化的转向。这就意味着教师培养的过程是个体通过教师教育持续保持自身满足规定的学历、专业资格的要求，具备教师必备的教育知识、品格、道德和关键能力的专业化发展过程。因此，在现代教师教育发展理念下，固有的师范教育必然会发生三个方面的转变。第一，鉴于教育在现代社会发展中所具有的先导性、全局性作用，教师的培养理应向高层次发展，完全纳入高等教育体系。第二，传统的依据教育对象层次区分的师范教育三级体系在教师教育发展到特定阶段时必然会被改变。学前教育、初等教育、中等教育等各级各类教师培养还将建立纵深立体的基于专业领域的学士后培养体系。第三，逐步改变单纯由教育学院、教师进修院校培训师资和职前职后分离办学的局面。普通师范院校与教师在职学校应合作强化职前职后教育的联系，实现教师培养由职前预备模式转向终身发展的专业化模式。

（二）师范教育的层次结构

我国师范教育的主要任务就是为学前教育、小学教育、中学教育提供师资和在职教师培训。改革开放后，我国教育发展受到党和国家的高度重视，在发展上把义务教育作为重中之重。在教育师资不再稀缺、中等教育基本实现普及的情况下，为小学、初中、高中三级教育同时提供保障的独立的三级师范教育体系就已经不能完全对应教育发展的新形势，社会发展对于各级教师质量、学历层次、专业化水平必然提出更高的要求。

20世纪50年代，师范教育曾分为初师、中师、师专、本科四个层次，20世纪60年代，初师退出历史舞台。我国教育教师学历层次随社会经济、文化发展水平提高是教师专业化发展的客观趋势，改革开放后，我国各级政府、师范教育机构也在不断探索新的专业层次提升路径。20世纪80年代初，中等师范学校曾尝试招录高中生，通过试办大专班以提升师资培养层次，1996年，在全国师范教育工作会议上，时任国家教委主任朱开轩指出，今后我国中小学教师学历层次进一步提高是历史的必然。今天的师范教育质量就是明天的教育水平，因此师范教育应优先发展，适度超前发展。一些普及教育进展迅速的发达地区可率先开始实验。师范教育学历层次还要向学士后教育发展，部分师范大学陆续进行"教育硕士"试点工作，培养具有研究生学历的骨干中学教师。

在条件成熟时在全国范围内对师范教育层次结构进行调整。

（三）师范教育的开放体系

20世纪90年代中后期，我国高等教育开始转向跨越式发展，1993年，国务院印发了对我国高等教育影响深远的《中国教育改革和发展纲要》，提出高等教育要加快适应改革开放和现代化建设的需要，规模应更加适当，结构更加合理，质量和效益明显提高，1999年6月中旬，中共中央、国务院颁布了《关于深化教育改革全面推进素质教育的决定》，提出要调整教育结构，扩大高中阶段教育和高等教育规模，多种形式积极发展高等教育，提出"2010年我国高等教育毛入学率提高到15%左右"。《决定》首次在政策中明确提出鼓励综合大学和非师范院校参与教师的培养培训工作。高等师范教育作为高等教育的重要组成部分也受到高等教育发展的影响。20世纪90年代中后期，高等教育跨越式发展引发的高校合并、师范院校大学化、高等师范教育课程体系改革、师范院校综合化与多学科化等变化极大地动摇和瓦解了师范教育体系的独立性、实践主体的单一性和培养目标的专门性。师范教育由独立设置的结构体系转变为以独立设置的各级各类师范院校为主体，其他教育机构共同参与的多渠道、多层次、多规格、多形式的中小学教师培养培训体系。综合大学等非师范院校主体的参与逐步瓦解了师范教育的独立性。1990～1996年就有15所高师院校通过改名或合并的方式转型或并入综合大学，越来越多的综合大学设置二级教育学院。尽管师范院校合并、大学化在实践中在一定程度上造成了师范教育资源流失，但是也"创造了多种形式的共建、联合、合作办学和合并，优势互补，提高教育质量和办学效益的经验"。多主体参与教师培养不仅促进专业资源在教师教育领域的整合，而且促使师范教育进一步走向开放，教师来源通过专业认证和法制轨道与社会主义市场经济体制对接，拓宽教师来源，优化师资队伍。

二、中国教师教育的体系创新

20世纪50年代末开始，我国学界多次对"以俄为师"建立的师范教育进行独立、冷静、理性的反思，摆脱师范教育对政治的被动依附和跟从，并提出自主探索具有中国特色的师范教育道路的主张。改革开放后，在解放思想、实事求是的思想路线指导下，中国教育学者实现自我回归，开始用理性目光审视中国教师教育的发展方向。2001年，"教师教育"作为专门概念出现在《国务院关于基础教育改革与发展的决定》（国发〔2001〕21号）中，标志着师范教育实现向教师教育的话语转换，并走向以开放性、专业性、一体化为显著特征的中国特色教师教育创新发展道路。

（一）教师教育的开放体系

20世纪80年代开始，我国出现了独立的师范院校升格、合并、综合化的发展趋势。一些非师范院校主体参与到教师教育的实践之中。目前我国已经形成开放教师教育的格局。1999年教育部《关于师范院校布局结构调整的几点意见》就明确提出建设具有中国特色、时代特征，体现终身教育思想的中小学教师教育新体系。考虑到我国师范教育体系庞大的规模、根深蒂固的师范教育思维，以及我国各区域教师教育发展水平的差异，全面建构开放型教师教育体系必然是一个渐进的过程。因此，我国教师教育开放结构转型实行"一主多元"的模式，即一方面以原有的高等师范学校为主体，拓宽其专业领域，或院校调整、合并，发展为综合性院校。另一方面综合大学、艺术院校、体育院校、民族院校等专业学院参与教师教育。

21世纪初，我国明确了教师教育改革的发展方向，向构建高层次、多元化、终身化的开放教师教育体系的目标迈进。《教育部2002年工作要点》将"完善以师范院校为主体的教师教育体系，继续推进师范院校教育教学改革和布局结构调整，鼓励综合性大学参与教师培养培训工作，努力提高中小学教师培养质量和层次"列为教师教育改革工作的重心。随后《教育部2003年工作要点》再次强调应"加快建立开放灵活的教师教育体系，提高办学层次，推进师范院校改革，鼓励综合性大学开展教师教育"。《非师范院校积极参与教师教育行动宣言》正式宣告独立封闭的师范教育体系走向终结。在教育部师范教育司的倡议下，2003年11月11日，100多所举办师范教育的非师范院校在厦门召开"全国非师范院校教师教育工作研讨会"，并成立了"全国非师范院校教师教育工作协作会"。这不仅标志着我国教师教育非师范院校正在成为教师教育的重要力量，而且也意味着师范院校可以通过与非师范院校的优势互补或是通过自身综合化发展将教师教育活动纳入综合性大学的框架内。独立设置的师范院校体系成为历史。2010 年《国家中长期教育改革和发展规划纲要（2010—2020）》再次明确"构建以师范院校为主体、综合大学参与、开放灵活的教师教育体系"的改革与发展方向。2012 年 9 月，教育部等三部门颁布《关于深化教师教育改革的意见》，提出"发挥师范院校在教师教育中的主体作用，重点建设好师范大学和师范学院。鼓励综合大学发挥学科综合优势，参与教师教育"等具体意见，并支持师范大学与综合大学、地方政府等机构合作建立教师教育协同创新中心。由此可见，经过不断的改革与调整，我国的教师教育体系逐渐由封闭走向开放，以高等师范院校为主、综合大学参与的开放的教师教育体系得以形成。

（二）教师专业化的保障制度

教师专业化发展贯穿于教师培养、聘任和职后发展全过程，与之相应的教师专业化保障制度主要包括教师职前培养制度、教师职业资格制度和继续教育制度。教师教育转型后我国教师专业化制度建设有了较大进展。第一，教师职前培养制度促进教师专业化发展学术性和师范性的统一。教师职前培养是学历教育，即要求教师具备完整的科学知识和文化知识的学习经历和专业的实践环节的学习经历，否则就不足以达到教师学历水平。对于教师资格而言，在职前培养阶段进行教学学科专门理论知识和实践能力的培养是教师专业化的基础条件，但通识教育课程和专业学科课程等学术课程的深度学习对于教师专业化意义也同样重大。2001 年《国务院关于基础教育改革与发展的决定》提出师范院校加强学科建设，提升学术性与师范性，同时鼓励综合性大学和其他非师范类高等学校举办教育院系或开设获得教师资格所需课程，增强教师教育整体的专业性。随着教师职前培养主体间建立密切的伙伴关系，职前、在职培养过程有效衔接，专业发展关系协调同步，现代教师职前培养的制度不仅关注师范性的发挥，培养学生具备教师职业要求的特殊素养，而且也要彰显现代高等教育所追求的以创造性、探究性、批判性、自由性为核心特征的科学与人文精神。第二，教师职业资格制度一方面作为教师职业准入门槛，确保具备专业素质的人进入教师行业，保障关系广泛公众利益的教育质量；另一方面，教师职业资格制度也是促进教师专业化与变革发展的手段，通过推动教师专业水平提升提高教师地位，实现教师素质与教育质量的共同发展。教师职业资格是教师职前培养的尺度，2000年教育部发布《〈教师资格条例〉实施办法》，规定申请认定教师资格者不仅要在满足《教师法》规定的学历、具备普通话水平等承担教育教学所必需的基本素质和能力，还要具有良好的思想品德、身体素质和心理素质。教师资格制度的核心是教师专业标准。无论是教师培养、教师准入还是评价均以职业标准作为依据。2012年教育部印发《幼儿园教师专业标准（试行）》《小学教师专业标准（试行）》和《中学教师专业标准（试行）》，构建了教育教师专业标准体系，明确了对教育合格教师专业素质的基本要求，为教师培养、准入、培训、考核等工作提供了重要依据。2013年与2015年，教育部又分别印发《中等职业学校教师专业标准（试行）》《特殊教育教师专业标准（试行）》，不断完善教师队伍建设标准体系。第三，教师继续教育制度为教师专业能力持续提升提供保障服务。2010年教育部、财政部联合发布《关于实施"中小学教师国家级培训计划"的通知》，通过"中小学教师示范性培训"和"中西部农村骨干教师培训"促进全国中小学教师队伍专业水平提升，重点提高中西部农村教师队伍素质，同时推动教师教育改革，引导地方完善教师培训体系，推进师范院校面向和服务教育。2015年，教育部、财政部发布《关于改革实施中小学幼儿园教师国家级培训计划的通知》，强调"国培计划"集中支持中西部乡村教师校长培训，培训内容要对接一线教师的实际需求。在培训方式方面采用集中面授、网络研究、现场实践相结合的混合培训模式。在培训体系建构方面，要求各省教育行政部门建立地方培训团队，充分整合高校、地方教育资源，构建高校、县级教师发展中心、片区研修中心、校本研修四位一体的教师专业发展支持服务体系。2022年4月，教育部等八部门印发《新时代基础教育强师计划》，《强师计划》中指出要通过充分发挥名师名校长、国家教师发展协同创新实验基地建设的辐射和示范作用，实施五年一周期的"国培计划"，构建完善省域内和县级教师发展机构，优化培训内容打造高水平课程资源，建立完善自主选学机制和精准帮扶机制，创新线上线下混合式研修模式等方式深化精准培训改革，力争 2025 年"教师培训实现专业化、标准化"。师范教育与教师教育在教师专业化政策话语中的最大不同在于，以往的政策往往从国家主义视角出发，强调教师教育的工具价值，即对国家、社会、教育事业的重要作用，21 世纪后教师专业化政策的价值视野发生转变，开始尊重和满足教师的个人价值，即从以教师为本的视角出发，不断通过保障与服务满足学生和教师发展的需求，从而为培养全面发展的人提供可能性。

（三）教师教育的一体化

教师教育一体化是终身教育思想和教师专业化发展理论在教师教育领域的集中体现。从概念上来看，师范教育与教师教育在教师培养认知上的重大区别就在于师范教育是静态的一次性教育，而教师教育是动态发展的终身教育。教师教育一体化理念将教师职前培养、入职培训、职后发展视为立体的、持续的、相互关涉的整体。20 世纪 90 年代末，教育部就开始推进教师教育机构一体化，地方教师继续教育机构与师范院校发生大规模的合并浪潮。以教育学院和教师进修学院为主体的教师职后培训体系基本瓦解。随后，各类高校先后成立教师教育学院以整合教师教育资源，促进教师教育职前职后一体化。在推进师范院校与其他教师教育机构整合的同时，教师教育办学层次逐步由"旧三级"向"新三级"过渡。教师教育一体化发展的理念也得以贯彻。1999 年《关于师范院校布局结构调整的几点意见》提出职前职后教育贯通的目标。2001 年《国务院关于基础教育改革与发展的决定》发布，标志着我国师资培养活动认识范式的转变，教师教育进入一个全新的发展阶段。在终身教育思想的引导下我国进一步推进教师教育体系的系统化，实现在教师教育资源、教师职前职后培养方面的一体化。在教师教育内容体系整合方面，2004 年出台《2003-2007 年教育振兴行动计划》提出完善教师终身学习体系，通过实施"全国教师教育网络联盟计划"，加强教师教育系统、卫星电视网与计算机互联网的互联互通，实现教育资源的优化整合，同时发挥举办教师教育的高等学校的学科、资源优势，共建共享优质教师教育课程资源，从而完善教师终身学习体系。在教师职前职后培养一体化方面，我国各地开始探索基于教师教育合作伙伴的"多重一体化"的职前职后一体化的培养模式。例如，东北师范大学以"教师教育创新东北实验区"为载体，基于"高校—中小学合作""政府—高校合作"等教师教育实践模式的成功经验，建构以"大学主导、地方政府协调、中小学校参与"的"师范大学—地方政府—中小学校"教师教育新模式（U-G-S）。西南大学也进一步提出高校、地方政府、教研机构、中小学校四位一体的教师教育一体化培养方案（U-G-I-S），强调各主体之间的关系不仅是管理机制创新、优势资源互补的伙伴式联合，更是以教师专业发展目标为引领的共生融合发展的关系。衡阳师范学院在教育硕士培养方面提出了政府或教育行政部门、高师院校、中小学三个主体参与的"G-U-S"三位一体培养模式，实现了高校、教育行政部门和驻地校间的密切联系，构建了"G-U-S"合作共同体。

第三章　教师教育培养体系研究

　　教师专业的人才培养是教师教育的根本使命。教师教育体系是以一定的教师培养理念为指导，为了培养教师专业人才而形成的组织、运行系统。教师的培养体系作为与教师培养这一目标有内在关联性的事物组合而成的统一体，主要以教师培养机构为组织实施主体、以教师教育课程设置为人才培养活动的内容和依据，以教师教育培养模式为实施路径。教师教育培养机构的组织形式大致经历了由单一封闭的师范院校组织结构向综合化、开放化、一体化的形式转变。教师教育课程设置经历了以知识为中心、以教师为中心、以学生为中心的发展历程，进而形成了以知识为本位、以教师发展为本位、以专业发展为本位的教师教育课程体系建构研究。教师教育人才培养模式的发展顺应教师教育自身培养层次大学化、主体多元化、内容整合化、体系开放化演进特点，主动回应社会对教师人才培养的需求，在研究层面主要聚焦于教师教育学士后人才培养和教师教育一体化人才培养的研究创新。

第一节　教师教育的培养机构

　　中华人民共和国成立以来，我国教师教育人才培养机构随着师范教育向教师教育的转型发生了重大的变化，在教师教育人才培养改革方面出台了一系列的政策措施，推动了教师培养标准化、大学化、一体化建设进程。21世纪后，教师教育机构走向了开放化与综合化，师范院校已不再垄断师资培养活动，教师教育专业不仅设在师范院校中，而且与大学体系相联系。教师教育师资培养活动依托于一定的教师教育组织框架，组织形式也反映了教师教育人才培养活动的内在逻辑和结构关系。教师教育人才培养机构的组织形式大致经历了由单一封闭的师范院校组织结构向开放多元主体参与的组织机构转变。在教师教育人才培养组织结构的变迁过程中，学者们基于社会发展需要，从不同的理论视角对教师教育人才培养机构的组织与发展问题提出多样化的观点。

一、专门化视域下的教师培养机构

20世纪50年代，我国基于多个国家专门化人才培养观念建构师范院校体系，为国家教育系统培养所需的师资。这种教师培养机构组织具有独立设置、强调专业细分、接施专才培养等特点。随着我国教师教育开放转型，最开始的教师培养机构组织体系随之瓦解。然而这并不意味着专门化的专才培养指导思想毫无价值，相反由于师范院校的"去专业化"以及教师教育在综合大学的边缘化，专门化人才培养被赋予了新的时代意义，并以多元化的形式实现教师培养机构的变革发展。

二、学士后教师培养机构

中华人民共和国成立后的半个世纪，我国始终坚持师范院校作为教师培养的组织体系。但是从20世纪末开始，我国教师教育人才培养突破了独立封闭的师范院校体制，周洪宇在其著作《教师教育论》中指出，从教育自身的发展规律和世界教师教育的发展趋势来看，随着经济的发展，教师教育模式从一元封闭走向多元开放是不可扭转的必然趋势，独立设置的师范院校组织体系日益暴露出管理分割、职前培养与职后培训脱节、与综合性大学相比社会服务能力差、外在发展空间受到限制等问题，改革独立设置的师范院校体制势在必行。教师教育大学化、专业化发展导致教师教育机构内部的机构设置与运行机制也发生了变革，教师教育人才培养年限延长，层次提升。学士后教师教育人才培养机构建设成为研究的热点。

（一）学士后教师培养机构的域外借鉴

开放的教师教育体制必然要求有与之相适应的教师教育组织体系。坚持教师教育体系开放发展的学者开始向外以求，试图从他国教师教育人才培养组织体系中获得启示。世界各国教师教育人才培养组织体系各具特色，我国学者主要聚焦于美国教师教育人才培养组织模式的研究，通过研究美国教师教育大学化和分析美国开放式教师教育组织结构的形态和机制，从而为我国建构开放教师教育模式提供参照和依据。王宇翔（2010）[①]在《学士后教师教育模式实施的必要性探究》一文中指出，20世纪80年代后，美国、英国、德国等国家开始实施学士后教师教育模式，这种模式是指对已具有学士学位的学生进行教师专业教育，使其取得教师资格。这种模式有三个特点：第一，延长教师教育培养年限；第二，人才培养建立在教育学院与其他专业学院合作的基础之上；第三，丰富了学士后教师教育的形式。学士后教育模式在人才培养组织上采取了分段合作培养的组织架构，即大学中的教育学院负责参加教师培养项目，学生硕士学位学习阶段教育理论与实践课程的培养工作，大学内其他各专业学院负责此类学生在本科阶段学科专业知识和能力的培养。大学中教育学院与其他各专业学院的分段合作式培养不仅客观上提升了教师教育人才培养的层次，而且一举解决了封闭式教师教育体系中难以平衡的"师范性"与"学术性"之争。

（二）学士后教师培养机构的本土创新

参照西方学士后教师教育模式，我国学者也提出在中国大学和师范院校内实行这种分段合作培养师资的组织体系。我国在教师教育转型发展的过程中积极主动借鉴西方发达国家教师教育发展经验，推动面向开放教师教育体系的教师教育人才培养组织体系改革。2005年，北京师范大学教务处在《教师教育研究》上发表《创新教师教育模式，构建中国特色教师教育体系》，对北京师范大学"大学+师范"的教师教育体制改革的成果进行了总结。其学士后教师教育改革的思路是"将学科专业人才培养与教师教育剥离，将教师教育的重

---

① 王宇翔. 学士后教师教育模式实施的必要性探究［J］. 中国教育学刊, 2010（1）：73-75.

心上移到研究生阶段，大力加强研究生层次的高素质职前与在职研究型教师的培养"，在人才培养模式上以实施"4+2"模式为改革重点。2001年北京师范大学开始组织实施"4+2"模式，从中文和物理两个专业筛选40名学生参与"4+2"学士后教师培养，到2002年进一步扩大到文学院、物理系、历史学系、哲学与社会学学院、数学科学学院、化学系、生命科学学院、地理学与遥感科学学院等8个院系。"大学+学院"这种创新教师教育人才培养组织体系为推进我国教师教育的创新做出了新的贡献。2009年，王健（2009）① 在《我国高校学士后教师培养模式的现状分析》一文中对我国主要师范大学学士后教师培养现状进行了分析，指出北京师范大学、东北师范大学、华中师范大学、陕西师范大学、南京师范大学、华东师范大学、上海师范大学通过学科专业教育与教师专业教育相分离的方式培养高学历、研究型教师。在具体的培养过程和机构赋能上进行了本土创新。例如，华东师范大学提出"4+1+2"的师范硕士生培养体系，在"大学+学院"的基础上联合基础教育学校全程参与招生与培养过程，开创了用人单位参与高学历教师教育的新模式。东北师范大学采取本硕一体的学制为"3+0.5+0.5+2"的"优秀教师和教育家培养工程"，强调师范生在本科阶段也要接受部分教育课程，要求师范生进行为期半年的实习和半年的发展性学习。南京师范大学在组织体系建构上实行"共同培养，双向强化"的模式。即由教师教育学院作为架构的核心，统筹南京师范大学汉语言文学等十个专业的师范生的招生管理，实行教师教育学院和各相关专业学院共同培养、学科专业与教师专业双向强化的培养模式和工作机制。这种设计有利于打破教师教育与师范生生活场域的隔绝、不同学科专业之间的疏离以及教师教育与基础教育的隔阂。

三、一体化视域下的教师培养机构

教师教育人才培养机构经历由职前职后机构分离到职前职后机构的融合。教师教育机构的融合是教师教育一体化发展的必要条件。一体化发展视域下的

---

① 王健. 我国高校学士后教师培养模式的现状分析［J］. 教师教育研究，2009，21（6）：10-14.

教师教育人才培养机构的变革不仅局限于教师培养机构的一体化。随着研究的深入，研究者逐步意识到教师教育机构在教师教育一体化运行机制中也扮演着关键角色，具有打破条块分割、联结其他相关主体的功能，通过将教师专业活动相关的社会单位纳入共同体组织，实现教师教育活动整体目标与过程的统合，以及资源配置的一体化。

（一）教师培养机构的一体化建设

在师范教育体制下，教师职前培养与职后培训是一个系统中相对独立的两个子系统。教师职前培养与职后培训双元制在具体的历史时期发挥积极作用，但是也存在先天的局限性。随着社会发展对教师培养层次、专业化水平要求的不断提升，终身教育思想的广泛传播，学者对职前职后双元制所存在的问题与局限性的认识也日益清晰。21世纪初，在教师教育转型发展过程中，双元制结构解体，教师职前与职后教育的构成方式走向"一体化"。教师教育机构也由分立的两个体系走向融合。

教师教育大学化促进职前职后教育机构的融合。我国教师培养实现大学化后，传统的"三级师范"教育体系不复存在。教师教育培养培训机构通过各种形式被纳入高等教育体系，逐步实现了学前、基础教育教师的学历提升。教师职前教育与职后教育在一体化之前分属于全日制院校系统和继续教育院校两个独立的系统之中。李学农、张清雅（2014）①认为教师教育大学化客观上推进了职前职后机构的融合，20世纪末中国高等教育的扩招促使全日制院校规模进一步扩大，为了补充全日制院校扩充对教育资源的需求，负责教师职后教育的各级教育学院和教师进修学校成为补充全日制高校规模扩大、数量增加的重要资源。在中小学教师继续教育方面，高等院校日益成为继续教育的主体。师范院校本身就具有在职培训的功能，早在20世纪五六十年代，我国师范院校就设有函授部对中小学教师进行在职培训。1996年9月，全国师范教育工作会议提出逐步改变单纯由教育学院、教师进修院校培训师资和职前、职后分离办学的局面，应充分发挥普通师范院校和教师任职学校在师资培训工作中的

① 李学农，张清雅. 教师教育世纪转型与发展［M］. 南京：南京师范大学出版社，2014.

积极作用，并通过联合、合作办学等多种形式加强职前职后教育的联系，有条件的地方逐步实现培养培训一体化。在此背景下我国学者也提出师范院校合并在职培训机构等方式实现职前职后教育机构的融合。刘捷（2002）① 在《栅栏内外：新中国高等师范教育的探索与进展》中总结中国特色高师教育体系发展现状与趋势，指出体现终身教育思想、职前在职相互沟通、培养培训一体化，以独立设置的各级各类师范院校为主体，其他教育机构共同参与的，多渠道、多规格、多形式的培养和培训中小学教师的体系已初步形成。2000 年，教育部印发《中小学教师继续教育工程方案（1999—2002）》，提出"建立健全高等学校及各有关部门积极参与、各级各类师范院校为主体的中小学教师继续教育开放型培训系统"。在政策层面支持了职前职后教育机构的一体化融合。余新、王婷（2018）② 在《改革开放 40 年我国教师在职教育的回顾与前瞻》一文中根据教师在职教育发展的历史特征并参照国民经济和社会发展中五年规划的时段对改革开放 40 年我国在职教育发展历程进行了特征的分析，提出"九五"期间教师在职教育发生转型，在完成教师学历补偿教育之后开始转入面向全体教师的继续教育轨道。教师在职教育转型特征表现为从补偿教育向继续教育转型，从师范教育向教师教育转型，从分立的教师培训体系向一体化转型。2010 年后，教师在职培训进入协同发展阶段，建立"高等学校与地方政府、中小学（幼儿园、职业学校）联合培养教师的新机制"，高等院校承担教师在职培训功能并逐步取代以各级教育学院、教师进修学校为主体的在职培训体系。

教师职前职后教育机构的融合促进了教师教育一体化的发展。教师职前职后双元制解体导致教师教育体系中的机构设置发生重大变化。普通高等院校对教师职后培训体系中的教师教育机构进行资源整合，三级教师培训体系以不同的方式融入高等教育体系。教师职前职后教育机构的融合趋势，将高等教育体系外的教师教育力量整合到一起，综合化的高等师范院校成为教师教育的主导

① 刘捷. 栅栏内外［M］. 北京：北京师范大学出版社，2002.
② 余新，王婷. 改革开放 40 年我国教师在职教育的回顾与前瞻［J］. 课程·教材·教法，2018（7）：21-26.

力量。师范院校的综合化发展客观上实现了教师教育的开放化，促进了教师教育培养、培训模式的多元化。更重要的是开放化、大学化的师范院校在整合职前培养、职后培训资源后，能够更好地以教师教育办学者的身份参与到区域教师教育一体化之中。教师教育一体化强调多元主体的协作与功能机制的互补。教师教育机构条块分割、功能重叠会造成主体之间在操作上缺乏一致性，降低时间效率。例如，周波（2017）[1] 在《区域教师教育一体化的实践变革》一文中指出，教师教育一体化过程中面临教师教育机构各自为政、课程设置和实施的简单化处理、教师教育者选择的随意性等问题，这些都造成了职后教师教育的低效、重复。这些问题在农村地区、边远地区、民族地区显得更为复杂和特殊。

（二）教师培养机构的一体化运行

教师教育一体化发展视域下，我国关于教师教育人才培养体系研究由注重职前教师培养功能转向为教师终身学习提供支持，由对教师培训基于工具性、操作性、实用性、功利性层面开展补偿性教育活动转向基于学术研究的、教师终身成长的专业活动，由关注职前职后分离体系下资源非均衡问题转向教师教育多元治理体系下资源统筹配置。

在知识经济时代，社会变迁与知识的更新日新月异。建构教师终身教育体系，服务教师终身学习，适应学习型社会已成为教师教育研究者的共识，教师无法仅仅通过职前培养获得终身受用的知识。因此，关于教师教育人才培养体系研究就开始由注重职前教师培养转向为教师终身学习提供支持。教师教育机构的一体化为教师终身学习和持续发展提供保障。教师职前职后教育双元制下，教师教育职前职后缺乏相互融通的制度与运行方式。职前职后教育机构的一体化变革是打破双元制壁垒的最优路径。实现教师教育机构变革的根本目的，在于提高教师教育的质量。但教师教育机构从本质上讲，是教师教育资源运作的组织形式。教师教育机构所开展的教师培养活动，依赖于教师教育机构所拥有的教师教育资源和对教师教育资源的运作方式。

---

① 周波. 区域教师教育一体化的实践变革［J］. 教育发展研究，2017，37（22）：77-84.

教师教育机构一体化的转型是对教师培养过程中资源分配和运作方式变革的回应。在时间维度上看，传统双元制体系下教师教育机构根据师范生、教师等社会身份确定培养对象的培养目标，进而调动教育资源进行培养培训活动，其教育视界被局限于一个相对静止的时空之中，强调满足师范生、在职培训教师特定身份的教育需要，却忽视了教育是个体生命成长和社会发展的不可分割的、内在必需的、全时空覆盖的构成要素。教师终身教育体系将培养对象视为不断发展的人，正如叶澜（2017）① 教授所言，终身教育视界的深刻意蕴在于全时空性的全人发展。教师教育作为教育的微观领域，至少要在教师专业发展上给予一体化、全过程的支持。谢安邦认为"一体化并不是单一化，它可以是多元化教师培养模式中的主体，但并不垄断教师教育；它强调整合完善的体系，但并非封闭，而希望在开放竞争中体现自身的特色和优势。因此，一体化可以看作是与开放化同步进行的两个互促互进的过程。"②在终身教育思想指导下，教师教育机构要满足教师职前职后多样性的需求。教师教育组织机构是教师教育实施的主体，是实现教师个体终身专业化发展目标的关键要素。刘义兵、付光槐（2014）③ 在《教师教育一体化发展的体制机制创新》一文中认为"任何教育机构的改革与创新都不是孤立进行的，它的建立和运行都是为了实现一种新的教育设想，并需要一套与之相适应的教育规范"。从高校内部教师教育组织机构来看，要通过整合全校各类教师教育机构的资源，建立教师教育职前职后一体化的运行机制。从教师教育一体化社会协同机制建构的视角来看，教师教育若要实现对培养对象全时空性的服务与支持，教师教育就必须将与教师专业活动相关的社会单位纳入教师教育活动的过程之中，并与教师教育机构形成紧密的互动关系。韩益凤认为"需要借助行政推动，汇聚高校、政府、教师培训机构和基础教育学校四类教师教育改革主体，重构教师教育一体化建设的核心要素之间的逻辑关系，统合目标设定、合作机制、资源开发等效能要素，形成协调、多维、立体的教师教育生态系统，推动教师教育一体化建

　　① 叶澜.终身教育视界的深刻意蕴：全时空性的全人发展——保尔·朗格朗带给我们的启示和价值［J］.人民教育，2017（1）：12-17.

　　② 谢安邦.中国师范教育改革发展的理论问题研究［J］.高等教育研究，2001（4）：59.

　　③ 刘义兵，付光槐.教师教育一体化发展的体制机制创新［J］.教育研究，2014，35（1）：6.

设从理念转向实践创新。"①

教师教育机构是具有双重特性的专业机构。一方面，教师教育机构开展的人才培养活动是具有职业指向性的专业活动；另一方面，教师教育机构的人才培养活动是学术范畴的专业活动。教师教育机构的一体化的运行是建立在这两重特性的基础之上的。20 世纪 50 年代我国学习国外建设师范教育体系的目的就是为教师这一职业设置专门的教育机构进行专门化的人才培养活动。在世纪之交教师教育开始转型之时，教师专业化水平进一步提升。我国中小学教师资格考试与定期注册制度的建立，体现了我国教师教育以"质量至上，能力为本"的价值取向。《教师教育课程标准（试行）》《幼儿园教师专业标准（试行）》《小学教师专业标准（试行）》《中学教师专业标准（试行）》等各级各类教师专业标准的完善，标志着教师专业发展转向以标准为导向的制度体系。

教师教育机构在师资培养过程中越来越强调对接教师行业的专业性。在教师教育机构专业化实践的认识方面，有学者指出教师教育作为专业教育具有多重意涵，这对教师教育机构人才培养实践具有多重影响。例如，王军对作为专业教育的教师教育进行了概念解释，认为"作为专业教育，教师教育是基于高深知识的实践智慧教育，是系统化的代际教学专业文化传递方式，是教学职业专业化与社会进步的助推器"。作为专业的教育，教师教育必须面向教师行业，但是这并不意味着教师教育属于职业教育的一部分。作为专业教育的教师教育具有六个方面的鲜明特征：第一，教师教育具有社会和法律上公认的专业身份；第二，教师教育实现了大学化；第三，教师教育的知识体系兼具学术性和师范性；第四，教师教育作为专业化培养活动周期较长，正在实现学士后教师教育模式的转向；第五，教师教育人才培养目的是培养教育理论与实践素养兼备的专业人员；第六，教师教育活动同时肩负教师教育学科合法化、知识生产和教师职业专业化的多重使命。这些特征要求教师教育机构不仅要把教师培养和培训当作主要功能，同时要把教师教育学科的学科建制建设起来。许多支

① 韩益风. 教师教育一体化发展体系的构建［J］. 东南大学学报（哲学社会科学版）. 2022，24（6）：144.

持教师教育学科建设的学者认为，"教师教育包括教师培养、教师入职、教师培训或者教师职后发展。这么庞大的一个领域，没有大学学者的专门研究是很难有效推动的"。教师教育机构不能将人才培养活动视为纯事务性工作，应把它视为学术范畴的专业活动，因此教师教育机构在运行上应兼顾学术研究逻辑与应用实践逻辑，实现运行逻辑的一体化。

20世纪90年代以前，负责职前培养的高等院校和职后培训的教育学院往往各自为政，职前职后系统互不联系。在资源配置上职前培养相较于职后培训具有优势。随着教师教育大学化，高等院校成为兼具职前职后教育功能的教师教育机构。尽管有学者指出，经过90年代的院系调整，师范院校大多具备了职前培养与职后教育的双重功能，然而在院校内部教师的职前培养与职后教育往往隶属于不同的职能部门，形成了"表象统一、实质分离"的教师教育新格局。但是职前职后教育机构的确在逐步走向融合，并通过内部调试不断实现职前培养与职后培训资源的有效整合。教师教育一体化的内涵也逐步由教师职前培养、入职和在职培训的狭义一体化概念发展为多维度多层次的广义一体化概念。1998年，上海师范教育一体化课题组首先提出"教师教育一体化"的概念，认为教师教育一体化的目的是适应学习化社会的需要，基于终身教育理论和教师专业发展理论对教师教育职前、入职和在职教育各阶段相互衔接、各有侧重的系统设计。教师教育一体化概念进入实践领域后，其内涵得到不断充实与推进。教师教育一体化不仅意味着在纵向上实现教师教育机构职前职后功能的融合，还要实现横向上教师教育资源一体化，实现教师专业能力方面智力与非智力因素发展的一体化，以及教师教育机构在学术层面理论与实践研究的一体化。

具体而言，教师教育一体化就是要构建教师的终身教育体系，教师教育机构作为为教师持续不断的终身学习和专业发展提供服务的主体，其实践范畴不应局限于高校内部教师教育机构的一体化，而应促进教师教育内外相关主体形成一体化的共治机制。随着教师教育一体化观念获得广泛认同，教师教育机构、政府、教研机构、中小学等教师教育参与主体逐步形成了教师教育一体化的共治自觉。以高校为主体，充分调动中小学、各级教育行政部门、教研机构参与教师教育的共治机制已成为教师教育组织体系研究的基本框架模型。教师教育机构作为教师教育一体化的关键主体要打破条块分割的运行机制，主动关联政府、中小学、教研机构，建立教师教育组织共同体，实现目标与组织的一体化，师资和教育资源配置的一体化。

第二节　教师教育的课程设置

教师教育课程的价值取向是教师教育课程设置的基本导向。我国教师教育课程理念经历了以知识为中心、以教师为中心、以学生为中心的演变历程。与之对应地，在不同的阶段形成了以知识授受为本位的教师教育课程价值取向、以教师个体发展为本位教师教育课程的价值取向和以全专业发展为本位的教师教育课程价值取向。我国教师教育课程设置研究的趋势走向与我国政治实践、学术思潮转变有极大的关系。从历史视角来看，教师教育课程设置的研究经历了政府主导下的师范教育课程体系建构研究，师范教育改革背景下课程设置的多元化探索，教师教育转型发展下课程体系的建构研究三个发展阶段。

一、教师教育课程的价值取向

在不同的历史时期，社会发展根据教师教育的需求不断发生变化。我国教师教育课程价值取向大致经历了以知识为中心、以教师为中心、以学生为中心三个阶段的演变历程。以知识授受为本位的课程价值取向强调教师通过扎实深厚的学科理论知识和教育教学方法的学习解决"教什么"和"怎么教"的问题，进而成为能够胜任传授任教学科知识的专门人才。以教师专业发展为本位的课程价值取向强调对教师自身专业身份的塑造，除了专门学科的知识和技能外，教师教育课程实施的目的还应促进教师具有深厚的教育理论修养、广阔的教育前沿视野、敏感的教育问题意识、过硬的教育科研能力。以学生全面发展为本位的课程价值取向强调教师是儿童认知与非认知能力的提升者，促进儿童全面发展是社会对教师角色的根本要求。因此教师教育课程的设计与实施应是基于儿童发展的终极价值，使教师在具备理解学科本质、具备教学能力的同时形成理解儿童身心发展的能力和意识。

（一）知识本位的价值取向

任何课程设置都是一定的价值观指导下的产物，以知识授受为价值取向的教师教育课程的价值内核是知识本位观与能力本位观的平衡与融合，其所关注的是在教师培养过程中，教师应掌握哪些知识，如何让教师适应课堂教学环境并将知识传授给学生。李海英（2005）[①] 对教师教育课程中知识本位取向和能力本位取向的内涵进行概括，指出：教师教育课程设置中的知识本位取向是从教师应掌握哪些方面的知识角度规定合格教师应具备的素质，关注专业知识在教师职业能力结构中的重要性；教师教育课程设置中的能力本位取向从教师应具备哪些能力的角度体现教师应具备的素质。

以知识授受为价值取向的教师教育课程强调教师作为知识授受过程的主导者，其教师身份的知识属性、职业属性和实践属性决定着教师培养不能偏废专业知识或者教育知识。有关知识本位的一个常见隐喻是：教师培养者是知识的源泉，师范生是知识容器，教师教育过程是知识不断地从教师培养者流向师范生。这种观念的缺陷在于忽视了教学能力对教师教育活动的重要性，认为师范生只要具备知识就能相应地把知识传授给学生。能力本位强调教师培养者通过教育理论学习和实训让师范生获得具有实际效用的教学能力。在这种指导思想下的教师教育课程目标是培养"教学技术员"，设想通过把理论成果转化为师范生直接可用的技术，使理论更具实际的效用，师范生只需学习这些技术就可以使自己的教学有效。坚持知识授受为价值取向的教师教育研究者认为未来教师仅仅学好专业课程的知识是不够的，还要掌握有效传授知识的方法，具备课堂教学的必备能力。各类知识在教学过程中由教师传授给学生，教师在教学过程中发挥主导作用，因此教师教育课程不仅要让教师成为"知识的源泉"，也要让教师具备传道授业的能力。

① 李海英. 教师教育课程设置的价值取向［J］. 全球教育展望，2005，34（1）：40-45.

以知识授受为价值取向的教师教育课程研究者不仅要关注知识的重要性，而且要注重传授知识的能力。这是因为从中华人民共和国成立到 20 世纪 80 年代，我国各级师范教育始终旗帜鲜明地面向对应的各级基础教育，教师培养过程是对接基础教育的定向培养过程，蕴含了教师职业性特征。因此，在教师教育课程研究中，研究者不仅能够意识到学科知识是作为教学活动的基础，而且教师的教学技能也是教师职业最为基础的一个方面。从相关研究的总体脉络来看，我国教师教育研究者关于在知识本位与能力本位的价值判断上能够做出平衡。

（二）教师发展本位的价值取向

教师个体发展本位的价值取向引导教师教育课程将关注的焦点从以实现知识的有效传递为中心转向以教师个体的发展为中心，师资培养的过程中不再以知识技能为本位将个体视为知识的容器或知识传递的工具，而是看作具有专业身份、不断发展的个体。在教师专业化的价值引领下，许多学者认为教师教育课程结构应进行革新以适应教师成长与发展终身性的要求。

第一，突出教师个体身份的专业化。曲铁华等（2005）[①] 认为世界教师教育专业化运动经历了两个不同阶段，在 20 世纪六七十年代，专业化的目标是争取教师职业在社会职业分层中获得优势地位。20 世纪 80 年代后，教师专业化更多关注教师专业能力的发展，专业化的目的由追求教师职业地位和权力的提升向发展教师的教育教学的知识技能，实现教师内在素质的完善转变。教师专业化的概念包含团体专业化与个体专业化两个层面，在教师专业化的早期阶段，人们更多关注的是教师作为一种职业的专业化。只有当教师专业化推进到与教师个体知识结构、能力、权利等紧密挂钩的具象化的内容时才意味着专业化进入实质性的阶段。在此背景下，教师教育课程研究方向指向以教师个体发展为中心优化教师知识结构。教师教育课程是教师专业发展的重要支撑，教师教育专业化进一步强调教师职业的"双专业"特点，即教师教育课程应从"学术性"和"专业性"两个方面来促进教师个体的发展，从而适应基础教育现代化改革中的要求。教师教育课程改革应拓宽普通文化课程、整合学科专业

① 曲铁华，冯苗. 专业化：教师教育的理念与策略 [J]. 教师教育研究，2005，17（1）：10-15.

课程、强化教育类课程、加强教育实践。这一观点似乎在内容上与以知识授受为本位取向的"学术性"与"师范性"相统一的观点如出一辙，但是两者的基本立场截然不同，以知识授受为本位取向的观点中教师被视为知识传递的手段和工具，教师教育课程的目的是实现工具改造的需求。以教师个体发展为取向的观点以教师的多样性需求为出发点，教师教育课程是为了满足教师个体职业发展过程中对"双专业"的需求。

第二，强调教师研究能力的发展。随着时代发展，社会对教师的要求越来越高，教师不仅要具有广博的文化知识、精深的学科专业知识、扎实的教育学科知识和技能，而且要求教师在一般能力和专业特殊能力的基础上，形成教育科研能力以提高工作的创造性和面向未来的适应性。传统的教学模式中，教学与研究是分离的，教师仅仅承担教材、教学大纲所规定的知识传授的任务。2001年5月，国务院做出了《关于基础教育改革与发展的决定》，同年6月，教育部印发了《基础教育课程改革纲要（试行）》。新一轮基础教育课程改革启动。新课程改革要求教师转变为学生发展的促进者和帮助者，由"教书匠"转变为实践的研究者和研究的实践者。唐智松、易连云（2011）[①]认为研究型教师是具备专业教师素养和教研能力的复合型人才，因此研究型教师培养包含两个层次，一是合格教师，二是教研人才。赵明仁（2018）[②]认为教师与研究有着天然的联系，并根据培养层次提出培养本科层次的反思性教师和研究生层次的研究型教师。本科层次的反思性教师的显著特性在于强调反思和批判能力的培养，注重教学实践中的行动研究。研究生层次的研究型教师的显著特征在于对教育教学工作的研究态度与能力。王林发等（2015）[③]认为研究型教师是拥有自我反思、自我探索、自我更新能力，既能从事学科知识教学又能从事教育科学研究的新型教师，然而传统教师教育课程存在培养模式重讲授轻训练、教学模式重理论轻实践、评价模式重识记轻反思的问题，亟须进行改革和创

① 唐智松，易连云. 目标定位：研究型教师［J］. 教育研究，2011（8）：85-86.

② 赵明仁. 培养反思性与研究型卓越教师：新师范教育的内涵与体系建构［J］. 西北师大学报（社会科学版），2018，55（5）：79-86.

③ 王林发，符蕉枫. 主题式项目学习教学：内涵、实施与反思［J］. 教育（周刊），2015（11）：76-77.

新。在研究型教师培养课程革新研究方面，有研究者借鉴和总结国外教师教育课程改革经验为我国教师教育课程改革提出建议，在国别比较中芬兰因其出色的研究型教师培养成就而备受国内学者关注。例如，赵士果（2011）① 总结芬兰研究型基础教师培养经验，认为应构建与培养研究型教师目标一致的课程体系。芬兰以研究为基础的教师教育将研究要素贯穿于整个教师教育培养方案中。在课程价值导向上将教师教育定位于学术性，强调教师和学生都必须从事研究；在师资培养过程中，主张教师教育全部课程都要和研究相统整，并通过开设教育研究课程、论文写作及研究性教学实习，在夯实学生坚实的知识基础和能力的同时发展了他们的研究性思维；在教学实践方面改革集体授课形式，采用自主探究的方法。

从基础教育改革和教师教育一体化的宏观背景出发，建立适应教师终身发展的、以培养"研究型"教师为目的的职前培养课程体系和以满足教师多样化需求的职后培养课程体系。在职前培养课程体系建构中应调整课程结构，突出课程的开放性和灵活性；加强实践性课程设置，增强实践与科研能力培养的力度；整合专业课程、教育课程内容，实现课程的综合化；开设研究性课程，提升学生研究能力与意识。在职后培养课程设计上，应注重教学实践与教育科研的内在联系，实现科研能力训练与教学技能训练的并轨。"在场"的进一步回应。欧璐莎等（2012）② 提出，教学是外在的本职属性，科研是内在的职业要求，实践则是贯穿内在要求与外在属性的重要纽带，教师教育的各个环节都应是理论和实践相互渗透的过程。在反思教师教育课程体系的过程中，有学者指出理论课程与实践课程之间缺乏内在的关联性，理论课程中缺乏对实践的思考，实践课程忽视理论的渗透与支撑。杨燕燕（2010）③ 在总结我国教师教育实践课程的发展历史时指出，教师教育实践课程仍存在理论与实践相脱节和具有艺徒模式倾向的问题。传统教师教育实践课程以时间集中，任务和内容明

① 赵士果．培养研究型教师——芬兰以研究为基础的教师教育探析［J］．全球教育展望，2011，40（11）：31-36.

② 欧璐莎，吕立杰．实习教师社会化进程中教育实践课程优化［J］．当代教育科学，2012（12）：28-29.

③ 杨燕燕．我国教师教育实践课程的历史回顾与发展愿景［J］．教育探索，2010（5）：39-42.

确，组织管理严格、规范为特征，这种课程设计和组织不能避免程式化、狭窄化的缺陷，容易使师范生将实习停留在对指导教师的外在模仿上。为突破传统教师教育实践课程的窠臼，她主张引入"学习共同体"和"反思性实践"进行课程革新，通过建立大学与学校的"学习共同体"，实现师范生的"反思性实践"。教师教育实践课程实质上是一种嵌套式的课程，实习学生既处在与教师教育者、实习机构等课程要素所建构的实践课程场域之中，也处在自己主导的课堂教学的活动之中。有研究者从身份视角出发，认为教师教育课程的学习者同时具备"学生"和"教师"双重身份属性。在实践课程中，师范生要在这两种身份中频繁转换。这对实践课程中另一方参与主体的教师教育者提出了更高的要求。

教师教育者作为课程的重要组成部分在课程指导的过程中不仅要促进师范生实践知识能力的形成，而且要促进学生教育者观念的建构。因此，在实践课程建构与实施的过程中，就要确保教师教育者能够帮助师范生在实践中明确课程目标、准确选择内容、有效组织活动，并给予客观评价和指导。

关于教师全专业发展基本属性的内涵与本质的相关研究是建立在立体的教师专业发展观之上的。教师专业发展不是以教师为绝对中心的孤立发展，而是与学生、社会环境相互连接的协同发展。杨晓梦（2019）[①] 认为教师的专业发展是由教师与自身、学生以及时代的各种链接共同撑起来并不断丰富和完善。朱旭东（2017）[②] 认为教师的全专业属性表现出三个逻辑，一是学生的学习逻辑，二是教师的教授逻辑，三是学科的内容重构逻辑。当三个逻辑融合在一起的专业才能称为全专业，任何一个单一的逻辑都不是专业，只能称为半专业。在关于教师"全专业属性"发展的研究中，研究者的研究立场发生了重大变化，由单一的视角转变为多元、立体的视角。"教师全专业发展"有三重逻辑维度，即从知识、教师、学生立场看待教师专业，通过立场转换实现视域融合。在教师培养过程中教师教育课程的设计不仅要考虑教师对教学目标的理

① 杨晓梦．链接、赋能与重塑：新时代教师的全专业发展——来自"第三届全国教师专业发展学术会议"的声音［J］．中小学管理，2019（3）：41-43.

② 朱旭东．论教师的全专业属性［J］．教育发展研究，2017（10）：4.

解，对课程教材的掌握以及对教学方法、教育技术的通达程度等，还包括一个重要内容，就是与学生相处的能力。"半专业属性"教师教育课程的外显性状可以总结为在教师培养培训过程中以教师掌握学科知识能力为中心而忽视了教师在教育活动中的实践目标是促进学生有效学习的发生。全专业发展为本位取向的教师教育课程不再是以知识或教师个体专业能力的发展为中心，而是基于教育活动的大视野将知识、教师、学生三者有机融合在一起。教师教育课程还应立足于学生学习的视角强调教师教育学习者具备掌握学习科学、理解学生学习规律的能力，具备依据学生学习发展对学科知识内容进行重构和设计的能力，具备在理解学生学习、发展的基础上进行教授的能力。教师全专业发展为本位的价值取向促使教师教育课程在内容体系进一步拓展完善，对学生学习的关注也进一步彰显了教师以生为本的职业精神。顾明远指出，一个好的教师首先应该能够进行好的教学，但只是好的教学还远远不够，一个好的教师更要能够进行好的教育。教师专业成长的最基本的要求就是学会尊重和启迪学生。全专业发展为本位取向的教师教育课程主张所培养的教师眼中既要有知识、学科逻辑，也要有学生。坚持全专业发展的价值取向的研究者主张通过视域转换克服教师教育过程中工具理性主义带来的偏执追求教师"工具性""可用性"等弊端，通过对教师本质的深度透视在现代科学主义和人文主义思想相融合的基础上实现教师育人的核心价值。

二、教师教育课程体系结构

（一）师范教育课程体系的多元化探索

20世纪80年代，我国在重建师范教育体系的同时也在积极探索教师教育改革的路径和方式。我国学者将各国教师教育划分为定向型和非定向型两种类型，并通过比较指出二者之间的优缺点。例如，朱勃（1980）[①] 在《国外的师范教育经验与我国师范教育的改革》一文中指出定向型教师教育的优点是培养目标单一、集中，专业思想比较巩固；缺点是知识范围比较窄，学术水平比

---

① 朱勃．国外的师范教育经验与我国师范教育的改革［J］．华南师院学报（哲学社会科学版），1980（4）：5-13.

较低，难以适应当代科学技术发展的需要。非定向型教师教育的优点是培养目标多样化，课程设置灵活广泛，易于开展综合性的科学研究工作，使学生的知识面广些，学术水平高些，就业机会多些；缺点是综合性大学对培养师资的任务不够明确，对教育专业学科的研究不够重视，学生的教育专业思想很不巩固，不利于培养合格的、热爱教育事业的教师。20世纪八九十年代是我国师范教育范式动摇、向教师教育转型发展的时期，这一时期关于课程设置研究呈现出两条发展脉络，其一是对现存封闭型教师教育体制下课程设置的改革研究，其二是对未来开放型教师教育体制下课程设置的探索研究。

在对封闭型师范教育课程设置的改革研究中，主流观点大概有以下三类：

第一，巩固和加强教育类课程地位。教育业务训练是师范教育必不可少的内容，是师范院校教学计划的基本组成部分。忽视师范教育特点、削弱教育业务科和教育实习是造成师范教育质量下降的重要原因。因此，应巩固和增加教学计划中教育类课程的学习和实践时间。美国、日本、英国师范院校开设教育课程与教育实习分别约占各自教学计划总时数的30%、30%、25%。然而同一时期我国高师教学计划内规定的课程结构为普通公共课程学时占上课总学时的25%，学科专业课程占70%，教育专业课程仅占5%。

第二，尝试在课程设置上实现师范性与学术性的融通。师范教育长期存在加强师范性与强调学术性的争论，进而引起师范教育"面向中学""向综合大学看齐"等关于办学思路的争论。师范教育学术性和师范性的统一观成为学界主流。李之钦（1987）[①] 指出，学术性和师范性是对立的统一体。代表师范性专业的教育类课程本身就有两重性，其他非师范性的各专业的课程，虽然从知识分类上看与师范性无关，但是从课程设置的目的和意义角度来说，非教育类课程是教师培养的必要组成部分，也就同教育类课程共同形成了统一体。因此在师范教育课程设置上提出加强基础课、专业课设置，实行民主教学的改革策略。陈时见（1998）[②] 指出，学术性与师范性的不同决策直接影响着师范教育的方向和教师的质量，国外师范教育的发展已为我们提供了一个明晰的视

---

① 李之钦. 简谈高师教育改革的几个问题 [J]. 西北师大学报（社会科学版），1987（1）：31-39.
② 陈时见. 发展师范教育问题与展望 [J]. 教育科学，1998（3）：17-19.

界，一方面要拓展普通文化知识教育和加强专业学科教育，注重学术性，另一方面也要注重教育理论学习与教育实践训练，强化师范性，两者都是现代教师培养所必不可少的内容。还有学者指出学术性与师范性统一的基础是为基础教育服务。在师范院校课程设置的改革研究中，实现师范性与学术性的融通，弥合或平衡两者分歧成为焦点。基于此，学术性与师范性的平衡与融通应该以为基础教育服务的办学方向为依据。

第三，强调课程设置适应社会发展的需要。成有信（1989）[1] 指出，现代生产、科技推动了现代教育的重大发展。社会环境的变化对人才规格提出更高的要求，即从适应型变为开拓型，从保守型变为创造型，从不甚发展型变为比较发展型。于是培养这种现代人的教师也被赋予了新的要求。师范教育课程设置滞后于社会发展的问题，其表现是多样的，如刘德华（1999）[2] 指出，师范教育课程体系的主要问题有，固定学制与学习内容增长的矛盾，课程内容缺乏与社会实际的联系，课程组块之间的比例失调，课程内容的形式过于统一。张国霖（2015）[3] 指出，我国师范教育教师类课程内容陈旧，无法适应新形势下对教师培养的要求。中等师范学校（中专）、师范专科学校（大专）、师范大学或学院（本科）三类学校几乎都是采用相同的模式来培养教师，即除了各自专业的文化课之外，再加上《教育学》《心理学》和《学科教学法》这三门教师教育主干课程的学习。就《教育学》《心理学》和《学科教学法》这三门课程来说，除《学科教学法》会根据不同层级、专业有所区别外，《教育学》《心理学》两门课程则几无不同，中专、大专和本科阶段的师范类学生学习的都是大致相同的内容。万爱莲总结，改革开放到 20 世纪 90 年代我国本科师范教育课程发展是围绕"社会需求"并"以学科为中心"来设计的。特别是 1993 年中共中央、国务院印发《中国教育改革和发展纲要》提出，"按照现代科学技术文化发展的新成果和社会主义现代化建设的实际需要，更新教学内容，调整课程结构"，我国师范教育课程的设置和具体课程内容设计的依据主要是基于国家、社会的需要。

---

① 成有信. 论师范教育和教师［J］. 教师教育研究，1989（1）：27-35.

② 刘德华. 论高师课程新体系的构建［J］. 陕西师范大学学报（哲学社会科学版），1999（1）：169-173.

③ 张国霖. 教师教育课程改革片议［J］. 基础教育，2015，12（4）：1.

开放型教师教育体制下课程设置研究观点认为，未来开放型教师教育体制必然取代封闭的师范教育体制，教师教育课程将不可逆转地走向一体化、多层次、多样化。师范教育概念已不再局限于职前教育，而是被理解为由职前开始的，一直贯穿于整个教职生涯的连续教育过程。随着各国对师资要求的提升，许多国家采取延长学制或提高学历层次的方式来适应这种需求。学制的延长为不同类课程的分段设置提供了条件，如美国要求中小学教师必须具备硕士学历，因此教师教育培养延长至五年，本科和硕士阶段分别学习学科专业课程和教育类课程。有学者指出西方教师教育课程设置与以标准为导向的资格认证制度相联系。例如 20 世纪 80 年代以来，英国不同类型的教师教育课程同对应资格证书、文凭、学位相联系，从而建构了基于资格认证制度的灵活的教师教育课程体系。这其中包括高等教育文凭课程、教育学士学位课程、研究生教育证书课程、其他教育证书课程。高等教育文凭课程学制两年，相当于专科水平，通过课程学习获得文凭和任教资格，但不具备正式教师资格；教育学士学位课程合格毕业者获得学士学位和教师资格；研究生教育证书课程专为持有学士学位者提供，以便其通过一年的教育理论、各科教学法、教学实习等教育类课程的学习实践后获得教师资格；其他教育证书课程专门面向已获得艺术高级资格或技术资格的学生，通过一年教育证书课程的学习后认证其教师资格。这些关于国外教师教育课程设置的研究不仅开拓了我国教师教育研究者的视野，也为我国 20 世纪末教师教育转型发展之后，进一步深化教师教育课程改革提供了重要参照和借鉴。

（二）教师教育课程体系的全面改革

20 世纪与 21 世纪之交，我国教师教育发生重大变化，职前与职后双元制解体，走向一体化，教师教育培养层次上移走向学士后教育，教师教育机构结构调整走向多科化、综合化与开放化。教师教育课程决定了人才培养的规格和质量，因此教师教育课程变革成为教师教育转型发展的核心。教师教育转型课程设置研究主要分两条线进行：一是从国外教师教育发展过程中课程建设的历史经验、教训出发研究教师教育转型背景下教师教育课程设置的应然状态；二是从教师教育改革与发展面临的问题出发，根据社会和教师教育改革发展的需求展开针对性的研究，并提出课程建设的建设性意见和改革措施。

21 世纪以来，教师教育取代师范教育走向综合化、开放化、专业化、一体化成为大势所趋，无论是外在体制还是内在建制都发生了根本性的变化。一些西方发达国家在 20 世纪 50 年代就已经开始改革师范教育，建立教师教育新体系以促进教师专业化，增强教师专业发展能力。因此，我国学者大量研究美、英、法、澳等国家的教师教育课程结构、内容，为我国教师教育课程设置提供启示。钱小龙、汪霞（2011）① 在《美、英、澳三国教师教育课程设置的现状与特点》中认为美、英、澳三国教师教育课程设置各有其特点，美国课程设置注重教师专业化，英国课程设置以"合格教师资格标准"和职前教师教育课程的标准为导向，澳大利亚的教师教育课程注重专业实践的体验化。

　　随着我国教师教育课程设置研究的深化，我国关于教师教育课程设置的国际比较研究呈现出以下新特征：第一，以国别为对象的整体性宏观研究逐渐减少，中微观研究或个案研究逐步增多。如李爱秋（2009）② 在《美国教师教育课程设置特色与启示——以美国伊利诺大学（UIC）教师教育课程设置为例》一文中以美国伊利诺大学的教师教育课程培训和教育实践为例对美国高校教师教育课程目标、课程结构、课程组织实践的特色进行深度、具体的研究分析。微观研究的增加表明越来越多的研究者意识到，对于国外经验的研究不能仅仅停留在浅层的经验引介，而要在数据、文本、案例等内容的支持下对他国教师教育课程设置的具体情境进行深描，并结合我国实际提出适合我国教师教育课程设置的因素。第二，研究对象日益丰富，注重研究的适切性。研究对象为美国、英国、法国、澳大利亚、印度、新加坡、芬兰等国家的教师教育。随着本土化意识的增强，研究者不再以发达国家经验做法为圭臬，更加关注于我国教师教育课程发展与改革问题，在某些问题解决上参考具有成功经验的国家。俞婷婕（2015）③ 为促进我国研究型教师的培养，对芬兰教师教育课程设置经验

　　① 钱小龙，汪霞. 美、英、澳三国教师教育课程设置的现状与特点［J］. 外国教育研究，2011，38（4）：1-6.
　　② 李爱秋. 美国教师教育课程设置特色与启示——以美国伊利诺大学（UIC）教师教育课程设置为例［J］. 教育科学，2009，25（3）：79-84.
　　③ 俞婷婕. 造就研究型专业人员：教师教育课程设置的芬兰经验［J］. 教师教育研究，2015，27（6）：99-106.

进行研究,在《造就研究型专业人员:教师教育课程设置的芬兰经验》一文中对芬兰教师教育课程的培养目标、班级教师与科任教师的课程结构与内容进行了详细的阐述,指出芬兰教师教育课程设置的原则是以研究为导向,培养教师教育研究型专业人员。第三,对国外教师教育课程设置的研究日益系统化。2003 年,王泽农、曹慧英主编的《中外教师教育课程设置比较研究》对美、英、俄、日、韩、新加坡及中国教师教育课程进行了比较,并在此基础上建构我国教师教育课程设置的框架。2011 年,陈时见主编的《教师教育课程论:历史透视与国际比较》,不仅对美、英、法、日、中五国职前培养、职后培训课程设置的主要内容、设计取向和基本模式进行深度比较研究,而且对中外课程的实施形式及未来发展趋势做出分析和展望。中国教师教育课程设置面临多样的挑战,借鉴国外教师教育课程设置经验,在促进我国教师教育发展融入世界主流的同时坚守本土特色、立足教师教育发展实际,为世界教师教育课程设计、内容选择提供中国智慧,是当代中国教师教育学术研究的使命。

教师教育转型发展对教师教育课程设置带来直接的影响。教师教育一体化、专业化发展导致教师教育机构的结构和功能发生调整,并推动职前职后机构走向同一化。教师教育一体化背景下职前、职后课程衔接问题成为课程改革急需破解的难点。课程衔接是课程设计的重要环节,杨跃(2017)[①] 认为课程衔接分为水平衔接和垂直衔接两类。教师教育课程的水平衔接是指在职前、在职、入职某一培养培训阶段,各类课程之间以及课程不同部分之间的相互联系和有机衔接。教师教育课程的垂直衔接是指职前、入职和在职三阶段间课程的一体化。在课程设置水平衔接的研究方面,有学者提出通过课程模块化改革实现教师教育课程的有机联系,以解决课程设置学科化取向带来的条块分割、实践性弱等问题。张民选(1993)[②] 指出,模块课程的优势在于:首先,多元化的课程内容供给与学生自主选择权的结合有利于实现学生学习动机与学习内容的正向匹配;其次,每个模块课程具有结构完整、目标明确、课时短小的特

① 杨跃 . 教师教育课程衔接:不容忽视的改革视域〔J〕. 南京师大学报(社会科学版),2017(2):93-98.

② 张民选 . 模块课程:现代课程中的新概念、新形态〔J〕. 比较教育研究,1993,79(6):11-13.

征，有利于学生保持学习热情；最后，模块课程具有开放性和适应性，可以根据社会发展、学科发展、市场变化、学生需求等因素及时更新和调整课程群的内容和结构。

入职和在职培训阶段可以通过专题教学、课例研修、行动研究等方式促进学科专业课程与教育专业课程、教育通识类课程与学科教育类课程、教育学类课程与心理学类课程，以及教育理论性课程与教育实践性课程之间的融会贯通。在教师教育职前职后课程垂直衔接的研究方面，郑友训指出，尽管学界就教师教育一体化在理论上已达成共识，出现了教师教育一体化的机构，但是职前培养与职后培训依然没能形成有机的整体。根本原因是没有形成统一的课程方案、一体化的课程设置。教师教育职前职后课程一体化具有必然性，教师教育一体化课程建构的目标是实现教师成长的连续性、阶段性和发展性的统一。

教师教育职前职后一体化课程的设置要考虑职前和在职两阶段各自的特殊性，重点是实现两阶段教学内容和课程体系的相互衔接，使之既体现课程体系的整体性又能彰显各阶段的个性。在教师教育职前职后课程一体化建设研究方面，我国学者对职前职后一体化课程体系的建构原则、基本架构、实施方式进行了深度研究。例如，陈时见等（2015）[1] 指出，教师教育一体化和课程体系的建构应坚持专业性原则、持续性原则、融合性原则，并提出"三段五级"纵向一体的教师教育课程体系架构，即在教师职前、入职和职后三个阶段分别对应职前教师、初任教师、熟练教师、优秀教师和专家教师五个发展层级。在不同阶段和不同层级教师培养培训的重点不同，在课程结构的建构过程中，应遵循教师教育的基本规律，根据教师专业发展的需要，对教师职前教育、入职教育和职后教育进行准确定位，构建横向统整和纵向一体的课程体系。随着我国教师教育人才培养多样化、专业化、开放化发展，课程设置更要适应教师教育人才培养模式的发展变化。叶飞（2008）[2] 基于泰勒课程目标设定原则作为理论基础，结合我国部属师范高校对免费师范生课程目标和课程设置的实践探

① 陈时见，王雪．教师教育一体化课程体系的构建与实施［J］．教育研究，2015，36（8）：109-112.

② 叶飞．关于师范生免费教育的课程目标设定的基础分析［J］．教育科学，2008，24（1）：34-37.

索，对师范生免费教育的课程目标设定的基础和依据进行论证分析，并提出在课程目标、课程设置、课程实施等方面的建议，强调师范生免费教育的课程目标是培养通识型、创新型的专业人才，课程设置应以倡导终身学习为重要目标，免费师范生的专业发展应当是课程的重要目标。

从融合教育视角，构建免费师范生特殊教育能力培养体系，在课程设置上打破普通教育与特殊教育互相隔离、互不干涉的状态，在免费师范生的教师教育课程模块中开设特殊教育或融合教育相关必修课程。2014 年，教育部提出"重点探索小学全科教师培养模式"。在该政策引领下，小学全科教师教育课程设置研究成为热点，有学者指出小学全科教师培养的课程体系在框架结构上仍沿用传统师范生课程体系的四个模块，即通识教育课程（公共基础课）、教师教育类课程、学科类课程、实践类课程。焦炜等（2018）[①] 在 2018 年总结我国小学全科教师研究时指出，当前我国小学全科教师的课程体系是一种拼盘式的综合，课程体系较为繁杂，并未实现真正的统整，未来小学全科教师培养的课程体系构建要不断强化其理论基础的支撑，深化对于课程统整理论的研究，并借鉴欧美等国家在小学全科教师培养课程体系构建方面的经验，实现课程之间的整合、交互与纵向联结。教师教育课程设置的相关研究总体呈现出由宏观到微观、由整体到部分的研究态势，原因在于我国教师教育发展已逐渐由顶层设计走向逐级实施，由整体性研究转向问题为导向的研究。

第三节　教师教育的培养模式

教师教育作为实践活动就需要建构一套系统的、相对稳定的运行方式实现人才培养的持续性和有效性。这种稳定的运行方式就是教师教育人才培养的模式。随着基础教育发展的现代化、教师的高学历化、教师职业准入的标准化与

---

① 焦炜，李慧丽．[J]．当代教育科学 2018（10）：37-42.

专业化，持续近半个世纪师范院校独立培养教师的专门化培养模式已不再适应时代发展的需求。在人才培养模式的研究上，研究者的研究视野愈加开放与务实。教师教育人才培养模式的研究在顺应教师教育自身培养层次大学化、主体多元化、内容整合化、体系开放化发展趋势的基础上，不断回应社会对教师人才培养的需求，在研究实践中推动了教师教育学士后人才培养模式和教师教育一体化人才培养模式的创新与发展。

一、专业化视域下的教师培养模式

教师专业化发展是国际教师教育改革的趋势，也是我国教师教育改革的重要取向。教师教育专业化作为一个理论命题，其提出是为了回应教师教育作为"专业性"活动的合法性。教师教育人才培养模式是连接理论与实践的中介，它既是对教师教育人才培养理论认识的体现，也是师资培养活动的有效展开的行为模式。教师教育人才培养模式的专业化研究不仅是教师教育改革对人才培养质量的客观要求，而且也是对教师教育专业化理论的操作性转化。教师教育人才培养模式的专业化意味着，一方面，人才培养模式要实现为社会培养专业教师的使命，另一方面则要确保其培养过程、内容的专业性，从而保证所培养的教师具有专业性。

（一）专业化教师培养模式的国际比较

在教师教育人才培养模式专业化的建构与探索方面，我国教师教育的专业性体现为具有双重专业属性。袁锐锷（1997）[①] 在回顾世界教师教育发展史的过程中，根据师范教育与学术教育离合关系，厘清师范教育与学术教育从分离走向整合的发展轨迹。他指出未来世界教师教育改革与发展趋势是在师范教育与学术教育深化整合基础上提高师资培养质量。教师教育活动中所依据的专业知识具有双重学科基础，作为教师教育活动的基石，两者不构成绝对的对立矛盾，在教师教育中应通过协调促进彼此在相互嵌合的结构中相互适应、共同发展，以增强教师教育的整体功能。随着我国基础教育质量的提高，我国教育对

---

① 袁锐锷．世界师范教育的过去和未来［J］．高等师范教育研究，1997（1）：11-14．

教师需求发生了转变，由数量供应上的短缺转变为高质量、专业化教师的结构性短缺，社会发展和教育自身的变革对教师专业化培养提出了更高的要求。因此教师教育发展主动顺应教师教育专业化不仅是国际趋势，也是我国教育实践的客观需要。

探究如何培养高学科专业水平和高教育理论水平的"双高"型教师是教师教育人才培养模式专业化研究的根本目的。学士后教师培养模式在设计理念上反思了学科专业课程与师范专业课程的关系，明确了教师教学工作需要以一定学科专业知识为基础，同时教师职业要求教师需要具备独特而富有整体性的专业修养，这其中所包含的关于教育的理念、结构和内容都具有特殊性的知识和技能修养，且含有交往管理等多种从事教育所必需的专业工作与创造能力。学科专业知识与师范专业知识在教师的知识结构及应用过程中始终是融合共生的关系。从学术视角出发，教学也是一门学术性事业，教师不仅要善于创造一种求知的共同基础，而且通过各种活动，把学生与自己都推向新的创造性的方向。教学同样需要教师的创造性。

教学是具有学术水平差异的活动，教师的专业性不仅体现为如何将已成定论的知识巧妙地、技术性地传递给学生，更体现在培养学生创造新文化的能力。西方发达国家在教师专业化运动中通过学士后教师人才培养模式改革，将教师学历培养层次从本科提升到研究生层次，变相延长教师培养年限，从而解决因本科学制年限的限制而造成的师范性与学术性课程设置的对立矛盾，满足社会对教师高学历、专业化的需要。概括来说，就是学士后教师人才培养模式将教育专业训练提升至学士后教育阶段，申请教师资格的学生必须在接受任教学科教育与普通教育的基础上，再进入具有教师教育资质的专业机构进行为期一年或两年的硕士层次的教育专业训练，毕业授予教育硕士专业学位。对已具有学士学位的学生进行教师专业教育能够确保学士后师范生具有较广博的通识性知识基础，具有较强的学科专业知识基础，具有一定的教师职业意向。学士后教师人才培养模式针对不同的培养对象和不同的培养需求，在培养目标、课程设置、学分要求、学制长短等方面都可以进行多样化的设计，如美国在20世纪80年代中期形成"4+2""4+1"等学士后教师教育人才培养模式，英国创设了"研究生教育证书课程"教师培养项目，法国施行大学与教师培训学院合作的"3+2"模式。这些人才培养模式创新与教师教育大学化、高学历化、实践化、标准化等发展趋势相对应。

学士后教师教育人才培养模式的标准架构是以本硕连读培养的方式实现学科专业与教育专业的分段培养。培养过程中，教师培养机构由教师教育机构单独培养向不同机构分段培养转变，将教育专业培养上移至学士后培养阶段，不仅提高了教师学历层次，满足了基础教育对教师学历的进阶需要，而且客观上延长了教师教育培养年限，让教师培养机构在培养计划的设计上更具灵活性，不仅能够保障学生获得充分的学科专业与教育专业教育，满足了教师教育双学科属性的要求，而且克服了传统师范教育缺乏与中小学联系、教育实践课程薄弱等痼疾。

（二）专业化教师培养模式的实践探索

我国教师教育人才培养专业化的模式研究很快由理论研究走向实践研究。2001年，北京师范大学率先在全国实行学士后教师教育人才培养模式的转型，采用"4+2"的学士后教师教育人才培养模式。我国进行"4+2"学士后教师教育人才培养模式改革具有重大意义，学士后教师教育人才培养模式的研究与实践适应了我国基础教育发展对教师供给的需求变化和提升教师学历层次的要求，适应了我国基础教育发展对高素质教师的需要，有助于革除封闭教师教育体系中存在的专业基础不够宽厚、教育专业课程比例偏低、实践环节薄弱等弊端，为国内高师院校向综合化转型和进一步提高教师教育的质量提供借鉴。时至今日，我国学士后教师教育人才培养模式仍处于探索和完善阶段，我国学士后教师教育人才培养模式在"4+2"模式的基础上发展出多种类型。王姗（2014）① 指出，为顺应国际教师教育改革的潮流，自2001年起北京师范大学、华东师范大学等学校相继进行了探索。北京师范大学2001年率先尝试在职前阶段对学生进行硕士阶段培养的"4+2"培养模式。具体来说就是在本科培养阶段的前三年中，完全按照综合大学的标准培养学生，在第四年对志愿从

事教师职业的学生进行筛选，正式进入"4+2"教师教育培养系统，在经过一年本硕衔接培养，并完成本科阶段学科专业课程学习与衔接培养阶段规定的研究生学位课程和公共课程学习后，正式接受两年研究生阶段教育理论的学习和教育实践学习，毕业后获得教育学硕士学位。

2006年，经过论证与研究，华东师范大学开始实践其"4+1+2"学士后教师教育人才培养模式，与北师大模式最大的不同在于"4+1+2"模式强调大学与中学的协同培养，在本科培养阶段结束后，只有专业成绩达到前25%且志愿从事教师职业的优秀学生能够正式参与到"4+1+2"模式的选拔，经过由华东师范大学与上海当地中学组成专家组的面试考核后，通过的学生与中学签订合同，以正式教职员工身份进入中学实践，实践期满返回大学完成最后两年硕士教育培养。上海师范大学"3+3"模式则对本科专业学习、教育实践和硕士阶段教育理论培养的实践进行了平衡，在本科阶段第三年结束时对成绩优异并且志愿从事教师职业的学生进行筛选，通过者进行一年的教育实践，实践结束后回到大学完成硕士阶段的教育课程。王健（2010）[①]对上述三种学士后教师培养模式的改革创新进行分析指出，北京师范大学"4+2"模式、华东师范大学"4+1+2"模式以及上海师范大学"3+3"模式各具特色，相比传统四年一贯制的培养模式具有优越性。北京师范大学"4+2"模式开国内之先河，并且成为许多师范大学学士后人才培养模式改革的模板，东北师范大学、华中师范大学、陕西师范大学也采用该模式。但是该模式与华东师范大学模式相比，教育实践相对弱化，学生与课堂教学、科学研究和第一线教学实践结合的比重相对较低，而且该模式缺乏灵活的退出机制。华东师范大学"4+1+2"模式洞察"4+2"模式的不足，增加了一年的教育实践，并且在人才培养过程中与基础教育学校合作培养，培养过程中有三次双向选择的进出机制，能够充分尊重学生自主从教意愿。其缺点在于修业年限较长，大学与本地基础教育系统的合作带来优势的同时也面临许多现实的制度困境，例如在实际操作中外地户籍学生无法通过人才评分机制落实上海教师编制问题，导致选才面相对狭窄。上海师

---

① 王健. 我国高校学士后教师培养模式的现状分析［J］. 教师教育研究，2009，21（6）：10-14.

范大学"3+3"模式吸取了"4+2"与"4+1+2"的优点并尽量避免两者在实践中遭遇的问题，设计相对均衡。

学士后教师教育人才培养模式的研究与实践标志着中国教师教育与世界教师教育发展接轨。学士后教师教育培养模式的创新与发展意味着教师教育研究者与实践者基于学术维度，在教师教育人才培养的理论与实践之间进行操作性的制度和机制设计。这些研究成果表明在师范教育向教师教育结构转型过程中，独立师范教育体系逐步瓦解，教师教育制度走向大学专业教育。在教师教育具体的模式建构与设计方面，教师教育模式在大学制度框架内实现纵深发展。

二、一体化视域下的教师培养模式

教师教育一体化理论与实践源于终身教育思想与教师专业发展理论。1996年，联合国教科文组织在《教育——财富蕴藏其中》中强调应围绕终身教育思想重新审视教育的各个阶段。20世纪80年代，教师专业化浪潮下，人们转向对教师专业发展的关注。终身教育思想与教师职业发展理论的交融促使教师教育开始被视为教师终其一生所需的教育过程。苟渊指出，正是由于终身教育思想与教师专业发展理论研究的推动，20世纪60年代后，世界各国逐渐形成了把教师职前教育和在职教育统一起来的趋势。教师教育一体化既是国际国内教师教育改革和发展的趋势，也是教师教育理论与实践研究的重点。教师教育一体化发展理念下，学界树立了新的教师教育一体化人才培养观。教师教育一体化的目的是培养适应社会发展变化的保证终身成长和发展的教师，因此教师教育一体化人才培养模式的研究突破了学校教育这一静态的时空视域，以全时空性的全人发展的视界看待教师培养的过程。研究者开始意识到教师教育一体化不仅是延长教师培养的纵深，拓展整合教师教育内容，而且更重要的是使教师教育成为教师个体一生专业发展不可分割的内在构成。

（一）一体化教师培养模式的国际比较

在教师教育一体化人才培养模式的实践研究方面，国际上出现的"教师专业发展学校"模式、城市教师驻校培养模式成为我国学者研究的热点。20

世纪 80 年代，西方学者倡导在教师培养培训机构与中小学建立协作关系，通过提供如实践范例、知识建构，以及为教师教育者、新教师和经验丰富的教师提供交流专业认识的媒介，建立新的教师教育与发展模式。丁邦平（2001）[①] 较早关注 20 世纪 80 年代美国教师培养改革创新过程中诞生的教师专业发展学校。他指出，教师专业发展学校把美国教师教育改革与公立学校的教改紧密结合，催生出教师培养与中小学教育质量提升相互促进的人才培养模式，这种模式重视在职教师的职业发展的连续性，关注教育科研成果向学校教学实践的转化，强调师范生必须通过反思自己的实践经验理解和改进教学。在对教师专业发展学校模式的认识上，田宝军、王德林（2002）[②] 认为教师专业发展学校是由大学教育学院与一所或多所中小学合作，融教师职前培养、在职培训和学校改革为一体的学校形式。赵昌木（2003）[③] 明确指出教师专业发展学校是"融教师职前培养、在职研修和学校改革为一体的新型师资培育形式"。美国"教师专业发展学校"模式通过建立大学与中小学合作的教师教育伙伴关系，整合大学与中小学教师教育资源，在实现教师培训与教师实践的有机衔接、提升未来教师培养质量的同时，也促进大学和基础教育各类教育专业人员的专业能力发展。这种实践理念和模式得到包括中国在内许多国家的认同和效仿。随着研究的深入，我国学者也开始分析这种人才培养模式的积极与消极因素。如胡艳（2010）[④] 指出，高校与中小学的合作提高了基础教育的质量而且一定程度上实现了各类人员的专业发展。但是这一模式也存在诸多问题，例如，大学和中小学之间很难建立平等合作的关系、大学和中小学很难做到完全的资源共享、双方很难摆脱从自身利益出发进行合作的模式。这一模式对我国教师教育模式改革影响巨大，我国大量学者借用"教师专业发展学校"的多元主体合作模式的架构，创生了本土化的教师教育人才培养模式。

---

① 丁邦平. 论美国教师教育的改革与创新——教师专业发展学校及其对我们的启示［J］. 首都师范大学学报（社会科学版），2001（2）：93-99.

② 田宝军，王德林. 美国专业发展学校（PDS）模式述评［J］. 高等师范教育研究，2002，14（6）：63-66.

③ 赵昌木. 美国教师专业发展学校：理念、实施与问题［J］. 外国教育研究，2003，30（10）：42-46.

④ 胡艳. 美国教师专业发展学校述评［J］. 中国教育学刊，2010（3）：65-68.

（二）一体化教师培养模式的实践探索

在本土教师教育一体化人才培养模式研究与实践方面，我国教育学界逐渐认识到一体化是一个动态立体的发展过程，张贵新、饶从满（2002）① 认为教师教育一体化包括内部一体化和外部一体化两个侧面。教师教育内部一体化是终身教育思想在教师教育领域中的具体贯彻和体现，从纵向上看教师教育不是一次性、终结性的教育，而是终身性的教育。从横向上看要将具有促进教师发展功能的机会或资源进行有效整合，实现正规教育与非正规教育的一体化。从深度上看教师教育一体化的意义在于通过对认知、动机、态度等综合因素的融合以保证教师具有终生学习的意愿和能力。教师教育一体化的意义不是对各类分散的资源、课程进行简单的堆砌与组合，而是让学习活动成为教师专业认知能力发展与个体全面成长的支持。教师教育外部一体化则是基于教师教育促进教师的发展和促进学校的改善这一复合目的，即既要关注教师个体的成长，也要重视学校内以集体形式存在的教师通过协作促进发展，并将这种发展的成果体现在学校改善的实践上。

在如何建构教师教育一体化人才培养模式的研究中，谢安邦提出实施教师教育一体化的目标包括：第一，打破条块分割的师范教育管理体制；第二，突破教师职前培养与在职培训的割裂，本科教育与研究生教育互补衔接，不同教育机构不相往来的教育模式；第三，统一规划和设计教师教育内容，将教师培养、新教师入职辅导和在职提高作为一个整体通盘考虑；第四，在统一规划下建立一支职前、在职既各有侧重又有合作，相互融通合一的教师教育的师资队伍。我国教育界逐渐意识到教师教育一体化的探索不应该仅仅局限在职前职后机构整合、课程整合上，还应从教育生态的角度探讨教师培养的一体化。教师教育一体化生态的建构有助于解决教师专业化发展中面临的痛点难点问题。我国研究者受美国教师专业发展学校模式的启发，创造性地提出跨机构的教师教育一体化的人才培养模式，例如，"U-G-S"（师范大学、地方政府、中小学校合作）教师教育人才培养模式，这一模式建构起教师教育的协同培养的生

---

① 张贵新，饶从满．关于教师教育一体化的认识与思考［J］．课程·教材·教法，2002（4）：58-62.

态，有效解决了教师教育职前培养中师范生教育实践难，中小学教师职后培训水平低，教师教育者教研无效等制约教师专业发展的瓶颈问题，促进了区域基础教育的均衡发展。"U-G-I-S"（师范大学、地方政府、教研机构、中小学校合作）四位一体的培养模式，通过实施校地一体化的教师教育专业发展计划，打造校地一体化的教师教育资源优质平台，实施校地一体化的教师协同培养计划，建立校地一体化的教师培训课程资源库，共同建构校地一体化的教师教育生态。除此之外，我国其他师范大学也提出了各具特色的教师教育一体化人才培养模式。

教师教育人才培养模式受社会经济文化条件的制约，尽管文化、历史因素对教师教育人才培养模式会产生影响，世界各国教师教育发展模式也不尽相同，但是仍然可以找到共有特征与演变的趋势。因此，研究和借鉴国际上相对成熟的教师教育人才培养模式对于我国把握教师教育内在发展规律、推动我国教师教育变革与发展具有重要的意义。中华人民共和国成立以来，我国逐步实现了由传统师范教育向现代教师教育的转型。在实践是检验真理唯一标准的原则指导下，教师教育人才培养模式的研究与探索衔接了理论与实践，特别是改革开放后的相关研究不仅理性借鉴国际教师教育人才培养理念及其模式，而且自觉肩负起教师教育人才培养的社会责任和文化使命，立足于本土推动教师教育人才培养理论的创生，促进现实问题的解决。

第四章　教师全过程教育实践探究

第一节　教师职前教育实践探究

教师职前教育实践是为教师从业做准备的，它既是教师从业的基础，也是教师终身发展的前提。通过参与教师职前教育实践，"准教师"能够掌握开展教育教学活动和班级管理所需的专门知识和能力，并促进自身的教学技能和教育素养不断提高，从而确保教育教学活动取得良好的成效。在本章中，将对教师职前教育实践的相关内容进行详细论述。

积极开展教师职前教育实践，对于确保"准教师"顺利进入工作岗位、有序开展工作具有重要的意义。因此，当前我国对教师职前教育实践予以了高度重视。总体而言，在我国教师教育中，教师职前教育实践一直处于较为薄弱的环节，并且存在不少的问题，难以真正培养出适应时代需要、适应教育改革与发展需要的高质量的"准教师"。而要想改变这种状况，一个重要的前提便是切实明确教师职前教育实践存在的问题。

一、教师职前教育实践的含义

教育实践是人们以一定的教育观念为基础而展开的，以人的培养为核心的各种行为和活动方式。而教师职前教育实践是指"旨在使'准教师'获得实践性知识，培养和提高'准教师'，教育教学实践能力的一切有计划、有组织的教学活动"。

"准教师"参与教师职前教育实践，能够保证自己在进入教师岗位后成为工作态度端正、理论基础扎实、教育教学技能合格、个人素养较高的优秀教师，进而在教师岗位作出应有的贡献。

二、教师职前教育实践的意义

教师职前教育实践一般通过正规的师范院校或具备师资培训条件的院校进行，对于"准教师"的成长有着十分重要的意义。具体来说，教师职前教育实践的意义主要体现在以下五个方面：

（一）能够帮助"准教师"形成较为完善的知识结构

教师的知识结构主要是由专业知识、公共知识和实践知识构成的。其中，教师的实践知识是一种产生于特定情境的、个人化的、体验性的知识，是教师以教学情境为依据，运用自己已有的知识去解决实践问题的知识。教师拥有丰富的实践知识，在教育教学过程中遇到问题时，就能从多种视角对问题进行整体把握，并在洞察多种可能性的基础上，迅速做出较为正确的决策。因此，"准教师"在校期间的一个重要学习任务便是获得并不断增长自己的实践知识。

就我国当前教师教育的现状来说，"准教师"的实践知识主要是通过教师职前教育实践获得的。通过参与教育研习、教育见习、教育实习等多样化的教师职前教育实践活动，"准教师"的实践知识能够得到不断丰富与完善。

"准教师"在形成了较为丰富的实践知识后，能够进一步优化专业知识和公共知识，从而为其日后真正走上教师岗位奠定良好的知识基础。

（二）能够提高"准教师"的教育教学能力

教育教学能力是教师的核心能力，因此提高教师的教育教学能力是教师管理的永恒主题。

所谓教师的教育教学能力，就是教师在教书育人过程中所必备的，随着从教时间的增加而发生质的动态变化的核心能力及其组合。教师的教育教学能力包含众多的内容，如全面了解和正确评价学生的能力、寓德育于教学之中的能力、正确分析和运用教材的能力、进行课堂教学设计的能力、组织教学活动的能力、教师身教的能力、处理学生问题的能力等。

教师的教育教学能力形成于教育教学实践。教育教学实践不仅是教师师德、文化知识、学科理论、教育理论、教育技能的综合运用，更是对教师教育教学能力的实际检验。教师的学科知识和教育知识只有通过实践才能转化为教师的教育教学能力。因此，要想提高"准教师"的教育教学能力，必须重视教师职前教育实践。

（三）能够促进"准教师"的专业发展

教师的专业发展始于职前教育阶段，后经导入教育阶段最终进入在职教育阶段，形成一个连续体。只有在职前教育阶段奠定专业发展的基础，才能将专业发展落实于教师的职业生涯。

"准教师"通过参与教师职前教育实践，能够系统地研究教育教学情境，反省自己的教育教学行为，反思各种教育教学情境脉络，从而促进自身的专业发展。

（四）能够帮助"准教师"更快地适应教师岗位

教育教学是一项极其复杂的工作，并且在很多时候是十分枯燥的。"准教师"已经对教育教学有了初步的认识，但对教育教学复杂性的认识大多是肤浅的，还想当然地认为教育教学是一项有趣的工作。因此，当"准教师"正式进入教师岗位后，不但会发现他们原有的各种幻想、乐观态度，富有的理想、新奇感，拥有的信念、知识、价值观和有限的技能很容易在复杂多变的教育情境中受到冲击和挑战，而且仅仅依靠自己所拥有的理论知识和有限的教育教学技能是难以有效解决复杂的教育教学实际问题的。如此一来，新教师便会感到压力很大，继而产生紧张、焦虑等消极情绪，甚至担心自己能否在教师岗位中生存下来。不过，随着教育教学经验的不断增加，大多数新教师能够逐渐适应教师岗位，甚至能够忽视或打破一些规则，开始依据具体情况来指导行为，教育教学行为开始变得灵活自如，对自己的教育教学也逐渐有了自信。

通过上面的论述可以知道，"准教师"在进入教师岗位后，会经历一个入职适应期。而要缩短"准教师"的入职适应期，就需要进行教师职前教育实践活动，以便帮助"准教师"在更多地了解教育教学实际的同时，不断提高自己的教育教学实践能力。

（五）能够帮助"准教师"为教育事业作出更大的贡献

教师职前教育实践能够帮助"准教师"加深对教育教学的认识，增强教育责任感，从而在日后全身心地投入教育教学的工作中，为教育事业的发展贡献自己的力量。

三、教师职前教育实践存在的问题

对当前我国教师职前教育实践的实施情况进行分析可以发现，教师职前教育实践已取得了一定的成就，如教师职前教育实践涉及的范围越来越广、越来越多的教师在上岗之前有机会接受职前培训、教师职前教育实践的基地不断增多等。但是，我国当前的教师职前教育实践也存在着一些问题，制约了教师职前教育实践的实施效果。具体来说，教师职前教育实践存在的问题主要有以下四个：

（一）教师职前教育实践的理念滞后

当前，我国教师职前教育实践的理念是较为滞后的，最鲜明的表现之一就是用传统师范教育的思维做着教师职前教育实践的事，如"准教师"的教育实习基本上是一次性、终结性的，并且多安排在最后一个学期。在这种滞后理念的影响下，教师职前教育实践成了师范院校理论知识传授的附属物和次要品，难以取得应有的成效。因此，必须要重视更新我国教师职前教育实践的理念。

（二）教师职前教育实践的评价机制不够完善

对教师职前教育实践的效果进行科学评价，是教师职前教育实践实施过程中的一个重要环节。我国现行的教师职前教育实践评价较多关注的仍然是个体的实践成绩，对于个体更深层次的能力、动机、态度等内容的关注不够。这就导致不少"准教师"在参与教师职前教育实践时，仅仅关心自己最终的成绩，对实践的过程则未予以足够重视。要改变这一现状，必须要以教育改革的实际、教师职前教育实践的目的等为依据，制订明确、具体，具有可操作性的评价标准。

（三）教师职前教育实践的效度不够

对当前我国教师职前教育实践的效果进行分析可以发现，其存在明显的效度不够问题，具体表现在以下五个方面：

第一，各院校对教师职前教育实践的重视程度不够，如在教师职前教育实践方面的投入比较少，相关的软硬件设施比较缺乏；安排的职前教育实践课时偏少等。

第二，各院校在开展教师职前教育实践时，主要是安排"准教师"到中小学听听课，回来讨论一下就完事，对于实践的目的、内容以及最终的结果等则不够重视等。

第三，大多数院校的教师职前教育实践的活动形式是比较单一的，仅限于教育实习和教育见习，"准教师"难以真正将所学的理论知识与教育实际相结合。

第四，教师职前教育实践对"准教师"责任感的培养力度不够，从而导致不少"准教师"对自己未来应该承担的职业责任缺乏认知。这就导致"准教师"在进入岗位且面对工作中出现的新问题时，很容易出现缺乏责任感，甚至逃避责任的现象。

第五，一名出色的教师，既应教好学科课程，也应做好班级管理工作。因此，提高"准教师"的班级管理技能是教师职前教育实践的一项重要内容。但是，教师职前教育实践对"准教师"班级管理技能的训练不到位，导致"准教师"的班级管理能力较差。这不仅会使"准教师"所带的班级出现较多的问题，而且会引发部分学生和家长的不满。

因此，在今后开展教师职前教育实践时，要注意针对以上问题采取有效的应对措施，以便不断提高教师职前教育实践的效度。

（四）教师职前教育实践的过程监控不力

教师职前教育实践活动与传授理论知识的课堂教学相比，存在明显的过程监控不力问题。比如，在"准教师"进行教育见习、教育实习时，虽然大学和中小学均指派了指导教师，但一名教师往往指导十几名甚至几十名"准教师"，谈不上对"准教师"的真正指导。此外，在开展教师评价时，未将指导教师的工作考评纳入考评体系，从而导致许多教师不重视教育见习、教育实习的指导工作。如此一来，"准教师"在教师职前教育实践活动中便无法掌握有效的教育教学基本技能，真正进入教师岗位后也会面临众多困难。因此，今后必须要加强对教师职前教育实践过程的监控，确保指导教师能够充分发挥自己的指导作用。

四、教师职前教育实践的主要形式

目前，教师职前教育实践的形式主要有教育研习、教育见习和教育实习三种。

（一）教育研习

所谓教育研习，就是"职前教师/师范生在其整个培养过程中对他人或自己的教学实践行动所进行的研究"。教育研习不是一蹴而就的，需要长期付出努力。此外，从本质上来说，教育研习是一种以实践为基础、以研究为主要特点的学习活动，即在实践中研究、在研究中实践。

1. 教育研习的重要性

教育研习的重要性主要是通过以下两个方面表现出来的：

（1）能够促进师范生的专业化发展。教育研习是一项具有很强的实践性和研究性的活动，能够在很大程度上促进师范生的专业化发展。具体来看，教育研习对师范生专业化发展的促进作用主要表现在以下四个方面：

第一，教育研习有助于师范生拓宽自己的知识面，并进一步加深对所学理论知识的理解。

第二，教育研习有助于师范生提高自己的反思能力和研究能力。

第三，教育研习有助于师范生教育实践能力的提高。

第四，教育研习有助于培养师范生的社会交往能力。

（2）能够促进教师职前教育课程体系的完善。在教师职前教育课程中增设能够使教师职前理论教学与实践教学有机地融合在一起的教育研习，将能够在一定程度上改变教师职前教育课程中理论教学占据主导地位、实践课程的总量偏低的问题，从而促使教师职前教育课程体系得到一定的完善。

2. 教育研习的特征

教育研习与教育见习、教育实习相比，有着自身鲜明的特征，具体表现在以下五个方面：

第一，研究性。教育研习是在对教育问题进行观察、收集、审视和筛选的基础上，使之成为研究课题，并在理论指导下提出解决问题的方案，用实践加以检验，达到解决问题的目的。因此，对于教育研习来说，其最为本质的特征便是研究性。

第二，连续性。教育研习的连续性特征是指教育研习会贯穿师范生整个受教育的过程，而不是仅仅存在于某一教育阶段。

第三，关联性。教育研习的关联性特征指的是教育研习活动的开展情况将直接影响师范生的综合素质，并在很大程度上决定着师范生是否具备成为研究型教师的潜能。

第四，统领性。教育研习的统领性特征是指在教育课程的学习和实践中，要始终坚持以教育研习为主线，并以研究的视野来开展教育实践活动，从而培养师范生的研究意识和发现问题、解决问题的能力。

第五，系统性。系统性特征是指教育研习是由众多内容构成的有机整体，其研究范围涉及学生的教育信念、职业意识、专业发展意识、教学策略与方法、中小学教学理念、教育政策、中小学教育教学状况以及具体的语言知识、语言技能、情感态度、文化意识、学习策略的教学问题等。

3. 教育研习的任务

教育研习的任务具体来说有以下四个：

第一，引导师范生对中小学的教育教学工作进行全面、深入的了解，包括中小学教育教学工作的主要环节，中小学新课程改革的目标、内容与最新动态等。

第二，培养师范生初步的教育科研能力，包括要懂得使用教育科研的方法、掌握教学研究的一般程序和规范、能够在教师指导下开展一些初步的教育教学课题研究等。

第三，丰富和完善师范生要成为合格的教师所应具备的理论性知识和实践性知识。

第四，促进师范生教育教学实践能力的不断提升。

4. 教育研习的内容

教育研习涉及的内容有很多，其中较为重要的有以下六个：

第一，研习新课程标准，包括新课程标准的意义、基本结构、功能、内容、与教材之间的关系等。

第二，研习新课程标准的教材，包括新教材的特点、结构、内容以及版本等。

第三，研习课堂教学技能，包括课程开发技能、讲解技能、提问技能、学习指导技能、教学评价技能、人际交往技能、课堂管理技能、教学设计技能等。

第四，研习教育科研方法，主要包括两个方面的内容：一是如何对课题进行研究，二是如何撰写研究报告。

第五，研习班队工作技能，即在对中小学生的年龄特点以及班队工作理念进行充分了解与准确把握的基础上，通过参与现实的或模仿的班队活动，获得与班队工作相关的技能。

第六，研习教育热点问题，要在对教育热点问题进行深入分析的基础上，找出原因并尝试提出解决的策略。

5. 教育研习的方法

教育研习的方法有很多，大致来说可以分为以下三类：

第一，专题研究法，即师范生按照学校的统一要求，结合自己的兴趣爱好对有关的教育理论和实践问题进行专题式的研究，在研究的过程中掌握解决问题的方法，形成正确的教育观念，从而为教育实践提供理论的支撑。文献研究法、观察研究法、调查研究法等都是进行专题研究时比较常用的研究方法。

第二，教育实验法，即教育研究人员根据研究目的，选择研究对象，主动操纵试验条件，人为地创设或改变教育条件，控制其他因素的作用，观察、测量试验对象的变化，揭示教育现象之间的因果关系的一种科学研究方法。

第三，行动研究法，即有计划、有步骤地研究教育实践中产生的问题，边研究边行动，以解决实际问题为目的的一种科学研究方法。

（二）教育见习

教育见习是高等师范院校各专业培养方案的重要组成内容，是理论联系实际的过程。对于师范生而言，教育见习是其形成实践性知识的至关重要的一环。因此，在开展教师职前教育实践时，教育见习也是不可忽视的一个方面。

1. 教育见习的重要性

对于师范生而言，参与教育见习有着十分重要的意义，具体表现在以下三个方面：

第一，能够帮助师范生更好地学习和理解知识。对于师范生来说，教育见习仍然是一个学习和理解知识的过程。在这一过程中，师范生通过听、看、问、想、做等途径，能够对教育教学规律、教育教学工作、班主任工作等有进一步的理解，便能够将所学的理论知识与实际的教育教学结合起来，在认识上经历一个从理论到实践，再从实践到理论的过程，从而为今后的教育教学工作奠定知识基础。

第二，能够帮助师范生提高自己的教育教学能力。教师是一个特殊的专业，除了要具备扎实的基础知识，还应具备良好的教育教学能力。师范生在参与教育见习的过程中，其教育教学能力能够得到不断提高。具体来看，师范生在教育见习过程中，通过与指导教师、学生等的互动，可以对自己的学科专业知识、教学技能与教育能力等进行检验，从而发现自己的教育教学能力与合格教师的差距，并积极进行改善。如此一来，师范生的教育教学能力就能得到不断提高。

第三，能够帮助师范生坚定职业理想。师范生在参与教育见习活动时，能够感受到师德的魅力以及教师的敬业精神，这有助于其重视自身教师职业道德的养成。在此基础上，师范生便能明确自身所应承担的社会责任，从而坚定自己的职业理想。

2. 教育见习的任务

教育见习的任务具体来说有以下五个：

第一，引导师范生对教学工作形成明确的认知，这对师范生教育教学能力的提升具有重要的作用。

第二，帮助师范生积累班级管理工作的经验，这对于师范生积累全面的教育教学经验具有重要作用。

第三，引导师范生了解教师专业发展的途径，这有助于师范生初步了解其日后将要从事的职业的基本发展空间和途径，从而更加坚定从事教师专业的信心。

第四，帮助师范生了解现代教育技术与方法（如微格教学等）在实际教育教学中的应用，从而确保师范生的教育教学方法与手段等紧跟时代发展的趋势，推动教育教学不断取得良好的成效。

第五，帮助师范生拓展专业知识的应用渠道，加强对教育理论的学习，从而为接下来的教育实习做好准备。

3. 教育见习的内容

教育见习涉及的内容有很多，其中较为重要的有以下三个：

（1）教学工作见习。在教育见习中，教学工作见习可以说是最为重要的一项内容。因此，师范生在参与教育见习时，应将大量的时间用于见习教学工作中。而教学工作见习的内容具体来说有以下两个：

1）见习任课教师的备课。一堂课的开展情况，与教师的备课情况有着十分密切的关系。因此，师范生在参与教学工作见习时，必须重视见习任课教师的备课。在这一过程中，师范生应特别注意以下四个方面：

第一，观察任课教师是如何研究课程标准，如何体现课程标准作为最低教学要求的作用，如何贯彻课程标准所规定的课程性质、基本理念、评价原则等要求的。

第二，观察任课教师是如何研究教材，并在教材研究的基础上合理确定教学目标、教学方法、教学重难点及合理开发与利用教学资源的。

第三，观察任课教师是如何对学情进行了解的，以及了解学情的过程中应注意哪些问题。

第四，观察任课教师是如何编写教案来引导学生有效学习的。

2）见习任课教师的教学设计。教学设计指的是教师为达成一定教学目标，对教学活动进行的系统规划、安排与决策。师范生在参与教学工作见习时，任课教师的教学设计也是一项重要的内容。师范生在见习任课教师的教学设计时，应特别注意以下九个方面：

第一，见习任课教师是如何在综合考虑教学的各种影响因素的基础上对教学目标进行设计的。

第二，见习任课教师是如何对重视培养学生的独立思考和发展能力的教学过程进行设计的。

第三，见习任课教师是如何依据教学、学生以及自身的实际状况对教学策略进行设计的。

第四，见习任课教师是如何对教学原则（如直观性原则、系统性原则、教师主导作用和学生主体作用相统一原则等）进行贯彻的。

第五，见习任课教师是如何以教学内容为依据对教学方法进行设计的。

第六，见习任课教师是如何在课堂教学中实践现代课堂教学基本理念的。这里所说的现代课堂教学基本理念就是强调教学着眼于学生的成长和可持续发展的理念。主要包括三个方面的内容：一是以学生发展为本位的教育价值观；二是注重学生全面发展，同时承认学生间存在个体差异的教学过程观；三是着眼于学生成长的教学质量观。师范生在参与教学工作见习时，要学习任课教师的教育行为、教育措施是如何落实现代课堂教学的基本理念的，体会任课教师在进行课堂教学时所使用的语言、所设计的教学措施、所安排的教学环节等方面对现代教学理念的贯彻情况。

第七，见习任课教师是如何使用教学方法的。这里说的教学方法包括讲授法、谈话法、讨论法、读书指导法、演示法、发现法、自主探究法等。师范生在参与教学工作见习时，要学习任课教师是如何综合考量教学的影响因素而选择最为恰当的教学方法并将其有效贯彻到教学过程中的。

第八，见习任课教师是如何运用教学技能和教学技巧的。教学技能对于教师来讲是应有的基本功，而教学技巧的使用对于教师来讲同样也是极为重要的。因此，师范生在参与教学工作见习时，也要注意见习任课教师是如何运用教学技能和教学技巧的。

第九，见习任课教师是如何规范教学礼仪的。教学礼仪就是以教师个人礼仪为支点，以关心、尊重学生为核心，来建构一种和谐的教学氛围，以此激发学生的积极性、创造性。因此，师范生在参与教学工作见习时，任课教师的教学礼仪也是一项重要的见习内容，包括任课教师的课前礼仪、教学对话礼仪、教学体态语等。

（2）班主任工作见习。师范生在参与班主任工作见习时，应特别注意以下五个方面的内容：

第一，师范生要明确班主任是如何进行班级建设、制度建设和班级日常管理的。

第二，师范生要观察和分析班主任工作的基本方法及其最终成效。

第三，师范生要尽可能地接触学生，了解学生对班主任工作方法的看法，并将自己的观察和学生的看法结合起来，整理出自己的心得体会。

第四，师范生要深入体会做班主任所需要的知识和人格修养等。

第五，师范生要了解和把握成为一名合格的班主任应具备的形象和行为标准。

（3）教研活动见习。教研活动是教师专业发展必不可少的一个环节，也是学校中教师日常活动的重要组成部分。师范生通过参与教研活动见习，可以了解当下教育实践中任课教师对一些现代教育理论新观点的理解程度，从而使自己能够从新的视角对教育实践背后的教育理论进行重新了解。具体来说，师范生在参与教研活动见习时，应特别注意以下三个方面的内容：

第一，要见习教研组是如何组织教师学习课程标准、研究教材的。

第二，要见习教研组是如何开展教学专题研究活动和经验交流的。

第三，要见习教研组是如何进行校本课程开发和校本教研的。

4. 教育见习的准备

师范生在参与教育见习时，要想取得良好的成效，必须做好多方面的准备工作，具体内容如下所述：

第一，组织准备。该项准备主要包括以下几个方面的内容：一是成立强有力的教育见习领导组织；二是选择稳固、适宜的教育见习基地；三是制订科学、合理的教育见习条例与工作计划。

第二，思想准备。该项准备主要包括以下几个方面的内容：一是明确参加教育见习的目的以及见习的内容；二是明确是否已经为教育见习做好了准备以及是否制订了个人见习计划；三是明确如何将自己所学的知识应用到教育见习中；四是明确要成功地完成教育见习自己应该主动做些什么。

第三，学识准备。师范生在见习前应根据专业特点和见习学校具体情况做好相应的学识准备。所谓学识准备，是熟悉相关教材，初步了解教学目标、知识点、重点和难点。

第四，物质准备。见习前的物质准备要在指导教师的指导下，根据小组、个人和见习学校的实际需要，有目的、有重点地进行，并尽可能做到少而精、少而全和"物尽其力"。准备工作力求发扬集体协作精神，相互帮助、相互配合，对原有物质基础较差的同学，应重点帮助，消除他们的思想顾虑，增强其信心。

（三）教育实习

教育实习是师范教育的有机组成部分，是培养合格师资、贯彻理论联系实际原则、实现师范学校人才培养目标不可缺少的重要教学环节。因此，在开展教师职前教育实践时，必须重视教育实习。

1. 教育实习的重要性

对于师范生而言，参与教育实习有着十分重要的意义，具体表现在以下五个方面：

（1）能够促进师范生坚持教师职业理想。师范生的教师职业理想会在很大程度上影响其如何看待教师职业。因此，十分有必要帮助师范生形成正确的教师职业理想。

教育实习是对师范生的教师职业理想进行巩固的一个有效途径。具体来看，师范生在参与教育实习的过程中，能够真实地感受教师职业，明确自身承担的重任，从而产生献身教育事业的使命感。如此一来，师范生在未来走上教师岗位后，就能高度认同这一职业，并切实承担这一职业的使命。

（2）能够帮助师范生巩固所学的理论知识。对于师范生来说，教育实习是一种重要的学习途径。在教育实习过程中，师范生能够将理论学习过渡到具体实践，并在理论知识的应用中拓展、加深对理论的认识。

（3）能够提高师范生从事教育教学的独立工作能力。教育实习能够提高师范生从事教育教学的独立工作能力，这主要是通过以下三个方面表现出来的：

第一，教育实习能够帮助师范生积累教育教学的经验。

第二，教育实习能够帮助师范生培养自己的团队意识和团队合作能力，使师范生学会如何与其他教师相处。

第三，教育实习能够帮助师范生学会处理各种关系的基本方法，这对于教育教学活动的顺利开展有重要作用。

（4）能够帮助师范生完善自己的教育教学技能。教育实习过程是对实习师范生教育教学技能的一次检测，实习师范生从中可以发现自己在技能方面的不足，并有针对性地进行完善。如此一来，师范生在真正走上教师岗位后，便能更好地开展教育教学活动。

（5）能够促进师范生教育研究能力的提高。一名合格的教师除必须具备良好的教育教学工作能力外，还必须具备教育教学研究的能力。对于师范生来说，教育实习是其提高自身教育研究能力的一个重要途径。在教育实习过程中，师范生完全有条件开展教育调查并进行研究整理，撰写出具有一定水平的调查报告和教研论文，以此提高自己的教育教学研究能力。

2. 教育实习的目的

教育实习是师范生必经的实践教学环节，通过教育实习可实现以下目的：

第一，帮助师范生依据课程标准，运用专业知识与技能开展学科教学，并在教学中巩固、丰富专业知识与技能。

第二，帮助师范生理解、掌握不同阶段教育对象的身心发展特点，积累班级管理的实践经验。

第三，帮助师范生提高自己教育教学的综合能力，包括从事教育教学的独立工作能力、发现和研究教育教学问题的能力、处理学生冲突的能力、沟通交流的能力、教学反思的能力等。

第四，帮助师范生获得正确的教师职业发展道路的相关知识。

第五，帮助师范生形成良好的教师职业道德与责任心，使其真正热爱教育教学工作，热爱学生。

3. 教育实习的任务

教育实习的目的是要通过这种学习方式来增长师范生的实践性知识，丰富他们的教育教学经验，完善他们的专业知识结构，为他们在专业发展的道路上奠定扎实的基础。为实现这一目的，教育实习为师范生设定了以下四项任务：

（1）教学工作实习。

教学工作实习是教育实习的核心，主要包括以下四个方面的内容：

第一，备课实习。师范生在参与备课实习时，应在指导教师和原任课教师指导下，认真细致地钻研课程标准与教材；应全面、客观地了解学生；应以教材内容和学生特点为依据，编制科学的教案或教学设计；应在课前进行试讲，以保证课堂教学的顺利进行。

第二，上课实习。师范生在参与上课实习时，应认真做好上课前的一切准备工作，包括教学用具准备和精神准备；应尽可能多上课，既要在教师的指导下上课，也要尝试独立上课；应尝试用不同的课型开展课堂教学活动；应做好课堂教学组织工作；应综合运用各种教学技能进行课堂教学；等等。

第三，听评课实习。师范生在参与听评课实习时，应认真听实习学校教师的课，尤其是原任课指导教师的课，并积极参加课后的评课研究活动，以发现自己教学中存在的问题并进行纠正，切实提高自己的教学水平。

第四，作业、考试与辅导实习。在开展这些实习活动中，师范生应精心选择并设计课内外作业、认真布置和批改作业、做好作业讲评工作、有针对性地对学生进行辅导、协助原任课教师做好评阅试卷工作等。

（2）班主任工作实习。

师范生在参与班主任工作实习时，应特别注意以下五个方面：

第一，要了解班主任在学校工作中的地位和作用。

第二，要熟悉班主任工作的基本内容和特点。

第三，要掌握班主任工作的科学方法。

第四，要学会正确履行班主任的职责。

第五，要学会独立开展班主任工作。

（3）教育教学调查与研究实习。教育教学调查与研究实习也是开展师范生教育实习的一项重要任务。因此，师范生在做好教学和班主任工作的同时，应安排一定的时间进行教育教学调查研究，锻炼自身调查研究和教育科研能力。

（4）教育实习的准备。师范生在参与教育实习时，要想取得良好的成效，必须做好多方面的准备工作，具体内容如下所述：

第一，物质准备，其应在充分了解实习学校的基础上进行，由于教育实习通常安排在秋季期，因此实习师范生应该准备好过冬的衣物与床上用品。如果实习学校不能提供电脑，建议实习师范生自己带上电脑，以方便备课和查找资料。如果没有网络，找资料不太方便，则建议尽量多带参考资料。关于日常用品，可以到实习地购买，以减少行李搬运的麻烦。

第二，思想准备，包括充分认识教育实习的意义，充分认识学生与教师的双重角色，树立团队意识，形成守时、守信、守纪、守法的良好习惯，做好吃苦耐劳的准备等。

第三，教学工作准备，包括与备课有关的知识准备、与教学有关的技能准备以及校内试讲准备等。

第四，班主任工作准备，主要包括学会与人沟通、掌握班主任工作所需的知识与方法两个方面。

第二节　教师入职教育实践探究

一、教师入职教育的目标与形式

教师的发展既是一个连续的、动态的、纵贯整个职业生涯的过程，又是一个具有阶段性特点的过程，即教师在不同的发展阶段会有不同的专业发展需求与特征。其中，入职期是教师专业发展进程中的一个重要环节，而且教师在这一阶段所遇到的专业发展问题要比其他阶段更多、更复杂、更困难。因此，学校和相关机构必须高度重视教师在入职期的发展需求，开展好入职教育，以便为教师日后的教学生涯奠定扎实的发展基础。

（一）教师入职教育的含义

教师入职教育既不同于教师职前教育，也不同于教师职后教育，而是处于职前教育和职后教育之间的一个过渡环节，通常是与教师最初几年的教学同步进行的。

关于教师入职教育的含义，不同的学者有着不同的观点。对国内外多位学者关于教师入职教育的界定进行分析可以得出，教师入职教育包含以下六点要义：

第一，初任教师是教师入职教育的对象。

第二，教师入职教育是有一定时限的，多为1~3年。

第三，教师入职教育是一种有计划的教育。

第四，教师入职教育是一种系统性的教育。

第五，教师入职教育最主要的内容是为初任教师提供帮助。

第六，教师入职教育的主要目的是发展初任教师的专业能力，增强初任教师的教学自信心，帮助初任教师尽快适应教师角色，从而为自己日后的专业化发展奠定重要基础。

（二）教师入职教育的目标

教师入职教育的开展并不是盲目的，而是以实现一定的目标为指引的。不过，关于教师入职教育的目标，不同的学者有着不同的观点。下面将着重介绍几个比较有代表性的关于教师入职教育目标的观点。

1. 博拉姆关于教师入职教育目标的观点

博拉姆认为，大部分初任教师对他们实际所处的教学工作处境是十分关心的，因此在开展入职教育时，必须重视向初任教师提供实用的和符合个别需要的帮助，以帮助初任教师解决他们在学校和课堂中遇到的各种问题。为此，他强调教师入职教育必须要实现以下七个目标：

第一，为促进所有初任教师的成长和发展而单独提供种种必备的技能。

第二，帮助初任教师掌握学科教学的技能。

第三，帮助初任教师掌握一般的教学工作和班级工作的技能。

第四，帮助初任教师掌握学校的工作程序。

第五，帮助初任教师学会与同事进行有效的交往。

第六，帮助初任教师掌握地方教育当局的工作程序。

第七，帮助初任教师不断完善自己的人格。

2. 卡蒙斯基和利德奥关于教师入职教育目标的观点

卡蒙斯基和利德奥在相关研究的基础上指出，教师入职教育应注重实现以下几个目标：

（1）促进初任教师的有效教学。在开展教师入职教育时，必须要以初任教师的教学能力及其特殊需求为依据，为其提供教学方面的及时性协助，以便其能够拥有成功的起始教学经验。

（2）发展初任教师有效解决问题的能力。发展初任教师有效解决问题的能力也是教师入职教育要实现的一个重要目标。因此，在开展教师入职教育的过程中，要帮助初任教师独立地面对特殊且不断变化的教学情境中出现的问题，并学会在深入了解问题、分析问题的基础上，采取有效的途径对问题进行妥善解决。

（3）为初任教师提供良好的心理支持。在开展教师入职教育时，应协助初任教师发展积极的自我概念与态度，以帮助其恰当面对及处理学校的孤立文化，减少甚至避免初任教职阶段可能会出现的自我怀疑、压力、焦虑等问题。也就是说，教师入职教育必须要为初任教师提供心理与情感上的支持，帮助其建立专业自信心。

（4）留住有潜力的好教师。教学经验的前三年最具磨损力，最容易造成初任教师负面的专业印象。为了让有潜力的好教师留任教职，并且从中获得成就感，就有必要减少初任教师的发展问题，降低其挫败经验。为此，必须积极开展科学有效的教师入职教育。

（5）建立教师持续专业发展的良好基础。教师的专业发展是一个持续的过程，无论哪一个阶段出现问题，教师的专业发展都会受到严重阻碍。由于入职期是初任教师建立自信心与高度的专业认同感，为以后专业发展奠定重要基础的阶段，因此必须重视初任教师的入职期教育，以引导其顺利度过新任职阶段，促进自身专业的持续发展。

（6）确保有利的专业社会化过程。不良的社会化过程会扭曲教师专业发展的方向，并导致教师形成错误的专业认知。教师一旦形成错误的专业认知，要想纠正是十分困难的，而且会阻碍其日后的专业发展。因此，必须在教师入职期为其提供必要的支持与帮助，从而能够与组织及同伴建立起良好的互动关系。

3. 欧戴尔关于教师入职教育目标的观点

欧戴尔通过自己的研究指出，教师入职教育的目标有以下七个：

第一，支持初任教师所需要的知识和技能的发展，以使他们在最初的教学岗位上获得成功。

第二，提供持续的帮助以减少初任教师所遇到的问题。

第三，为初任教师提供在有经验的教师指导下分析和反思他们自己教学的机会。

第四，使初任教师融入学校、学区和社区的社会系统中。

第五，为初任教师引进并构建一个持续学习教学的基础。

第六，增强初任教师对教学的积极态度。

第七，提高优秀初任教师在教学岗位中的留任率。

4. 奥斯汀关于教师入职教育目标的观点

奥斯汀关于教师入职教育目标的观点可以说是最具代表性的。在奥斯汀看来，教师入职教育的目标主要有以下四个：

（1）改善初任教师的教学行为。第一，对于初任教师来说，如果只凭自己尝试错误的途径来改进教学，那么不仅会增加自己的挫折经历，而且很容易对自己的教学能力产生质疑。第二，必须使初任教师认识到任何教学行为都是在特定的教学背景中产生的，对真正有效教学行为的理解应随着背景的变化而变化，而且在一种情况下有效的教学行为在另一种情况下就不一定有效。第三，不能期望能通过入职教育改善教学行为而使所有的初任教师都发展为可胜任的教师。之所以这样说，原因有以下三个：一是入职教育不可能有效克服与学校背景相关的一些主要问题，如初任教师被安排在不擅长的领域中工作、初任教师所承担的工作量过重等；二是投入问题，从理想的角度讲，如果保证有足够的时间和其他资源，则入职教育可以使每一名初任教师都成为合格教师，但事实上是不可能为实现这一理想目标而投入足够多的时间和资源的；三是初任教师的个人情况影响着其未来发展，从理想的角度讲，初任教师都应该具备作为合格教师所要求的知识、能力和态度，具有成为合格教师的潜力，但事实上由于教师的自身原因，有些初任教师不能成为合格教师。因此，在开展教师入职教育时，要注重为那些进入教学专业并具备成为合格教师条件的初任教师提供必要的支持和帮助，以使其形成良好的教学行为。

（2）促进初任教师的个人和专业舒适。一般认为，入职是教师经历课堂教学冲击的关键时期，初任教师在这一时期若得不到入职教育的支持，很可能会产生个人和专业方面的创伤。这是因为，初任教师在很多情况下是独立开展工作的，这就大大降低了他们向同事学习的可能性和机会。与此同时，初任教师刚刚踏入教师职业，就要与有多年教龄的教师担负同样的责任。在此影响下，初任教师很容易感到压抑，继而产生各种创伤。因此，学校有责任为初任教师提供适当的入职教育，帮助他们应付各种现实冲击，建立信心，感受到工作的乐趣，促进个人和专业舒适感的提升。

还需要指出的一点是，在通过教师入职教育来实现促进初任教师产生怀疑，继而离开教师岗位。此外，初任教师依靠自己有限的资源和经验得出的一套教学应对策略若固化到其以后的职业生涯中，将会阻碍他们成为有效教师。因此，必须重视对初任教师的入职教育，通过系统化、科学化的入职教育改善初任教师的教学行为。

在开展入职教育时，要想有效改善初任教师的教学行为，应切实注意必须明确在初任教师所处的特殊背景中，什么是有效的教学行为。教师个人和专业舒适的目标时，应以培养初任教师自己发展和提高的形式来支持他们，而不能无视教学行为，单纯地追求产生良好感觉。

（3）提高有潜力的初任教师的留任率。对于教师入职教育来说，提高有潜力的初任教师的留任率也是其要努力实现的一个重要目标。对于初任教师来说，在入职阶段一定会遇到各种各样的问题，而且有不少初任教师会因对教师职业失望而离开教师职业。如此一来，初任教师的留任率便大大降低。而要改变这一现状，开展科学的教师入职教育不失为一种有效的方法。也就是说，如果能提供适当的支持和帮助，想要离职的初任教师很可能会放弃这一想法，从而继续完善自己，成长为合格的教师。

（4）满足关于教师入职教育和资格证书的指令性要求。这一目标指的是通过教师入职教育，使初任教师能够满足国家有关教师资格证书的法定要求。在实现这一目标的过程中，以下两个方面要特别予以注意：

第一，达到最低标准是国家或地区对任教教师的法定要求，但对教师入职教育来说，如果单纯关注最低标准的实现，那么在实践中就有可能把满足最低标准代替全部教育的危险。因此，在开展教师入职教育时，不能仅仅关注最低标准的实现。

第二，教师入职教育是要向初任教师提供关于教学的有价值信息，但在进行过程中，很容易成为满足法定要求和完成某些书面工作而进行的训练。对此，学校在开展教师入职教育时也要特别予以注意。

以上四个目标是相互联系、相辅相成的，而且在开展教师入职教育时要完全实现这四个目标是不大可能的。这就需要学校在开展教师入职教育时，切实根据自身的发展需要以及初任教师的情况明确要侧重实现的目标。

5. 我国学者关于教师入职教育目标的观点

我国学者在教师入职教育的目标方面形成了较为一致的观念，具体包括以下五个方面的内容：

第一，为初任教师架起从职前师范教育到有效专业实践的桥梁。

第二，为初任教师长期的专业发展奠定基础。

第三，为初任教师第一年的教学提供支持。

第四，帮助初任教师将最好的技能展示给学生，提高初任教师开展课堂教学的质量。

第五，丰富初任教师的专业知识，提高初任教师的教学能力。

（三）教师入职教育的形式

在开展教师入职教育时，要想取得良好的成效，必须采用多样化的形式。就当前来说，教师入职教育可以采用的形式有以下六个：

1. 教学指导

在开展教师入职教育时，教学指导是最常采用且十分有效的一种形式。所谓教师入职教育的教学指导形式，就是安排有经验的教师担任初任教师的指导教师，与初任教师结成对子，进行一对一传、帮、带，帮助初任教师掌握课堂技巧，引导初任教师将所学的知识技能运用于教学实践。

2. 集中培训

教师入职教育的集中培训形式，就是组织初任教师在入职期内进行脱产集中学习。就初任教师集中培训的时间而言，短则几天，长则 1~2 年；就初任教师集中培训的内容而言，侧重于强化、教育初任教师作为教师应具备的专业思想、态度、职业道德等，并重视对初任教师的具体教学进行指导、对教师的心理进行调整等。

在教师入职教育中采用这种形式，一是能够保证培训时间集中，便于初任教师深入钻研、系统学习，培训效果显著；二是能够保证培训内容正规，即按国家对初任教师的要求来进行培训。

需要特别注意的一点是，集中一段时间对初任教师进行培训不应是入职教育的全部，在入职期内集中培训以外的时间也要为初任教师提供支持和帮助。

3. 合作指导

教师入职教育的合作指导形式，就是地方教育管理部门、教师教育机构和中小学校合作，共同组织一个指导小组对初任教师进行教学支持和帮助。

在教师入职教育中运用这一形式时，要想取得良好的成效，应特别注意以下几个方面：

第一，指导小组的成员，既要包括学区督导人员、学校校长（或副校长），也要包括有经验的教师以及教师教育院校的教授。

第二，指导小组的成员应经常深入初任教师的课堂，对初任教师的教学情况以及综合素质等进行综合考量，并及时与初任教师交换意见，以帮助初任教师不断提升自己的教学能力。

第三，指导小组要定期召开包括初任教师在内的小组会议，共同进行专业发展需求和问题诊断，提供矫正性反馈信息，探讨进一步改进教学的策略。

4. 学校教学中心

教师入职教育的学校教学中心形式，就是把一些理想的学校作为初任教师参观与试教的专门场所，初任教师在资深教师和大学教授的指导下进行教学。在教师入职教育中运用这一形式时，初任教师可以在教学中随时向资深教师和大学教授提出各种实际教学问题，并及时得到他们的回应。

5. 研修

研修指的是以研究问题的方式开展初任教师入职教育，目的有以下三个：

第一，帮助初任教师有效解决教育教学中遇到的实际问题，从而在解决问题的过程中确保初任教师的教育教学活动能够顺利开展。

第二，促进初任教师的教育教学能力的提高，帮助其学会如何制订教学计划、编写教案、处理教材内容、管理班级、对学生进行道德教育和保健安全指导等。

第三，培养初任教师的职业使命感，提高初任教师的综合素质。

6. 网络支持

随着互联网和信息技术的迅速发展，网络支持成为信息社会中开展教师入职教育的一种新形式。这种教师入职教育的形式指的是，教师教育机构和地方教育管理部门可建立旨在帮助初任教师的入职教育网站，开设政策法规、问题咨询、信息服务等栏目，初任教师只要登录该网站，就可以获得相关的信息和帮助。同时，网站可以提供"粘贴板"或"论坛"，初任教师在这里可以自由地发表自己的观点和体会，或与其他初任教师一起探讨问题。在当前，这种教师入职教育的形式得到了越来越广泛的运用。

二、教师入职教育的构成与评价

教师入职教育没有一个统一模式，但在实施过程中需要明确应重点解决的问题以及要实现的目标。如此一来，就能够大致明确教师入职教育的构成。与此同时，要想教师入职教育取得良好的成效，必须重视对其进行科学恰当的评价。

（一）教师入职教育的构成

关于教师入职教育的构成，学者们还未形成一致观点，下面着重介绍几种有代表性的观点。

1. 翟奇纳关于教师入职教育构成的观点

翟奇纳认为，一个有效的教师入职教育应该由以下四个方面构成：

第一，初任教师指导计划。

第二，有计划的、系统性的初任教师课堂教学观摩活动。

第三，有计划的、系统性的初任教师校内指导活动。

第四，地方教育当局和教育学院教学人员组织的有计划、有系统的校外指导活动。

2. 弗克斯关于教师入职教育构成的观点

弗克斯认为，一个有效的教师入职教育应该由以下四个方面构成：

第一，为初任教师提供安全感和确立同伴支持系统基础的发起活动。

第二，让初任教师界定自己管理模式的活动。通过这种活动，不仅为初任教师提供关于自我需求和观念的认识，而且为进行有意义的讨论提供机会。

第三，反思活动，即让初任教师反思自己的需求和教学行为，然后做出关于将来的行动和程序的相应决策。

第四，观看电影和录像。这既能为初任教师提供有关纪律和课堂管理的多方面信息，也能够使初任教师获得观察、分析和反思教学的机会，从而促进自己的教学行为不断得到完善。

3. 奥斯汀关于教师入职教育构成的观点

奥斯汀认为，一个有效的教师入职教育应该由以下五个方面构成：

第一，初任教师的入职计划。

第二，针对初任教师的定向会议和学校参观活动。

第三，以课程和有效教学为主题的初任教师研讨会。开展这项活动重在开拓初任教师的教学思想，丰富初任教师的教学知识与经验，帮助初任教师与同事顺利进行交往。

第四，初任教师的教学观摩活动。开展这项活动有助于初任教师观察、学习其他教师的教学经验，从而完善自己的教学行为。

第五，初任教师的课堂教学活动。在开展这项活动时，指导人员、同事或评价小组要进行观察或录像，并在充分讨论后予以一定的评价，这有利于初任教师反思和完善自己的教学行为。

（二）教师入职教育的评价

在初任教师的专业发展中，教师入职教育发挥着极其重要的作用。而要确保教师入职教育能够发挥出最大的作用，必须高度重视教师入职教育的评价，科学、合理的评价将对教师入职教育的实施起到反馈、调节、导向与促进的作用。在开展教师入职教育评价时，应具体从以下几个方面着手：

1. 教师入职教育计划的评价

在开展教师入职教育评价时，教师入职教育计划评价是一项十分重要的内容。所谓教师入职教育计划评价，就是当地县市教育行政部门或初任教师所在的学校，为了保证其拟订的教师入职教育计划（或方案）确实科学、有效而组织相关评价小组对整个教师入职教育计划的设计、内容、模式、进程及预期实施效果等进行的系统评价。

在实施这一评价的过程中，以下三个方面要特别予以注意：

第一，要实行教师入职教育计划审核制度，即地方教育行政部门设立的“教师入职教育领导小组”应组织有关人员，对当地的初任教师集中培训计划和中小学的校内教学指导计划进行审核，以保证计划的可行性和内容的针对性。

第二，要注意监督教师入职教育计划的实施过程。地方教育行政部门及“教师入职教育领导小组”要经常对教师入职教育计划的实施进行监督和检查，也可以派专门的指导人员全程参与计划的实施过程，为评价计划的有效性收集相关信息，发现问题及时解决。

第三，要注意评价的客观性和有效性。在进行教师入职教育计划评价时，要以收集到的相关信息为基础，对计划的实施过程及其效果进行客观评价，指出计划的成败得失。

2. 教师入职教育过程的评价

所谓教师入职教育过程评价，就是在教师入职教育实施的过程中，教师入职教育的专门领导小组在客观搜集相关信息的基础上，对教师入职教育计划的实施情况及初任教师在教师入职教育过程中的表现进行的评价。通过这一评价，既可以了解教师入职教育计划是否是科学、合理、具有可操作性的，也可以大致掌握初任教师的专业发展水平，并促进初任教师在入职教育过程中取得更好的教育成效。

在对教师的入职教育过程进行评价时，应尽可能做到科学、客观、公正、合理。此外，在评价教师在入职教育过程中的表现时，可以借助于形成性评价这一有效的评价形式。

形成性评价又称"发展性评价"和"过程性评价"，是以满足教师不断完善自我的需要为目的而进行的评价，评价的内容主要是初任教师在接受入职教育过程中的专业表现。通过这一评价形式，可以实现以下两个方面的目的：

第一，可以全面了解初任教师的专业发展状况，以及其对德育工作与班级管理策略的掌握程度、对课堂管理与教学常规和教学技能的掌握程度、对教育科研方法知识与技能的掌握程度等。

第二，可以明确初任教师在专业发展方面存在的问题和不足，从而采取有针对性的措施来促进自身的专业发展。

在对初任教师进行形成性评价时，需要按照以下步骤进行：

第一，初次面谈。评价者与评价对象的初次面谈是评价过程的一个首要环节，它有助于使评价双方进一步明确评价的整个过程，探讨信息和资料收集的渠道、方式和类型；有助于使初任教师明确形成性评价的目的是促进他们的专业发展。如此一来，初任教师便能消除疑虑，继而积极配合评价。

第二，收集信息。在对初任教师进行形成性评价时，收集大量真实的信息是十分重要的，这能在很大程度上确保评价结果的准确性。

第三，提供反馈，即评价者客观分析所收集到的信息，并及时将分析结果反馈给评价对象。这一环节一般以面谈的形式进行，而且在面谈结束时评价双方应共同商定初任教师今后的发展目标和具体策略。

第四，改进和完善教师入职教育计划。这一环节能够确保制订的教师入职教育计划更加符合实际以及初任教师的实际发展需求，能够及时解决初任教师在教学过程中存在的突出问题。

3. 教师入职教育结果的评价

所谓教师入职教育结果评价，就是在初任教师接受入职教育之后，由当地县市教育行政部门、初任教师所在的学校及教师教育机构等单位或部门的有关人员组成专门评价小组，在广泛搜集相关信息的基础上，对初任教师的专业发展水平实施的综合性评价。

在对教师入职教育的结果进行评价时，可以借助于终结性评价这一有效的评价形式。终结性评价是为判断初任教师能否留在教学领域而进行的评价，评价的内容主要是初任教师在接受完入职教育后，在专业知识和能力方面是否达到合格教师的标准。

此外，在对教师入职教育结果进行评价时，要想获得客观、科学的评价结果，必须遵循以下评价步骤：

第一，成立专门的评价小组。

第二，搜集相关评价信息。通常来说，可以采用以下两种方式来收集评价信息：一是通过初任教师自我评价的方式搜集信息，这既有助于初任教师进一步地进行自我认知，找出自己在专业发展方面的优势及存在的不足，又有助于初任教师的教育理念被评价者所理解；二是通过听初任教师的课堂教学来搜集信息，这有助于评价者对初任教师的专业表现进行全面了解，并在此基础上对其专业行为作出准确判断。

第三，在搜集完相关信息后，由专业人员对这些信息进行综合分析，并客观描述每一位初任教师的专业发展水平。

第四，由专门评价小组将评价的结果反馈给每一位初任教师，并要指明每一位初任教师在未来的专业发展中需要努力的方向。

第五，专门的评价小组以合格教师的专业标准为依据，判断初任教师的专业发展水平是否达到了合格教师的标准，并将判断的结果上报给当地县市教育行政部门、初任教师所在的学校以及初任教师本人。

第六，当地县市教育行政部门和初任教师所在的学校，依据初任教师的专业发展水平评价结果决定初任教师的去向。一般来说，初任教师的去向主要有三个：一是正式上岗；二是尚需继续接受一段时间的入职教育之后方能上岗；三是劝退或直接辞退。

三、教师入职教育课程的设计与实施

教师专业发展是终身的过程，因此教师专业教育课程建设就应该包括教师职前教育课程、教师入职教育课程和教师职后教育课程。由于三个不同教师专业发展阶段有不同的发展任务和发展特点，因而三个不同专业发展阶段的课程也应当有所不同。本节将对教师入职教育课程的相关内容进行详细论述。

（一）教师入职教育课程的内涵

1. 教师入职教育课程的含义

从现代课程理论的角度来看，教师入职教育课程是一个较为宽泛的概念，其不仅涵盖学校或相关机构为初任教师入职而开设的一切理论课程和实践课程，而且包含教师在教学实践中个人的体会、经验以及有经验教师的帮助、指导和支持。

2. 教师入职教育课程的任务

教师入职教育课程有着非常明确和具体的任务，主要是帮助初任教师解决在角色过渡、职业体验、教学责任和使命感培养过程中所遇到的问题，发展初任教师的能力，减轻初任教师在适应阶段可能会遭遇的挫折、孤独感等，提高初任教师教学工作的有效性。

3. 教师入职教育课程的重要性

对于初任教师来说，教师入职教育课程有着十分重要的意义，这主要是通过以下四个方面体现出来的：

第一，教师入职教育课程能够帮助初任教师尽快适应新的工作环境。初任教师在进入学校后，每一份工作都是崭新的，即使他们在入职前已经具备了扎

实的专业知识和一定的教学技能，但还是需要通过接受教师入职教育课程来增强对学校及其文化的认同感，从而尽快融入学校。

第二，教师入职教育课程能够及时指导初任教师在入职期间掌握有效的教学技能和教学方法，从而顺利地度过充满危机和困难的教师角色转换阶段。

第三，教师入职教育课程能够为初任教师搭建一个与资深教师进行交流的平台，这不仅能提高初任教师的教学能力，而且能帮助初任教师与其他教师建立良好的人际关系。

第四，教师入职教育课程能够有效提高初任教师的专业水平，从而促进其专业成长和专业发展。

（二）教师入职教育课程的设计

要想教师入职教育课程取得理想的成效，一个重要的环节是做好教师入职教育课程的设计工作。

1. 教师入职教育课程的设计取向

教师入职教育课程的设计取向实际上是教师入职教育课程设计的指导思想。就当前而言，教师入职教育课程的设计取向主要有以下四种：

（1）文化取向方面的课程设计。教师入职教育课程的这一设计取向，重在帮助初任教师更好地适应与融入教师文化。通常而言，初任教师在进行角色转换时，很容易因自身身份认同与新文化场域的冲突（如理想与现实的冲突、个人发展愿望与教师职业前景的冲突等）而出现错位现象，从而无法融入学校文化或是需要经历很长的时间才能融入学校文化。要改变这一现象，一个重要的举措便是在设计教师入职教育课程时充分考虑初任教师的文化认同，即设计文化取向方面的教师入职教育课程。

（2）技能取向方面的课程设计。教师入职教育课程的这一设计取向，重在帮助初任教师掌握教学策略、提高教育教学技能。事实上，掌握教学策略、提高教育教学技能是初任教师在入职期最为关注的内容，因而依据这一设计取向设计的教师入职教育课程更容易获得初任教师的认可与接受。

（3）道德取向方面的课程设计。教师入职教育课程的这一设计取向，重在帮助初任教师增强职业法规意识，提高职业道德修养。基于这一设计取向设计的教师入职教育课程，能够提高初任教师的整体素质，使初任教师真正树立起为教育事业奉献终身的崇高理想。

（4）情感取向方面的课程设计。教师入职教育课程的这一设计取向，重在帮助初任教师实现发展的愿望、意向以及专业自我的认可。初任教师刚刚进入一个陌生的职业，渴望得到尊重和认可。因此，有必要设计情感取向方面的教师入职教育课程设计，使初任教师获得专业上和情感上的支持，从而有效激发初任教师的发展愿望和自我效能感。

以上几种教师入职教育课程的设计取向，从不同侧面反映了教师入职教育课程的价值取向。此外，这几种教师入职教育课程的设计取向并不是完全孤立的，往往需要依据初任教师的发展需求以及学校的发展现状对其进行综合运用。需要注意的是，在对多种教师入职教育课程的设计取向进行综合运用时，必须要做到以某一种教师入职教育课程的设计取向为主。

2. 教师入职教育课程的内容设计

在进行教师入职教育课程设计时，可供选择的内容是十分丰富的。就当前而言，在设计教师入职教育课程的内容时，需要包括以下四个方面：

（1）学校文化。在进行教师入职教育课程的内容设计时，学校文化是极为重要的一项内容。其能够帮助初任教师在了解学校的历史、办学理念、校风校纪、发展目标和近期计划等的基础上，明确自己应以怎样的面貌开展教师工作、以怎样的态度对待学生。

（2）业务知识和技能。在进行教师入职教育课程的内容设计时，业务知识和技能也是不可或缺的一项重要内容。

1）教师入职知识教育课程。教师入职知识教育课程重在提高初任教师的整体知识素养。一般来说，普通文化知识、学科专业知识以及教育理论知识等，都要纳入教师入职知识教育课程的范畴。

2）教师入职技能教育课程。教师入职技能教育课程重在提高初任教师的整体教学技能。这里所说的整体教学技能，既包括基本教学技能，如语言技能、课堂教学组织技能、体态语技能等，也包括综合教学技能，如备课技能、上课技能、辅导技能等。

初任教师通过参与教师入职技能教育课程设计，可以尽快熟悉基本的教学常规，减少教学过程中的无效行为，提高课堂的组织与控制能力，学会如何管理学生以及应对各种教学突发事件。

（3）学校规章制度。初任教师在刚刚进入学校时，对学校的规章制度不太熟悉，很容易做出违背学校规章制度的行为。因此，通过教师入职教育课程使初任教师了解学校的考勤制度、薪酬福利制度、奖惩制度、考核制度、职称评定制度、晋升制度、教师行为规范等是十分重要的。

（4）专业思想。这里所说的专业思想，主要包括价值观、职业道德、职业理想、组织承诺、不同主体的利益关系的处理方式等。

（三）教师入职教育课程的实施

在设计好教师入职教育课程后，下一个环节便是实施教师入职教育课程，以帮助初任教师具备一名上岗教师的合格素质。

1. 教师入职教育课程实施的原则

教师入职教育课程的实施必须遵循一定的原则，其中较为重要的原则有如下几点：

（1）需求性原则。教师入职教育课程实施的需求性原则，是指在实施教师入职教育课程时，要充分考虑到初任教师的发展需求，切实尊重初任教师的感受，帮助初任教师顺利度过入职之初的"危机期"。

初任教师在刚刚进入教师岗位时，往往对教学充满信心和热情，他们以为运用自己在课堂上学习的学科知识、普通文化知识和教育学知识就可以应对课堂上的教学，在工作之初他们往往认真负责，依靠自己的知识和努力希望能够得到领导和同事的欣赏，受到学生的普遍欢迎。但是，初任教师的这一理想常常受到现实的冲击。这是因为初任教师在进入教师岗位后所面临的是对教材的陌生、对学生的陌生、对同事的陌生，对备课、上课、学生管理和常规教学的陌生等，这使得他们常常感到郁闷，感到自己的劳动价值和知识价值在教师岗位上不能得以体现。如此一来，初任教师很可能对教师职业失望。此时就需要实施以初任教师为对象的教师入职教育课程，以帮助初任教师正确认识理想与现实的关系，以尽快适应教师岗位。

（2）发展性原则。教师入职教育课程实施的发展性原则，指的是在实施教师入职教育课程时，要注重提升初任教师的专业化水平，促进初任教师的可持续性专业发展。只有这样，初任教师才能不断获得专业成长，继而在教育领域发挥更大的作用。

（3）实践性原则。教师入职教育课程实施的实践性原则，指的是在实施教师入职教育课程时，要注意帮助初任教师将理论与实践联系起来，使初任教师学会把理论运用于实践，并在实践中提升自己的专业发展水平和整体教学水平。

2. 教师入职教育课程实施的方法

在实施教师入职教育课程时，要想取得良好的成效，必须要借助于一些有效的实施方法。就我国而言，在实施教师入职教育课程时，可以运用的方法有如下几种：

（1）课堂讲授法。这种教师入职教育课程的实施方法有助于对初任教师需要掌握的理论知识和教学技能进行系统讲解和传授；有助于对课程的实施进度进行有效把控；有助于降低实施成本等。因此，在实施教师入职教育课程时，课堂讲授法是最常用的一种方法。

不过，这种教师入职教育课程的实施方法具有明显的信息单向传递特点，因而难以充分调动初任教师的参与积极性和主动性。此外，这种教师入职教育课程的实施方法缺少实践和反馈的环节，无法丰富初任教师的实践教学经验，也无法依据初任教师的反馈及时对教师入职教育课程进行修改与完善。

（2）角色扮演法。这种教师入职教育课程的实施方法，就是设定一个最接近实际教学现状的教育环境，让初任教师通过扮演和理解角色，实现提高自己面对现实、解决实际教学问题的能力的方法。该方法能够帮助初任教师掌握基本的教学技能，明确教师在教学活动中应具有的态度和言谈等。

（3）案例分析法。所谓案例分析法，就是围绕一定的教师入职教育目的，把实际工作中的真实情景加以典型化处理，并用一定的视听媒介描述出来，让初任教师进行分析，学会诊断、解决问题并做出决策。

这种教师入职教育课程的实施方法有着较强的真实性和实用性，而且能充分调动初任教师的参与积极性和主动性，因而运用较为广泛。

（4）录像法。在实施教师入职教育课程时，录像法也是一种常用的方法。所谓录像法，就是学校自制或购买教师入职教育课程的录像资源，以录像的形式对初任教师进行入职教育。

这种教师入职教育课程的实施方法有助于初任教师在反复观看和推敲优秀教师的课堂教学及其问题解决方式的基础上，丰富自己的教学经验。不过，这种方法缺乏实际的教学情境，难以使初任教师获得切身体会，也不利于初任教师与指导教师之间进行有效的交流。因此，在运用这种方法时应注意与其他方法相结合。

（5）讨论法。这种教师入职教育课程的实施方法，允许初任教师将自己在教学中遇到的问题、困惑以及想要了解的情况等提出来，与资深教师进行充分的讨论与交流，从而有效提高自己的教学技能、丰富自己的教学经验等。

在运用这种方法时，要避免使其流于形式，成为变相的课堂讲授，或者谈论主题被无效的讨论冲淡等。

四、确保教师入职教育有效开展的举措

教师专业发展既具有一般教师发展的阶段性和全面性，也具有成人学习的自主性和终身性。因此，在开展教师入职教育时，既要尊重教师发展的特点，也要充分考虑到成人学习的特点。基于此，我国在确保今后对教师入职教育进行有效开展时，可以采取以下几个有效的举措：

（一）建立健全与教师入职教育相关的政策保障体制

教师入职教育的广泛、有效开展，离不开与其相关的政策和法律法规的保障。在当前，我国还没有出台与教师入职教育相关的专门性政策和法律法规，只是将初任教师在适应期内的教育或培训作为教师继续教育的一部分，并没有突出入职教育在教师专业发展中的独立地位。如此一来，教师入职教育在教师专业发展中的重要而独特的作用就不能得到有效的凸显。因此，在今后要想推动教师入职教育的顺利开展并取得良好的成果，必须要重视建立和完善与其相关的政策和法律法规，即要将教师入职教育作为一种教师教育制度以法律或法

规的形式确立起来。

（二）积极构建完善的教师入职教育组织和管理体系

在教师教育的过程中，入职教育起着承前启后的作用，并涉及众多的机构和人员。在这种情况下，要想确保相关机构和人员得到有效协调，教师入职教育的功效得到充分发挥，就必须积极构建完善的教师入职教育组织和管理体系，注重实现地方教育行政部门、教师职前培养机构和学校之间的相互协调、相互合作（见图4-1）。

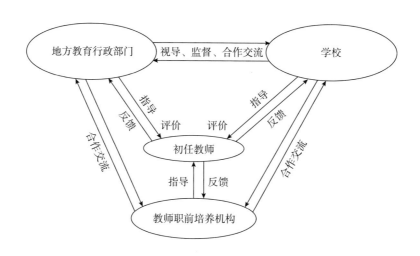

图4-1 教师入职教育的组织和管理结构图

1. 地方教育行政部门

一般来说，地方教育行政部门承担着对当地教师入职教育进行领导与管理的责任。为此，地方教育行政部门应专门设立"教师入职教育领导小组"，制订与本地发展实际相符合的教师入职教育方案，指导教师入职教育的顺利开展，确保教师入职教育能够取得良好的成效。

2. 教师职前培养机构

积极鼓励教师职前培养机构参与教师入职教育，也是促进教师入职教育进一步发展和完善的重要举措。在当前，绝大多数教师职前培养机构并未把教师入职教育视为自己分内的事情，也未参与到教师入职教育中。这不仅导致教师入职教育无法得到有效、广泛的开展，而且导致教师职前培养机构难以承担在初任教师入职教育方面的责任。因此，在今后从事教师入职教育时，应积极引导教师职前培养机构参与其中。

3. 学校

在开展教师入职教育时，学校也承担着极其重要的责任。一般来说，学校可以成立专门的"初任教师校内指导委员会"，负责对本校的初任教师进行辅导与考核。为此，初任教师校内指导委员会需要做好以下五个方面的工作：

第一，要定期开展针对初任教师的辅导活动。

第二，要积极动员学校中教学综合素质较高的教师参与到教师入职教育中，为初任教师提供一定的教学支持与帮助。

第三，要定期组织本校指导教师和初任教师的交流、讨论、学习等活动。

第四，要经常性地组织初任教师参与教学演示、教学观摩和专题研讨活动。

第五，要重视对初任教师的考核与评价，以督促初任教师不断发展和完善自己。

（三）切实保证教师入职教育的经费投入

教师入职教育的顺利开展，离不开一定的经费支持。没有必要的经费投入，再好的教师入职教育计划也难以付诸实施。因此，在今后要推动教师入职教育的进一步发展，必须要确保其具有足够的经费投入。

要保障教师入职教育的经费的充足性，除要依靠地方政府的财政拨款外，还要通过其他的渠道来筹措经费，如吸引社会资本参与教师入职教育等。

（四）进一步完善导师指导制度

在开展教师入职教育时，由导师对初任教师进行个人和专业发展的指导非常重要。因此，必须积极构建与教师入职教育相关的导师指导制度。在这一过程中，以下三个方面要特别予以注意：

第一，要严格按照一定的标准和程序来选拔指导教师，确保其具有丰富的教学经验、客观公正的评价能力以及担任指导教师的人格特质。

第二，要积极提高指导教师对初任教师的指导积极性。

第三，要加强对指导教师的培训，培训内容包括同伴辅导、实践指导、教师评价、成人学习理论、人际关系理论、冲突解决、反思型实践、行动研究等。

（五）不断丰富教师入职教育的形式

当前我国教师入职教育主要采用集中培训和教学指导两种形式，对其他形式的运用则很少。事实上，每种教师入职教育形式都有其优势和不足，只有综合运用多种形式，才能实现优势互补，继而获得最大的效益。因此，地方教育行政部门和学校应尽量为初任教师提供多种入职教育途径，以促使初任教师的专业能力能够不断得到提升。

第三节　教师职后教育实践探究

目前，我国对教师的职后培养的重视程度相较教师职前教育的重视程度要低一些。事实上，职后教育能不断提升教师的职业素养，促使教师不断丰富自己的教育能力，从而使教师在教育教学实践中不断进步，为国家培养优秀的人才。因此，加强教师的职后教育也十分重要，本章将对这部分内容进行分析。

一、教师专业化发展中开展职后教育的意义与策略

（一）教师专业化发展中开展职后教育的意义

1. 教师的专业化发展需要开展职后教育

教育教学工作是一项集理论性、知识性、实践性和经验性于一体的工作，这就决定教育教学能力提高是一个相当长、需要不断学习、不断接受教育的过程，这就要求教师注重专业化发展，并不断学习，否则在教育过程中可能出现教学素养跟不上时代发展步伐的情况。因此，教师应坚持不断学习、不断接受教育，职后教育是教师进入教师岗位一段时间后对其进行的继续教育，它并不是对少数不合格教师才有价值和意义，是一种达标、合格教育，对每位教师来

说都具有重要的意义，它是教师专业化发展的需要。

2. 社会发展需要开展职后教育

20 世纪 90 年代以后，随着科学技术的快速发展，知识总量迅速增加，经济和社会生活发生剧烈变化，不仅对个人的生存和发展提出了挑战，而且使终身学习成为社会共识。对于任何一个职业而言，仅靠职前教育已经不能适应知识爆炸和社会对教师职业的挑战。

一方面，由于网络信息技术的快速发展，人们进行信息传递的手段已经发生了变化，越来越多的个体选择通过互联网来传递信息，这种多对多的信息传递模式使得信息资讯被广泛传播，进而扩大了个体了解的知识面，学生也可以通过网络获得教育教学之外的其他各类信息，从而对教师的知识传授地位提出挑战，若教师依然保持传统的观念，不积极进取，不参加职后教育，很有可能会因知识储备不足而被抛在时代的后面，无法满足学生的信息需求，自然也无法做好教育教学工作。

另一方面，网络时代的快速发展，使得教师的角色也随之发生变化。现代社会的复杂性空前提高，人们在社会中遇到的问题也是前所未有的复杂，学校虽然依然能给学生提供相对单纯的"象牙塔"环境，但手机网络、学校教育社会化程度的提高、人们思想观念的改变等，也对学生的社会生活产生重要影响。在这种情况下，教师不仅要像过去一样关心学生的成绩，而且还要关注学生在网络时代的生活环境和心理状况，如因父母离婚导致的单亲家庭，因娱乐环境引导出现的粉丝问题等，这些都会对学生的日常学习与生活产生影响，教师必须对其予以关注，只有这样才能切实做好学生的教育工作，也才能适应现代社会的需求。而这些问题的产生都是随着社会的发展不断出现的，教师只有积极接受职后教育，不断增进对学生、对社会发展的认知，才能不断发展自我、提高自我，也才能适应现代社会对教师职业的要求。

3. 教师教育改革需要开展职后教育

随着各国教育改革的蓬勃开展，"教师素质是教育改革与发展的关键"已经成为世界各国的共识。以美国为例，21 世纪初，美国就已把加强教师职后教育作为改革教师教育、提高教师素质的重点，2000 年，教育目标共有七条，其中的第七条明确提出，所有教师应有机会接受培训，不断提高其职业技能和专业水平，以便能更好地指导和培养学生。为了造就高素质的专业队伍，美国不但建立了比较完善的校本培训制度，还在绝大多数州实行了教师任职许可证有效期，取消了教师永远任职的可能性，敦促教师在入职后也要不断参加继续教育。不仅美国，英国、德国等也十分重视教师的职后教育，纷纷制定相关措施推动教师职后教育的发展。总之，目前世界各国都在进行着教育的改革，都期望通过教育的改革来促进社会和经济的发展。而这一切都离不开教师素质的提高，离不开教师职后的学习和培训。

世界各国均在推动教师教育改革，我国自然也不例外。近年来我国越来越重视教育改革的实施，教师作为国家教育改革的重要实施者，其本身素质的高低会直接影响教育改革实施的效果。因此，近年来我国也十分重视教师教育改革，意在通过改革教师教育来不断发展师资力量，推动教育改革的实施。教师教育改革在实施的过程中，除了要求不断提高教师的各项素养、更新教师教育观念，还十分重视教师的继续教育，即通过职后教育来提高教师的各项素养，使其能跟得上时代发展的步伐。

（二）教师专业化发展中开展职后教育的策略

从教师个体的专业化发展需求看，职后教育不仅要满足他们的学历教育需求，而且还要满足以新理念、新知识、新技能为主要内容的业务提高需求；不仅要帮助他们更新知识与观念、提高技能与能力，而且还要增强他们科研、创新的意识与能力。具体来看，在专业化发展进程中，开展教师职后教育可从以下四个方面着手：

1. 完善教师继续教育制度

继续教育是面向学校教学以后所有社会成员特别是成人的教学活动，是终身学习系统的主要组成部分。它是教学安排依据社会和大众需要展开的使受教学者更新知识、进步创新能力和个人素质、进步社会成员受教学水平为意图的教学活动。教师以教书育人为本，这一职责不仅要求教师有丰富的知识和德行修养，而且要求教师紧随时代发展的步伐，具备先进的文化素养。因而，教师必须时时更新自己的知识，不断充实和补充职业发展最新成果，这是教师完成自己的使命、获得专业发展的必然要求，也是教师职业化的重要内容。因此，在当前深化教育改革、提高教育质量的背景下，如何有效地组织与实施教师继续教育，促进教师专业发展，提升教师综合素质，进而提高教育质量，是我国教育改革过程中一个亟待解决的问题。近年来，我国已经越来越重视对教师的继续教育，但要想真正推动教师继续教育，还需要不断完善教师继续教育制度。具体来看，完善教师继续教育制度可从以下几个方面着手：

第一，树立"教师发展是学校可持续发展的核心竞争力"理念，以提升教师整体素质为核心，以骨干教师培养为重点，以促进教师专业发展为主线，加大学科带头人和骨干教师的培训力度。

第二，中央、省、市、县区政府要高度重视在职教育的继续教育工作，各级政府教育行政部门都应成立"教师继续教育工作领导小组"，制定科学合理的教师继续教育规划、方案，并且加大财政投入力度，建立在职教师培训的长效机制。

第三，明确受训教师所在学校校长是教师继续教育的"第一责任人"。将学校继续教育管理纳入校长政绩考核和学校办学水平评价体系，做到责任到人、目标到人、奖惩到人，将各项工作落到实处。

第四，针对不同层次不同类型教师实行定期分层培训制度，根据教师的学历、专业技术职务、年龄、教龄，分别选派不同的教师到不同的培训机构。

第五，科学设置培训课程，合理安排主讲教师，让受训教师学有所获，真正提高培训质量；学校具体负责参训教师人选，做到公平公正，人人都有接受培训的机会。

第六，教师继续教育应向农村教师倾斜，以缩小城乡教师间的差距，如组织农村教师到城市名校跟随名师，深入课堂学习授课技能和艺术，从教学细节中品味指导教师的教学理念、教学技巧，主动反思、剖析自己教学薄弱的环节，增长并锤炼他们的教育智慧。

2. 开展多种形式的教师职后教育活动

从我国教师职后教育的情况来看，长期以来教师参与的职后教育活动都是统一制定的、单一式教育活动，但事实上，教师职后教育的需求各不相同，这些教育活动不可能满足不同层次教师的需求，这就要求根据他们的不同情况为其提供多元化的职后教育活动，以满足他们多样化的需求。面对"多样化"的培训诉求，教师职后教育组织者可按照具体培训对象的需求，研发项目、定制课程、设计活动；教学内容、教学方法和组织形式，要以工作需要为导向，为教师提供学校教学改革发展中所需要的内容，服务于学员专业生涯的持续发展，为他们的素质提升提供"增值"服务。具体来看，在实践过程中，应从校园实践情况以及战略展开需求出发，依据教师职业岗位的实践需求和教师队伍的实践情况及各类人员的改变等特点，进行不同层次的教学和培育，在训练内容上做到"缺什么提高什么，需要什么学习什么"，学以致用、学用联系。例如，对农村教师和城市教师培训的内容和形式就应该根据教师各自的特点和面对的主要问题进行有针对性的选择和设计。

3. 完善职后教育管理机制，建立教师职后教育质量确保体系

教师职后教育首要是政府行动，教学行政部门应从教师专业展开以及全部教学工作展开的高度去认知教师职后教育的重要性，重视教师职后教育的准则建造。只要树立健全有用的运行机制，才能使这项作业继续向好进行。为此，应改变职后教育的运行机制，使职后教育的管理体系和管理机制不断地展开与完善，在法令、方针、经济、激励机制等方面清晰政府在教师职后教育中的责任，而且以法令方式规范教师专业展开是教师应尽的责任。同时，树立教师教学质量确保体系，包含树立教师资格认证考试和教师资格证书准则，对教师教学的培育者和训练者实施资格认证准则，树立专业培育及训练的规范，并加强证书颁布的质量监控与确保。教师的职后教育或在职训练应当理解为教师的资格认证更新的进程的训练，而不只是一种学历进步的进程训练。

4. 根据教师职业发展的阶段采取不同措施推动教师完成自我成长

教师从教生涯是由入职、熟悉、适应、发展和衰退几个阶段构成的，每个阶段都有其自身的特点，只有结合这些特点来进行教师的职后教育，才能取得较好的效果，实现教师的自我成长。我们以伯林纳和本纳对教师发展阶段的划分理论为依据进行分析，教师在职业生涯中会经历新手阶段、胜任阶段、熟练阶段、专家阶段。新手阶段指教师刚入职的两三年，这一时期教师积累了一定

的经验，使教学能够超越前一时期，但工作经验仍显不足，对于突出事件往往束手无策，容易坚守原则而犯教条主义的错误，缺乏灵活性。胜任阶段大概在教师入职后的三四年，这一时期教师经过前一阶段的积累，掌握了教育教学的基本规范并能胜任具体的教育教学活动，从而更加投入地从事教育教学工作，并有了进一步发展的内在需求。熟练阶段大约为从业的第五年，在这一时期，教师虽对教学情境已有了直觉感受，并能够运用这种直觉感受处理具体问题和对新的教学情境进行有效的预测，但需进一步提高预测的准确性，并将经验向理论提升。专家阶段在教师从业十年以后，这一时期他们已经有了丰富的教学经验和教育知识，并在长年累月的教育教学活动中掌握了丰富的教育手段和教学方法，能结合学生的特点调控教学活动以获得最优的教学效果。但这一时期，他们也面临教育观念老化、僵化和教学方法陈旧等问题，需要紧跟时代发展不断更新教育理念。从这些分析中可以看到，在不同的阶段教师面临的问题是不同的，只有结合这些不同的特点开展教师职后教育，才能取得良好的教育效果。

二、教师职后教育课程的设计与实施

（一）教师职后教育课程的设计

教师的教学知识并不完全取决于教师的职前教育培养，而是在很大程度上取决于教师职后持续不断的学习和提高。因此，教育实践课程既是教师职前培养课程中的重要部分，也是教师职后教育课程中不可缺少的内容。而要想取得较好的教育效果，必须做好教师职后教育课程的设计。

1. 教师职后教育课程设计的依据

伟大思想家恩格斯曾提出这样一个观点，即每一个时代都会形成一定的理论思维，这些思维是各个时代哲学观与教学观形成的基础。教师教育的发展也是如此，在不同时期不同的思想融入并参与其中，形成了不同的教师教育思想。而从当前的社会形势来看，教师职后教育课程也是有一定理论基础的，进行教师职后教育课程设计自然也要遵守这些理论。具体来说，这些理论包括以下几个方面的内容：

（1）终身教育理论。终身教育思想起源于成人教育活动的开展。18 世纪中叶，近代产业革命的策源地英国根据工业社会发展的需要率先突破了传统的教育模式，通过各种途径对校外学生进行教学和职业技术培训，开始了最早的成人教育活动。第二次世界大战以后，科技革命的兴起加速了科技更新，引起社会经济结构的巨大变化，使得职业的更替和迁移日益频繁，极大地影响着人们的工作方式和生活方式，人们越来越清楚地认识到传统教育的弊端。20 世纪 70 年代，英国詹姆斯·波特把教师教育分为教育、专业教育、在职培训三个阶段，提出了"师资培养一段制"以来，教师职后训练在世界各国已经引起了人们的广泛重视。20 世纪 90 年代以后，随着知识更新速度的加快，教师发展成为影响其兴业效率的重要因素，在新时期终身教育的理念更是随着人们对社会认识观念的改变逐渐深入人心，成为教师提升自我的必要准则。我国对教师的终身教育也十分重视，教师作为人类文明的传播者、人类文化的开拓者，肩负着培养有理想、有道德、有文化、有纪律的社会主义事业接班人和建设者的历史重任。在素质教育背景下，教师只有通过终身教育才能获得更加系统、全面和丰富的知识，不断提升自身素质，以终身教育思想为指导，结合教师职业发展的特点，开展科学合理的教育培训。因此，教师职后教育课程在设计上也要以终身教育理论为依据，科学开展职后教育。

（2）教师知识构成理论。职后教育课程的设计最终是以提高教师的职业素养、促进教师专业化发展为目的的，这就要求在设计教师职后教育课程时必须遵循教师的知识构成理论。在学术研究领域，学者们对教师知识构成有不同的看法，并提出了不同的理论观点，如表 4-1 所示。

表 4-1　关于教师知识构成的几种权威观点

研究者	教师知识的构成
舒尔曼	学科知识内容、一般教学法知识、课程知识、学科教学法知识、有关学生的知识、有关教育情境的知识、其他课程知识
泰默	课程的知识、学生的知识、教学的知识、评价的知识
玛科斯	学科教学目的的知识、学生理解学科的知识、学科教学媒体的知识、学科教学过程的知识

续表

研究者	教师知识的构成
格罗斯曼	学科内容知识、学习者和学习的知识、一般教学法知识、课程知识、情境知识、自我知识
博科、帕特南、博利纳	一般教学法知识、教材内容知识、学科教学法知识
考尔德黑德	学科知识、机智性知识、个人实践知识、个案知识、理论性知识、隐语和映象知识
斯滕伯格	内容知识、教育法的知识（具体的）、实践知识（外显的、缄默的）

以上观点虽然各不相同，但总体来说教师的知识构成大致可归为学科知识、一般教学知识、教学内容知识以及关于情境的知识，即教师在教育教学中应该传授给学生的知识，以及如何传授这些知识的知识。它们是教师从业的必要因素，教师只有不断学习这些方面的最新知识，才能跟得上时代发展的速度，也才能真正实现专业化的发展。

（3）教师专业发展理论。教师是教育活动的直接组织者与实施者，是教育活动的关键主体，是决定教育活动实施成效的核心因素，要想提高教育质量，必须重视教师的专业发展。1966 年，联合国教科文组织与国际劳工组织在《关于教师地位的建议》中提出应当把教师职业视为专门职业，此后教师专业发展的理念逐渐传播，并获得广泛认可。

从字面意思上来看，教师专业发展是指教师专业素质结构不断变化、演进和丰富的过程。从逻辑意义上来说，教师专业发展是指教师的专业成长过程，即教师作为专门的职业人员，其专业素养从不成熟到相对成熟的发展历程。在不同的时期，教师的专业发展可能呈现不同的特征。不少研究者在研究教师专业发展的过程中，都在一定程度上丰富了教师专业发展周期理论，从而为教师职业发展的引导奠定了基础，这一理论也成为指导教师职后教育课程设计的重要依据。

在教师职业生涯周期理论的研究中，美国杰出学者费斯勒的观点十分具有代表性。他通过对教师日常教学的观察了解、对 160 位教师的访问晤谈，以及对发展阶段等相关理论的文献考察，并在借鉴该领域先期研究成果的基础上，推出一套动态的教师生涯循环理论，从整体上探讨教师生涯的发展历程（见图 4-2）。

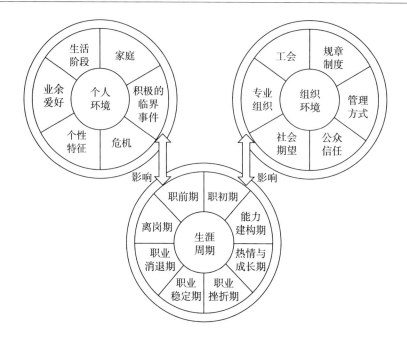

图 4-2　教师职业生涯周期模型

根据费斯勒的观点，职前期是教师的培养期；职初期是教师任教最初的几年，他们会努力适应日常教学工作，努力寻求学生、同事和领导的认可；能力建构期是教师寻找新的资料、方法和策略，建构属于自己的教育体系的时期；热情与成长期是教师在已经具有较高水平的教学能力的基础上不断创新、改进、丰富自己的教学，以提高职业满意度的时期；职业挫折期是教师在工作上遭遇挫折，工作满足程度逐渐下降，开始怀疑自己选择教师这份工作是否正确的时期，也是教师表现出职业倦怠期的时期；职业稳定期和职业消退期是教师职业热情彻底消退的时期，这一时期的教师只做分内的工作，不会主动追求教学事业上的卓越与成长，只求无过，不求有功；离岗期是教师准备离开教育岗位的低潮时期。费斯勒的教师生涯循环论，特别是其对教师发展的阶段描述，提供了一个较为完整的纵贯教师生涯的理论架构，具有重要的理论参与价值。除了费斯勒的理论，关于教师职业发展的理论还有很多，伯顿、司德菲、休伯曼等以生命变化周期为标准，对教师职业发展阶段进行了种种探讨。他们对教师职业发展阶段的认识不尽一致，各具特色，异彩纷呈，具体如表4-2所示。

表4-2 教师职业发展阶段研究一览表

名称及研究者	阶段划分
教师发展阶段（伯顿）	求生阶段、调整阶段、成熟阶段
教师生涯发展模式（司德菲）	预备阶段、专家阶段、退缩阶段、更新阶段、退出阶段
教师职业周期主题模式（休伯曼）	入职期（求生和发展期）、稳定期、实验和歧变期、重新估价期、平静和关系疏远期、保守和抱怨期、退休期
自我更新阶段论（叶澜、白益民）	非关注阶段、"虚拟关注"阶段、"生存关注"阶段、"任务关注"阶段、"自我更新关注"阶段

以上学者的研究虽然对教师发展阶段的分法不一，但是都把教师的发展看成一个连续的发展历程，一个逐步进步、不断成熟的过程。对教师教育来说，将职前教育和职后教育有机地结合起来，通过职后教育帮助教师度过"歧变期"或"高原期"，使教师由非专业人员转变为专业人员顺利进行"发展期"和"再发展期"，从而促进教师专业的发展。

2. 教师职后教育课程内容的设计

综观中外教育理论，在教师职后课程设计时需要处理好教师发展与社会发展、逻辑结构与受教育者的心理结构、教师的知识系统和社会需要的关系。其中，割裂教师发展与社会发展的关系可能导致偏向"受教者中心"或"社会中心"；使逻辑结构与受教育者的心理结构统一起来，以便消除"学科中心"与"受教育者中心"各自的缺憾；兼顾教师的知识系统和社会需要的关系才能使教师职后教育课程的内容更加科学。只有处理好这些关系，才能对教师职后教育课程设计进行优化。

从世界范围来看，各国均十分重视教师的职后教育，在职后教育课程的内容设计上都践行了理论和实践相结合的原则，提倡教师参与培训课程及内容的确定，并将教师感兴趣的内容，从教学实践中提炼出来的专业性强、应用价值高的经验上升到理论加以认识，使之能够运用所学的教育观念和方法自觉地指导自己的教育实践，以贯彻专业教育理论与实践研究活动两翼并举，教育理论课程设置和教师教育实践改进密切结合的思想，从而增强教育课程的吸引力。

我国十分重视教师的职后教育，但在职后教育课程内容的设计上还存在一些问题，如存在擅自、随意拼凑课程的现象，课程内容陈旧、重复，教师"学不能用，所学非用，学有困难"现象较为普遍。之所以出现这些问题，原因在于：一方面，相关的教师职后教育部门不了解教师的实际需求，未能很好地把握教师职后教育的发展趋势，不知道一线教师的需要，导致课程设置的盲目、重复和无目的；另一方面，无论是继续教育部门还是教师本人，他们都存在传统的课程观念，导致虽然课程内容上有所变化，但课程结构并没有太大的改变，造成教师职后教育课程设计依然存在问题。针对这种现象，在进行教师职后教育课程内容的设计时，需有对不同培训对象的不同培训目标项目与水平层次的区分。也就是遵循教师成长规律，以教育教学实践经验积累水平为主要依据，以新教师上岗为起点，划分培训对象层次，并依据对象层次确定前后衔接的目标层次序列。原则上，每周期完成一级内容层次任务，逐步地由新手型教师成长为专家型教师。唯有如此，不同层次水平的教师才会有参加职后教育的积极性。对教师目标层级的划分具体设想如图4-3所示。

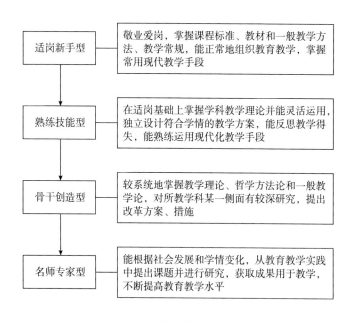

图4-3 教师职后教育层级划分图

其中，各层级目标的具体要求，可因时因地有所高低宽窄。先进地区的适岗目标要求，必然高于后进地区；未来教师的适岗要求也必然高于当前。对脱颖而出的优秀青年教师，在完成一级目标的进修任务后，可以有条件地允许其提前进入上一层次目标培训。

3. 教师职后教育课程形式的设计

设计教师职后教育课程的形式也是教师职后教育课程设计的一个重要内容，一般来说，教师职后教育组织者会将教师职后教育课程的形式设计为以下三种：

（1）骨干型教师的职后教育。这类课程一般会有目的地选拔那些有较好素质和培养前途的教师，经过高层次系统学习，培养成为学科带头人，形成新的骨干教师队伍。这对于提高教育质量、克服当前骨干教师"青黄不接"是特别重要的。这包括提高学历层次的教育，更新学科知识、能力的教育，教研工作教育等。

（2）更新型教师的职后教育。这类课程主要是针对那些已经从业多年的教师的，他们经过了多年教师职业生涯，已经拥有丰富的教育教学经验，但可能存在思想僵化、思维固定等问题，这不利于教师的发展，因此可以通过更新型教师的职后教育来使他们保持观念、知识、能力先进性的教育，使他们能跟上社会的发展，克服发展中的"高原现象"和随年龄增加的惰性心理。

（3）研讨型教师的职后教育。这类课程主要是对学科、专业的带头人进行的以研讨为主要形式、以教育教学科研攻关为主要内容的学术性教育。其目的是解决教育改革和学校教育质量提高中的重大问题，保证教育的健康发展和质量的不断提高，并培养优秀教师和教育教学专家。

（二）教师职后教育课程的实施

教师职后教育课程设计完成后，若不予以实施，其效果也无法体现。因此，及时、科学合理地实施教师职后教育课程十分重要。而要想教师职后教育课程取得好的效果，必须重视课程实施的主体，遵循科学的实施原则，选择合理的实施途径。

1. 教师职后教育课程实施的主体

一般来说，教师职后教育课程实施的主体有三个：一是高校或教师进修学校，二是教师任职的学校，三是教师本人。

（1）高校或教师进修学校。在现代教师职后教育课程实施的主体中，高校或教师进修学校十分常见，这类机构有着丰富的教师职后教育经验和资源，并对教师职业发展有着深刻的认知，因此能担当起教师职后教育的重任，他们会设计相关的教育课程，组织教师在特定时间进行计划性和针对性的职后教育。

（2）教师任职的学校。教师任职的学校也是教师职后教育课程实施的主体，这些学校对教师在职业生涯中存在的问题有较为细致、深刻、全面的认识，因而可以更好地开展教师职后教育。这类学校在实施教师职后教育课程的过程中，通常以学科为单位，以教研活动或教学观摩活动为主要形式，以学科教学成果提高为主要目的。另外，学校实施的教师职后教育课程多是常规性的，在深入性方面还有待提高。

（3）教师本人。教师本人对自己的情况是最了解的，只有教师本人在实施职后教育课程的过程中积极主动地参与，才能充分发挥自我学习、自我发展的积极性，也才能保证教师职后培训课程在实施后取得应有的效果。

此外，在实施教师职后教育课程的过程中，教师可以根据自己的实际情况、优缺点、发展需要，自行设计职后教育课程，从而更加有针对性地开展自我职业教育，促进自我职业素养的提升。

需要注意的是，在教师职后教育课程的实施中，高校或教师进修学校、教师任职的学校、教师本人这三个课程实施主体绝不是毫无关系、相互对立的，而是相互联系、互相配合的，只有三者密切配合，才能在教师职后教育课程实施过程中形成强大的合力，也才能确保教师职后教育课程的实施获得最佳的效果。

2. 教师职后教育课程实施的原则

教师职后教育课程在实施的过程中也要遵循一定的原则，以确保课程实施的科学性，这些原则主要包括以下三项：

（1）统一性与灵活性相结合原则。所谓的统一性与灵活性相结合原则，实际上就是在实施教师职后教育课程的过程中，在确保提升教师教育教学素养的统一目标的基础上，根据教师的具体情况，在教育内容、学习深度、学习方法上做一定的灵活调整，以满足不同层次、不同水平的教师的学习需求。

（2）指导与考核相结合原则。指导与考核相结合原则是指在实施教师职后教育课程的过程中，一方面要坚持对课程实施的正确领导，坚持科学有序的课程培训原则和方法，保证教师职后教育课程的方向正确；另一方面为了增强教师职后教育课程实施的效率考察，还需要及时对参与课程教育的教师进行定期与不定期的考核，以便及时发现实施中遇到的问题并予以纠正。

（3）集体学习与个别学习相结合原则。集体学习与个别学习相结合的原则就是要在教师职后教育课程的实施过程中将对全体教师进行教育的方式与针对教师的个性特点开展的教育方式结合起来的原则，它主要是在全面提高所有教师职业素养的同时，提高职后教育的针对性，让所有的教师都能通过职后教育课程获得能力提升。

3. 教师职后教育课程实施的途径

（1）从高校或教师进修学校角度实施教师职后教育课程。从高校或教师进修学校角度来看，实施教师职后教育课程可从以下三个方面入手：

第一，不断提高教师职后教育课程的质量与效果，并尽可能使教师职后教育课程与职前教育内容有所区别。

第二，加强对教师的学习指导工作，使教师的各方面能力都能切实得到提高。

第三，加强与教师的交流与沟通，真正了解教师在教学中遇到的问题以及教育需求等。

（2）从教师任职的学校角度实施教师职后教育课程。从教师任职的学校角度来看，实施教师职后教育课程可从以下四个方面入手：

第一，在明确学校的办学理念和发展目标的基础上，对教师职后教育课程的内容、实施方法等进行明确。

第二，为教师职后教育课程的实施创造良好的环境，包括硬件环境（如教学设施等）和软件环境（如教师的终身教育意识等）两个方面。

第三，要在教师需求的基础上，设计出内容多样且针对性强的教师职后教育课程。

第四，不断探索和完善适合教师职后教育课程设施的模式，如缺陷弥补模式、问题解决模式、成长模式等。

（3）从教师本人角度实施教师职后教育课程。从教师本人角度来看，实施教师职后教育课程可从以下三个方面入手：

第一，要及时对自己的教学工作进行总结与分析，并及时发现自己在教学中遇到的问题，明确自己的教育需求。

第二，要积极、主动地参与到教师职后教育课程学习中，并确保自己通过教育能够真正有所收获。

第三，在接受了教师职后教育课程学习后，要及时进行反思与反馈，以便教师职后教育课程的实施效果能落到实处。

第五章　教师教育者的身份与教学能力构建

如今，教师已经被确认为一种由受过专门教育和训练的专业人员所从事的专门化的职业。时至今日，教师职业已进入教师专业化发展阶段，要求培养教师的教师教育实现要专业化。因此，教师素质、教师标准、教师评价等问题都进入了教师教育研究范围，教师教育者教学能力也是如此。从加强师资力量建设的角度出发，本章就教师教育者的身份与教学能力构建的相关问题进行探析。

第一节　教师教育者的专业身份及其认同

一、教师教育者的专业身份

教师教育者曾被称为"隐蔽的专业"，其并不只是明确一个工作名称，从内涵解读，作为教师教育者的专业身份还需要随时间推移逐步构建，应当将教师教育者建立专业身份与开展专业实践理解为一个成长过程。

为澄清教师教育者的专业身份，我们将教师教育者与中小学教师进行比较，再对不同国家教师教育者的专业身份进行分析。

（一）教师教育者与中小学教师的比较

英国的默瑞将教师教育中的知识基础与技能要求分为第一层级和第二层级两个层次，教师属于第一层级的实践者，教师教育者属于第二层级的实践者。二者所在的专业领域、角色要求等都有所不同。

（二）不同国家同类教师教育者的比较

当前关于教师教育者研究成果最多的就是美国与荷兰，下面对这两国教师教育者的专业身份进行比较，以发现其中的一些共同点与差异。

共同点：都将高等教育的教师教育者和中小学担任实习导师的教师视为教师教育者，并分类纳入专业研究视野；对于中小学的教师教育者都提出了教学方面的较高要求；对于高等教育的教师教育者都有学位要求和中小学从教经历的要求。

不同点：由于中小学教师的培养机构存在差异，荷兰有三类教师教育的机构，如培养初等教育师资、初级中学教育师资的是专业大学，培养中学高段师资则是在传统大学。就美国的中小学教师培养而言，其在教师教育大学化进程中已经将教师教育大部分纳入大学层面，因此其对于教师教育者的资质要求与荷兰有一定的差异。此外，对于科研的要求也不尽相同，往往荷兰为小学和初中培养教师的教师教育者不做科研上的要求，而美国的教师教育者则一般被要求做科研，并要达到其他大学教师应当达到的科研要求。

二、教师教育者专业身份的认同

专业身份具有情境性和历史性，专业身份的认同同样带有情境性和历史性，而且需要具体情境下教师教育者作为主体的理性认知和情感意志的投入，实现专业身份的认同。以下就高等教育中教师教育者和中小学教师教育者的专业身份认同进行分析。

（一）高等教育中教师教育者的专业身份认同

（1）教师教育者首先是高校教师。因此，高校对于研究者的身份要求对教师教育者的影响很大，他们需要在研究中积累个人的学术资本。但他们的研究主题往往是与高校教师身份相联系的，而不是聚焦于作为教师教育者的身份。

（2）强化教师教育的实践性特质对于高校教师教育者的身份认同造成了新的困惑。教师教育者需要充分认识教师教育的实践性特质，主动保持大学与中小学的联系，让自己的教学始终与真实的中小学生活保持接触，从而提高自己的专业可信度。

（3）教师机构对于专业认同的引领程度影响着教师教育者。教师教育机构（尤其教育学院或教育系所）有责任推进教师教育者认同自己的专业身份，而且推进的途径应当配合机构内制度化的保障。

需要特别说明的是，从中小学教师转变为高等教育中教师教育者的这部分人员，还要进一步实现角色转换。

（二）中小学教师教育者的专业身份认同

中小学教师的首要工作是面对中小学生的教育教学工作，没有太多的时间和精力投入另外一个专业任务——教师教育上。这类教师教育者没有正式的认证，很多时候这类导师的选择依据就是他们是优秀的教师，但优秀的教师如果不能被认同作为教师教育者的专业身份，又缺乏对专业意识下与教师教育相关的专业知识与能力的掌握，同样无法完成教师教育赋予的基本职责。此外，中小学里的指导教师与高等教育里的教师教育者之间缺乏基于教师教育专业发展基础上的合作，往往得不到高等教育的教师教育者的支持。

综上所述，以上两类教师教育者都需要专业身份认同，如何促进他们的专业身份认同就涉及主观努力与外部环境的创设两个方面。

第二节　教师教育者的专业素养要求

一、国际专业组织提出的教师教育者专业素养要求

到目前为止，世界范围内有不少国际、国家专业组织或专业团体对教师教

育者的研究作出了贡献，获得很多有益的成果。例如，经济合作与发展组织教育委员会在探讨职前教师教育的认证和评价的时候，提出要"关注教师教育者的资质和背景"，从而将教师教育者作为教师教育认证的一条标准，并明确提到教师教育者的资质问题。

欧洲理事会和欧洲委员会在 2005～2012 年相继针对教师和教师教育质量的提升出台了专门的政策文件与建议，并组织专题会议开展欧洲各国之间教师教育的交流与研讨。

欧洲委员会在 2005 年提出了针对教师教育中教学专业的四条一般准则，在此基础上要求从业的教师也需要具备一定的能力：与人合作的工作能力；采用知识、技术与信息的工作能力；在社会中、与社会相联系的工作能力；要能够促进欧洲各国间的流动与合作，鼓励跨文化的尊重与理解。

2006 年，欧洲教师教育协会在荷兰阿姆斯特丹召开第 30 届年会，其中专门提出了教师教育者的质量标准问题和教师教育者专业标准的问题，认为如果想要教师教育者成为准教师的角色示范，那么教师教育者就应该表现出自己的专业资质及其具体指标以及如何运用指标，以系统和自主的方式实现专业发展。

2008 年，欧洲教育贸易联合委员会的一份教师教育政策文件中专门单列一章研究教师教育者问题。该委员会的研究分析从教师教育者的职前、入职和在职这三个不同阶段入手，认为教师教育者需要具备实践领域的通透知识并与中小学密切接触；具有相关知识技能。

2010 年，在经济合作与发展组织探讨教师教育如何应对多样化的国际研讨会上，一份背景性文件里专门介绍了关于教师教育者能力要求的各国现状，也从教师教育者角度出发探讨了其如何做好准备应对多样化的问题，起草了教师教育者能力要求的初稿，其中包括第一层面的教师能力（教的能力）、第二层面的教师能力（教如何教的能力）、知识生产（研究）、系统能力、横越能力、领导能力。

以上这些国际专业组织或专业团体对于教师教育者专业素养问题都已经开展了专项研究与探索，推动了各国对教师教育者及其专业标准的关注。

二、欧洲国家提出的教师教育者专业素养要求

（一）荷兰

荷兰的教师教育者专业标准制定与注册机制做得最完整，而且该机制是在荷兰政府支持下由荷兰教师教育者专业协会制定的。

1997 年，在荷兰教育部的财政支持下，荷兰教师教育者协会开始制定教师教育者专业标准与认证程序，2000 年制定了开展同伴评价流程的专业认证，在 2004 年对这套教师教育者专业标准进行修订。2006 年，该协会又修改制定专门的教师教育者专业标准以适用于中小学的教师教育者，到 2009 年有了针对中小学教师教育者的平行标准。2008 年，政府部门又支持对现有的教师教育者标准和注册机制进行修订，并于 2012 年公布整合修订后最新一套教师教育者专业标准。

从政策层面看，荷兰职前、职后教师教育还是分离的，当前教师教育或教育体系相关的政策文件在探讨教师教育者这一专业群体的时候，主要讨论的是职前教师教育中的教师教育者。

（二）英国

英国并没有直接出台教师教育者的国家专业标准或资质要求，而是在提高高等教育教学质量时，提出了高等教育教师的教学专业标准。2003 年，英国在《高等教育的未来》白皮书里提出了要建立高等教育教学专业标准框架。高等教育研究会于 2006 年 2 月正式颁布了《高等教育教学专业标准框架》。2011 年，高等教育研究会又公布了调整后新的专业标准框架。该专业标准框架是描述性的，各高等教育机构（当然也包括教师教育机构）可以在使用该框架时制定自己的具体标准。

（三）比利时

比利时的研究者认为教师教育者需要具备以下这些专业素养：

（1）态度：开放、尊重、移情、批判、灵活、热情、反思、沟通。

（2）团队能力：有相关的从教经历，能将自己的经验迁移到更广范围的教育环境中，反思自己的经验和他人经验。

（3）知识能力：从学科知识和教育知识角度看，需要了解自己的学科，能够将知识传递给学生和同事，了解教育对象及其学习过程，能够弹性化处理知识。从教育领域宽泛的知识角度看，需要了解如何将教育知识与学科知识联系起来。

三、北美国家提出的教师教育者专业素养要求

美国教师教育目前主要是由综合大学的教育学院、普通文理学院教育系承担。但美国的教师教育者并非都属于一个专业团体，美国的全国教师教育认可委员会作为一个民间的专业性组织，是美国教育部和美国高等教育评估委员会所认可的全国性教师教育的评估认证机构。该委员会对教师教育机构的教师提出"必须是合格的能在学术、服务和教学方面提供最佳的专业实践，并同中小学其他学科的教师进行交流和合作"。

美国的教师教育认证委员会对教师教育者也提出要求：工作者要能接受学生培养的规格要求，并将培养有能力、有爱心、合格的教育者作为他们自己从事教育项目的目标；工作者要能接受学生培养的规格要求，表明自己对与教育项目相关的学科已经有准确、均衡的理解；工作者具备了所在教育项目里教课的资格；工作者的资质要等于或高于整个机构的基本要求。

加拿大教师教育的培养职责属于大学，但随着教师教育的大学化，人们开始强调教学专业的自主性，试图通过非政府机构来对教师资格进行管理。但政府强化了对教师资格的管理和控制，教师资格的授予是地方政府的责任，由政府教育部门直接负责教师资格证书的考核和录用。加拿大在教师教育者专业素养方面的讨论倾向于赞同英国的做法，因为英国倾向于建立一个在关键价值观、内容、活动三个维度上比较灵活的教学专业标准框架，而把具体细节留给各教育机构自己去决定。相应地，加拿大高等教育教师的培训课程涉及三个领域：核心知识、课堂教学技能和教学实践评价。

四、亚非国家提出的教师教育者专业素养要求

（一）亚洲国家提出的教师教育者专业素养要求

亚洲国家以中国为例。我国还没有针对教师教育者的专业素养要求出台专

门的文件，但从相关的教师教育课程师资培训工作要求、教师教育课程标准、教师教育专业标准的相关文件与通知中可以找到相关的阐述。

2004年2月，《教育部关于进一步加强基础教育新课程师资培训工作的指导意见》提出："师范院校和教师培训机构要进一步树立为教育服务的指导思想，贴近中小学，贴近新课程改革第一线，根据新课程改革对师资的要求，改革教师教育培养模式，更新教学内容、教学方法和教学手段，提高办学质量。"

随着我国2011年《教师教育课程标准（试行）》、2012年《幼儿园教师专业标准（试行）》《小学教师专业标准（试行）》和《中学教师专业标准（试行）》的颁布，教师教育工作的承担者——教师教育者开始从一般的高校教师中凸显出来。

其中，《教师教育课程标准（试行）》提出，要"创新教师培养模式，强化实践环节，加强师德修养和教育教学能力训练，着力培养师范生的社会责任感、创新精神和实践能力""加强信息技术课程建设，提升师范生信息素养和利用信息技术促进教学的能力""加强教师职业道德教育，将《中小学教师职业道德规范》列为教师教育必修课程"。可见，这个文件对教师教育者提出了社会责任感、创新精神和实践能力、信息技术应用能力、职业道德等方面的专业素养要求。

2012年《幼儿园教师专业标准（试行）》对幼儿园教师提出了相关的专业标准。与之相应地，培养学前教师的教师教育者也要有与之相关的专业素养，如幼儿发展知识、幼儿保育和教育知识等。尤其在专业能力方面，教师教育者应具备幼儿园教师所必须具备的良好环境的创设与利用、幼儿生活的合理组织与保育、游戏活动的支持与引导、教育活动的恰当计划与实施能力等。在基本要求层面，更是要充分反映幼儿园教师必须具备的专业态度、知识与能力。

同样，《小学教师专业标准（试行）》和《中学教师专业标准（试行）》中对中小学教师专业素养方面的要求，也是对教师教育者专业素养方面的要求。

2014年5月，教育部办公厅印发《中小学教师信息技术应用能力培训课程标准（试行）》（教师厅函〔2014〕7号）的通知，目的是指导各地组织实施全国中小学教师信息技术应用能力提升工程。可见，国家对教师教育者有信息技术应用能力方面的要求。

基于对教师专业素质的已有研究、分析以及我国教师教育者的角色定位，学者万恒（2017）[1] 认为我国教师教育者的专业素质框架可从专业精神、专业知识和专业能力三个方面进行建构。教师教育者必须具备较强的专业精神，具体体现在三点：一是坚持以教师专业成长为己任，二是自觉成为教师专业发展的楷模，三是成为客观理性的思考者。专业知识应包含教育知识、学科知识、学习特质知识、职业生涯规划与指导知识。专业能力包含教育教学能力、课程开发能力、资源建设能力、专业发展规划能力、理论联系实践的能力。

（二）非洲国家提出的教师教育者专业素养要求

非洲国家以乌干达为例。在乌干达，要进入初等教育学院成为教员，需要持有教师教育证书。乌干达研究者从发展中国家和西方国家的研究中得出教师教育者专业素养有以下五个要点：

（1）教师教育者的知识，包括教学法内容知识和一般的教学法知识。

（2）强调环境的作用，在培养教师教育者的时候需要将环境状况纳入考虑范畴。

（3）教师教育者的关键角色和任务，其中重要的是会监督、评判。

（4）与另外的重要角色相关联，即作为研究者和探究者。

（5）通过促进高质量的教育以培养准教师。

第三节　教师教育者教学能力的影响因素分析

影响教师教育者教学能力的因素是多方面的。需要指出的是，教师教育者

---

① 万恒. 教师教育者专业素质研究［J］. 江苏教育，2017（14）：23-26+30.

作为培养教师的教师，虽然在教学能力方面有其特殊性，但是群体的基本角色依然是教师。因此，所有影响教师教学能力的因素也同样是影响教师教育者教学能力的因素。影响教师教学能力的因素，可以归纳为外部因素和内部因素两个方面。其中，外部因素主要包括教师的社会地位、职业声望、学校制度、评价体系、生活环境等因素，内部因素主要包括教师的职业观念、从业动机、人格特征、思维品质等。这些因素对于教师教育者而言，会同样对其教学能力产生重要影响。聚焦于教师教育者的教学能力特点，不讨论基础性的影响因素，而主要关注的是与教师教育者教学能力特殊性关系更加密切的影响因素。整体上而言，教师教育者教学能力的影响因素可分为显性因素和隐性因素两个方面。

一、影响教师教育者教学能力的显性因素

影响教师教育者教学能力的显性因素主要包括以下三个方面：

（一）合作与共同体

合作与共同体因素由两个部分组成：一个是教师教育者与教育教师之间的合作，另一个是教师教育者与不同学科教师之间组成的专业学习共同体。

1. 与教育教师之间的合作

与教育教师针对教学问题进行合作研究，无疑对提高教师教育者的教学能力是有益的。一方面，有助于教师教育者真正了解教育教学中的现实问题，使自身的教学研究更具有针对性；另一方面，有助于教师教育者把对教育教学的思考和认识融入教师教育课堂，帮助教师学习者更好地认识与了解教育教学的问题和需求。同时，教师教育者还能够在教师专业发展方面与教育教师互为促动。由于我国师范教育多年以来的封闭性，造成了师范教育与教育联系不紧密、师范教师与中小学教师之间缺乏合作的现象。

2. 教师中的专业学习共同体

教师中的专业学习共同体实际上就是一个相对稳定的学习组织，其目的在于提高教师的教学质量和促进教师的专业化发展。前文提到的教师教育者与教育教师之间的合作，也可以视为一种由不同教育领域的教师组成的专业学习共

同体。

对于专业学习共同体的讨论源于 20 世纪 70 年代的美国，它的出现是为了解决高校学科、院系之间各自为政、关系疏离以及教师间知识壁垒、缺少沟通等问题。如今，美国高校已经形成了较为成熟的教师学习共同体模式，并对世界其他地区的高校产生了巨大影响。我国关于教师专业学习共同体的讨论也是近年来的热点话题。

在教师教育领域，通过专业学习共同体可以提高教学能力。教学中的问题往往很复杂，很多时候需要有丰富的、不同领域的知识才能解决。通过专业学习共同体，教师教育者可以在共同的发展愿景下与不同学科领域的教师进行交流，从资深教师身上学习和吸取教学经验，拓宽自身的知识面和加深自身对教学的理解。不过，我国目前很多学校并没有类似国外的教师专业学习共同体项目。

（二）管理评价因素

对教师教育者的管理评价机制会影响教师教育者的发展方向和动力，对教师教育者所处学科地位的评价定位会影响教师教育者的教学投入和积极性。研究证明，管理评价因素是影响教师教育者教学能力的重要因素。

在高等师范院校或设有师范专业的高校中，学校专门指向教学的管理制度、评价体系以及相关的支持辅助条例对于教师教育者教学能力的水平及发展均会产生影响。近年来，教学质量的提升问题正逐步受到各高等院校的重视，这其中也包括师范类院校。学校从管理层面表现出来的对教学的重视无疑会对提升教师教育者的教学能力产生正影响。但进一步细化，教师教育者对于学校在制度方面为教师提供的教学帮助途径方面的满意度并不高。此外，学校从管理层面还表现出对教师教育者的教学特殊性认识不够的问题。针对教师教育者的教学能力问题，学校在管理和评价的举措方面就表现得过于宏观和粗放。虽有基本的要求，但对于有特色的教师教育类课程教学的评价方面未能体现出针对性和支援性，在评价之后也缺乏后续的教学支持。学校对教师教育者的教学管理和评价针对性不够和精致化不足会导致教师教育者对其自身教学能力认识不清晰、发展方向不明确等问题出现，影响其教学能力水平的提升。

（三）组织培训因素

从显性因素考虑，学校有组织地为教师教育者提供的入职和职后培训对教师教育者教学能力会产生影响。

1. 入职培训

教师入职培训是为了使新入职的教师更好地履行教师岗位职责而进行的有组织的培训活动。将如何培养合格教师作为基本教学理念，设计良好、内容丰富、形式多样、针对性强的入职培训是教师教育者角色意识形成和教学能力发展的基础。

2. 职后培训

如果说入职培训是教师教育者教学能力发展的初始推动力，那么职后培训就应该为教师教育者教学能力的加速发展提供持续动力。教师教育者需要有"教"的能力，既能够正常开展教学活动，还要能在教学活动中对学生学"教"产生影响，这些都是对教师教育者教学能力的要求。要达到这些要求，必须依靠不断地学习、职后培训，这样才可能满足教学能力不断成长的需要。

二、影响教师教育者教学能力的隐性因素

影响教师教育者教学能力的隐性因素，主要是指个人因素。个人因素是教师教育者教学能力重要的预测变量之一，具体可分为：教学信念和教学认识、学科认知及角色认同、知识基础与实践经验、教师教育者的专业发展需求。

（一）教学信念和教学认识

教师教育者由于其职业角色的特殊性，在教学信念方面不仅要坚定以学习者为中心的理念，而且要明确自身的教学应对学习者教学态度、教学方法的形成具有引领作用。同时，应该尽可能地在实际教学中忠于自己的教学信念，使自己的教学实践与教学信念保持一致，真正使自身的教学行为对教师学习者学"教"产生正影响。

教师教育者教学认识的深度和广度在一定程度上决定了教师教育者可能会对哪些方面的能力更加关注，更可能着力发展哪些方面的教学能力。可以说，教学认识潜在地影响着教师教育者的教学能力水平。

（二）学科认知及角色认同

教师教育者对所在学科的认知水平以及对自身教师教育者角色的认同也会对其教学能力产生间接的和潜在的影响。

学科认知主要指对学科内容、结构、方法的认识过程以及形成的知识结构。所有的教师都需要有较高的学科认知水平，但是对于教师教育者而言，在学科认知方面的要求会更高。不论是开展教学活动的能力，还是研究发展教学的能力、聚焦教学的影响能力都需要以教师教育者的学科认知为基础而形成。

在角色认同方面，实际呈现的是教师教育者专业角色意识对于其教学能力的影响问题。教师教育者只有从内心深处真正地理解和接受了自身的专业角色要求，并能自觉地在教学中加以体验和展现，实现其专业角色从"自在"到"自为"的转变，才有可能从根本上为自身教学能力的发展找到不绝的动力源泉。

（三）知识基础与实践经验

教师教学工作的开展必须有一定的知识基础做保障，在教学中逐渐积累并趋于丰富的实践经验会有助于教师教学有效性的提高。对于教师教育者而言，其知识基础、实践经验与教学能力之间有密切关系。

这里说的知识基础不仅指教师教育者所具有的狭义的学科知识和一般文化知识，也包括本体性知识、条件性知识以及实践性知识等更宽泛意义上的教师知识以及教师的知识管理。丰富的学科和条件性知识是教学能力发展的基础，但比较起来，对于教学能力影响更为明显的是教师教育者所具有的实践性知识。教师教育者通过实践经历获得实践经验，具备了一定教育教学经验的教师教育者往往能呈现更有利于学习者教学专业成长的能力特质。

（四）教师教育者的专业发展需求

教师教育者要提高自身的教学能力，在教学专业方面有所发展，内在动机的作用不可忽视，这就是教师教育者的专业发展需求。复杂的教学能力发展仅靠外部力量的促动无法完成，教师教育者必须具有主动地谋求自身教学专业发展的意识和强烈动机。只有教师教育者具备了源自内心的强烈专业发展需求，才可能从根本上对其教学能力提升有所裨益。当然，有需求还要有行动，教学专业发展需求是前提、内在动机，但还需要切实的行动才能把发展落到实处。

第四节　教师教育者教学能力的提高策略探究

探究教师教育者教学能力提高的策略与方法有助于教师教育者教学能力的研究相对完整，可以为教师教育者提升自身的教学能力以及教师教育管理者有策略地协助教师教育者提升教学能力提供有益的参考和借鉴。需要强调的是，教师教育者教学能力提高策略是以促进教学专业发展为目标的。只有充分认识到教师教育者"教学专业发展"的特殊性，教学能力的提高策略才有可能更具指向性和体现其实际效用。具体而言，教师教育者教学能力的提高策略，如健全有针对性的评价机制、建立合理有序的教学培训、常设教学辅助与发展机构、建立多方参与发展共同体、畅通与教育联系通道、明晰主体认识与教育需求。

一、健全有针对性的评价机制

管理评价机制从制度层面影响教师教育者教学能力的发展，具有明显的导向和激励作用。促进教师教育者教学能力发展、健全有针对性的管理评价机制是学校和院系管理层必须考虑的问题。对此，可以从以下三个方面考虑：

第一，通过规章制度明确教师教育课程在学校教育教学中的地位。因为规章制度反映的是学校教育系统的管理目标与价值取向。明确和提升教师教育课程地位是教师教育者教学能力提升策略能够产生持续作用的重要条件。提升教师教育者的教学能力，从人力因素方面为教师教育质量提升挖潜增能，必须要为教师教育类课程定位、正名，以避免高于实际学科地位的职责期待和工作任务，使教师教育者产生对自我职业价值的怀疑和否定，从而引发教师教育者的地位焦虑和以个人成就感低为主要特征的职业倦怠产生。

第二，建立规范的准入制度，凸显教师教育者教学要求的特殊性。针对目前很多师范类院校在教师教育者准入时单纯考虑学历因素、研究成果而造成的"学而优则教""研而优则教"的现象，学校应该从管理上入手，建立教师教育者准入制度，从源头上对教师教育者的初始能力有所要求和规范。

第三，通过评价细化教师教育者教学能力的要求，增强评价的导向性和增值性。目前大多数承担教师培养任务的院校能够重视教学，但是对教学的评价没有精细化，缺乏对具有特殊性的教师教育者教学的关注。这在一定程度上造成了教师教育者和普通教师之间的角色模糊，素质要求也不明确。因此，需要根据教师教育师资培养的需要，针对教师教育者教学的特殊性，制订具体的、有针对性的能力标准和评价方案。需要注意的是，制订的评价方案都应注重回馈设计和后续支援设计，能通过细化的方案真正为教师教育者教学能力的提高加力增值。

二、建立合理有序的教学培训

教学能力的发展是一个长期的过程，在经由各种学位课程为教学能力发展做了基础性的铺垫之后，合理有序地组织培训就成为教师教育者教学能力持续成长和不断发展的外部推动力量。组织培训是由上级主管部门、学校或院系主持承担，为提高教师的职业适应性和工作有效性，有组织地对教师采取的培训活动。

组织培训应秉承精细设计和有效实施策略，为教师教育者提供符合个别需要的实际帮助。组织培训主要有针对初任教师教育者的入职培训和针对在岗教师教育者的职后培训两种。

（一）入职培训

入职培训又称为"岗前培训"，第一个任务是厘清认识，可以通过讲座、座谈、示范教学等形式与初任教师教育者深度交流，使初任教师充分认识到自身作为一名教师教育者所承担的职责以及完成这些职责应具备的能力，特别是在教学能力方面的特殊需求。第二个任务是精心设计培训内容，在培训中贯穿对教师教育者所需各种教学能力的要求，为后续能力发展打下良好的基础。怎样开展教学活动固然是培训的重点，但是如何在教学中开展研究、建立起反思和创新教学的意识、如何通过教学引领学习者的教学发展也是培训设计中必须注意到的问题。第三个任务是重视经验衔接，为融通教师教育与教育经验做准备，虽然这不是一蹴而就的事情，但应在入职培训中就开始有意识地树立这样的意识和态度。

（二）职后培训

在职后培训方面，教师教育者的职后培训是一个长期的过程，奉行的基本策略是常规化。常规化是针对目前职后培训随机性强、指向性不明显等问题提出来的，它不是简单地重复培训内容，而是制度性地以提高和促进为目的，针对不同的能力发展要求展开的培训活动。教师教育者的教学能力要求是多种多样的，有些可以随着教学实践经验的不断积累而有所增长和提高，有些则需要在自我发展的基础上由外部力量促动和帮助，如组织与教育教师的座谈、进入中小学课堂观摩教学、搭建合作平台等培训方式等。在职后培训常规化的同时，有两个问题需要特别关注。其一，虽要侧重对青年教师教育者的培训，但也不能忽视资深教师教育者的继续提高。其二，职后培训对没有师范学习经历的教师教育者要给予特别关注。正规的师范教育学习经历会对教师的教学产生一定影响，而没有经历过师范教育的人从事教育工作，其教育学、心理学知识以及应付教育上实际问题的能力与受过正规师范教育的人还是有很大差距的。因此，要特别关注没有经历过师范教育的人，这种关注应该是全方位的，而不是仅仅增加一些教育学、心理学的理论学习课时。

三、常设教学辅助与发展机构

学校常设的教学辅助与发展机构有针对性地促进教师教育者教学专业化发展，既是把组织培训工作落在实处的具体举措，更是使教师教育者教学能力发展常态化、长期化的重要保证。

目前在高校设立的教学辅助与发展机构中，最具代表性和引人注目的是设置专业的教学中心或教学发展中心。这一做法是由美国率先提出的，影响较大、发展较为成熟的有美国哈佛大学、密歇根州立大学的教学与学习中心以及加州大学伯克利分校的教学与资源中心等。这些中心虽然名称有别，但功能定位基本是一致的，都以提高教师的教学能力、促进教师的能力发展为目标。我国设立专门的教学能力发展中心也是大势所趋。2012 年，教育部高教司根据《教育部财政部关于"十二五"期间实施"高等学校本科教学质量与教学改革工程"的意见》（教高〔2011〕6 号）要求，组织专家从中央部委属高校中评审、遴选出了 30 个国家级教师教学发展示范中心，其目的就在于完善教师教学发展机制，切实提高教师的教学能力和水平。

四、建立多方参与发展共同体

改善和提高教师教育者的教学能力，建立多方参与的发展共同体是值得关注的应对策略。

合作的特点是可以聚合资源、交汇思想，在相互支持的基础上有利于问题的解决。共同体是相对稳定的合作体系，有助于提高合作的效能并保持一定时期的合作稳定性。共同体强调知识分享、动态学习，具有促进个人和组织发展的作用，非常好地契合了教师教育者教学能力发展的需要。第一，不同或相同领域的教师由共同的研究和学习愿景聚合在一起成为共同体的成员，其构成往往是多样的、有差异的，彼此间可以取长补短、优势互补。同时，共同的问题解决过程是资深的、有经验的教师教育者对有发展需要的同伴提供直接或间接的指导和帮助的过程。第二，教师教育者需要有"融通学科及相关知识的能力"，共同体搭建维系了发展的平台，共同体成员间的学科差异就是发展的资源。第三，通过共同体还可以营建合作文化和合作意识，经由教学的交流、分享、浸润，为引领学习者合作学习和教师学习者指导其未来的学生构建学习共同体提供切实的帮助。

五、畅通与教育联系通道

教师教育者负有为教育培养教师的责任，需要通过与教师学习者进行"教学主题对话""回应教学实践问题"等活动，在教学中间接地体现教育教学和改革的需求。可以说，立身教师教育、面向教育是教师教育者的特点，教师教育者对教育的熟悉和了解不可或缺。因此，为教师教育者畅通与教育联系的通道就显得至关重要。在畅通通道方面，比较有效的做法是以校方或教师发展中心为主导，为教师教育者提供便利，使教师教育者可以定期或不定期地在中小学听课或开展各种教研活动。畅通与教育联系通道的方法有很多，我国现在多采用基地学校的形式。基地学校接受师范院校的实习学生，为学生提供实习指导，高校的教师教育者也可以与基地学校的教师合作开展研究。我国教育部2011年颁布的《关于大力推进教师教育课程改革的意见》中提出了要"聘任中小学和幼儿园名师为兼职教师，占教育类课程教学教师人数不少于20%。形成高校与中小学教师共同指导师范生的机制，实行双导师制"的要求。只有多方形成合力，才有可能实现对教师学习者的有效引领。也有学者建议借鉴美国的方式，采用建立专业发展学校的方式推进大学与中小学之间的合作伙伴关系，通过大学教师与公立中小学教师之间的协同合作，"以改进教师教育和课堂教学实践，促进全体学生的学习"。

六、明晰主体认识与教育需求

当然，提高教师教育者教学能力仅靠外部促动是不够的，还必须重视以激发发展动机、提高自我发展意识为目的的内在提升策略。在教师教育者教学能力的发展问题上，主体发展的需求和意识至关重要。而这又根植于教师教育者对自身职业角色的正确认识以及明晰教育需求的基础上。

常规地开展教学活动仅仅是教学能力组成的一部分，作为教师教育者，还需要对教学主动地思考、研究。教学知识的创新是教师教育者发展教学任务的体现，在教学中通过交流、示范和浸润引领教师学习者的专业发展是教师教育者特殊的角色责任。教师教育者只有形成正确的教学角色意识和职业责任感，才有可能自觉地谋求自身教学能力全面和主动的发展。

此外，在教学能力提升方面，教师教育者还需要了解和关注教育需求，教育的需求和期待是教师教育者教学能力发展的起点和方向。教师教育为教育培养师资，教育即为教师教育提供服务对象和用户。其中，中小学校为集体用户，而每名教师学习者为个体用户。从集体用户角度来看，需要教师教育培养熟悉教学改革要求，能够实施有效教学的有效教师；从个人用户角度来看，希望通过学习能胜任教学工作并具备良好的个人专业发展能力和基础，这就是对教师教育的要求。了解教育需求可以促使教师教育者明确教学能力的发展方向，检视自身能力的不足，激发能力发展的内在动机，从而实现更好的发展。

总之，教师教育者的教学能力发展是一个动态的、连续的、必须与教育发展相契合并且纵贯整个职业生涯的过程，可以通过各种有针对性的策略来干预和帮助教师教育者改善自身的教学能力结构，提升教学能力水平。

第六章　教师教育信息化高质量发展研究

　　教师教育信息化既是教师专业发展的时代诉求，又是社会信息化背景下教师教育发展的必然结果。近年来，我国越来越重视教师教育的信息化工作，颁布了一系列指导性文件，制定了教师教育技术能力标准，不断加大教师教育信息化基础设施与资源建设的资金投入，积极探索信息技术与教师教育课程融合的有效路径，旨在通过教师教育信息化带动教师教育的跨越式发展。伴随教师教育信息化的不断发展，关于教师教育信息化的实践总结与理论研究越来越深入，不同领域的专家学者围绕教师教育信息化的内涵特征、教师信息素养、教师教育技术能力标准以及教师教育信息化建设等主题开展研究，取得了一系列丰硕的成果，推动了教师教育信息化的实践发展。

第一节　教师教育信息化的时代内涵

　　教师教育信息化的快速发展并非偶然，而是教育变革与信息技术发展到一定阶段的产物。社会信息化对教育信息化提出了崭新的时代要求，教育信息化不仅是教育终身化发展的迫切需求，而且是教师专业发展的现实需要。综合相关研究文献可知，关于教师教育信息化现实背景的研究，主要集中在社会信息化、教师教育终身化和教师专业发展三个方面。

一、教师教育信息化的发展背景

（一）社会信息化的时代挑战

信息化是当今时代的鲜明特征。新一代网络信息技术不断创新突破，数字化、网络化、智能化深入发展。"技术赋能教育高质量发展"是当前教育领域聚焦的主题，展现出对新时代"建设高质量教育体系"的热切响应和积极探索。社会信息化作为信息化的延伸与发展，是指在一切社会活动领域里影响和改造社会生活方式与管理方式的过程。在社会信息化发展背景下，教育作为社会的重要组成部分，总是与社会维持着一种动态平衡的关系。社会信息化必然对教育信息化提出要求，教育信息化也对教师教育信息化的发展起到催化作用，同时教师教育信息化发展对于社会信息化以及教育信息化又起到积极的推动作用。

1. 社会信息化要求教育观念变革

随着教育的变革，教育观念不断发生改变，信息化既对教育观念的变革提出了挑战，又为教育观念的转变提供了条件。传统的教育观念将教师作为教学的主体，围绕教师、教材与课堂开展一系列的教学活动。传统教育向现代教育转型的特点就是由知识性教育向创造性的转变。现代教育注重发挥人的创造潜力，致力于启发、引导和训练教育对象的创造才能，以开发更加广泛的智力资源。因此，现代教学观念以学生为教学主体，以人的自由全面发展为宗旨，包括学生全面发展的理念、素质教育的理念、创造性理念、主体性理念、个性化理念、开放性理念、多样化理念、生态和谐理念、系统性理念。将教育过程转变为以学生、活动以及实践为中心，调动学生学习积极性，激发学生学习潜力，使教育过程真正成为学生学会自主学习和自我建构的过程，这是现代教师必须具备的教育观念。信息化的不断发展为教育观念的变革奠定了技术基础。

2. 社会信息化要求教学模式变革

传统的教学模式虽然能够使学生较快对知识形成系统的认识，但是这种以教师为主导的单向灌输式教学已经无法满足信息化社会对教育的要求。首先，传统教学模式较为死板，学生在被动接受教师知识讲授的过程中，缺乏可以主动、独立思考的时间与空间，在一定程度上限制了学生发散性思维及创造性思维的发展。其次，在信息化时代的背景下，个体间知识背景与生活经验的差异增大，以传统教学模式等量同速的方法进行教学，难以满足学生的个性化需求，影响教学有效性。最后，在传统教学模式中，教师与学生缺乏必要的课堂互动，教师难以通过学生的反馈及时进行课堂调控，难以实现教学过程的最优化。然而，教育信息化的出现不仅为传统教学模式带来了新的教学媒介与信息传递工具，同时还拓宽了原有的教学环境，打造出基于互联网的系统化学习环境。在这个虚拟、无限又便捷的教学环境中，多面信息源使得学生获得了更加丰富的教育资源，从而获得了独立思考与发现探究的机会，这种作为自主学习主体的身份比作为被动"受者"的身份更能激发学生的学习能力。另外，学生可以根据个性化需求在新的学习环境中寻觅符合自身学习背景的知识，给教师以因材施教的突破口，加强师生间多样化的交流与互动，提高教学过程的有效性。此时传统的教育模式开始变革，启发式、讨论式、研究式等一系列新型教学模式应运而生，为教师教育信息化创造发展背景。

3. 社会信息化要求教学内容变革

信息化浪潮带来的信息总量迅猛增长，信息内容日新月异，但是教学内容的更新速度却相对缓慢。从课程内容来看，部分课程内容"繁、难、旧、偏"，课程内容脱离了学生的认知水平，缺乏与学生生活及科学技术发展的紧密联系，忽视了学生的学习兴趣与认知经验，已无法满足教育现代化目标的需要。课程内容亟须进行结构体系的优化升级，围绕发展学生创新思维和创造能力的目标，使内容向"少、精、宽、新"的方向发展，增加实践教学内容的比例，并且根据信息化社会的发展调整教学内容，帮助学生尽快掌握运用信息技术解决实际问题的能力，提高学生信息素养，进而与信息化要求相适应。从教材来看，社会信息化要求教师能够根据时代发展，选择适当的纸质教材，并在此基础上，结合网络教材、媒体教材以及虚拟现实教材等建立具有立体化、开放化特性的教学资源库，推动教学内容的变革。

4. 社会信息化要求教学手段变革

社会信息化向教育领域渗透最直接的体现是教学手段的信息化。传统的教学手段是实现教育信息化的基本条件。传统教学手段是指教师通过肢体语言、板书设计、计算机课件、教学模型等手段，向学生讲授知识。在传统教学手段的教学中，教师处于教学的中心地位，双方缺乏信息环境下的合作互动。信息化教学手段的不同之处在于，教师在教学过程中可以利用多元化的信息技术，兼顾声音、图像与文本的展示，借助三维视图等虚拟仿真模式，突破传统教学手段的时空限制，为学生提供更加直观的体验，激发学习兴趣，启发深层次思考。与此同时，现代化教学手段所创设的教学情境为学生提供了质疑、发现与讨论的机会，发挥了学生自主学习与协作学习的能力。信息化的教学手段与社会信息化的发展高度契合，教师作为信息化教学手段的实施者，单纯依靠自身的学习很难快速改进教学手段，必须借助信息化的教师教育这一外力进行提升。

（二）教师教育终身化的迫切要求

随着学习型社会的构建，社会对教师教育及专业发展提出更高要求：身处于终身教育时代的教师，必须将自主学习行为贯穿于整个职业生涯，以不断更新和补充其专业知识及技能，从而为学生灌输终身学习与持续发展的意识，提高教育水平。一次性学校教育难以满足一个人一生的发展需要，必然需要终身学习的专业支持。可见，终身学习是时代发展的客观要求，终身教育是教师教育发展的必然方向。教师教育终身化的发展需要信息化的教育过程、教育资源与教育管理的支持。

1. 信息化的教育过程

教师教育信息化是开放性、共享性、交互性与协作性的过程。开放性的教育过程使得教师教育突破了师范院校与教师教育机构的限制，教师在任何时间、任何地点都可以自由选择适合自身专业发展的资源进行自主学习；共享性的教育过程促进了教师教育的均衡发展，丰富的教育资源汇聚在一起，充分满足了教师对资源的需求，为教师终身学习提供了物质条件；交互性的教育过程为教师提供了与学生、领导、同行对话的机会，教师在交流中更容易打破行业壁垒与学科壁垒，思想的碰撞与观点的输出使得更多的缄默知识外化，有效提高教师教学能力；协作性的教育过程则让教师获得更多合作的机会，通过网络合作、人机合作等方式更好地解决教育难题。

2. 信息化的教育资源

教师教育的终身化具体体现在教师既能够通过职前培养、入职训练以及职后教育提升教育教学能力，又能够在脱离师范学校与培训机构的情况下进行自主学习而不受限制。若想切实实现教师教育终身化，一定离不开信息化的教师教育，离不开教育资源的信息化。当前教师教育的线上资源包括电子书、教育网站、数字化图书馆等，教师可以从中获得全球教育资源，在信息的海洋中自由遨游。当教育资源进一步综合与汇聚，就形成了资源数据库，如多媒体资源库与智能数据库，它们能够为教师教育终身化提供更加有力的物质保障。

3. 信息化的教育管理

教师教育终身化所需要的教育资源是无限的，需要更加科学化、信息化的教育管理方式。信息化的教育管理能够有序协调公共服务、评估评价、监测监管、决策支持、业务管理等方面，对教育教学数据信息资源进行有效的选择、获取、处理、分析与应用，让教师感受到兼具人性化与智能化的教学管理，为教师教育终身化提供更加方便快捷的服务。教师教育终身化的实现需要具备多种功能的信息化教育管理：第一，需要安全的信息系统为教师消除信息泄露的担忧，使教师上传的信息更加真实与全面，从而帮助培训人员更具针对性地设计与调整教师教育活动；第二，能够为教师提供突破时间与空间限制的远程学习与交流；第三，帮助教师教育机构实现对教师的灵活引导、管理与评价。当前，具有代表性的信息化管理软件系统——B/S 与 C/S 技术的混合模式体系架构能够使数据的传输和储存更具安全性，并且可以为使用者提供远距离的数据使用服务与管理，在一定程度上满足了上述功能。但是信息化教育管理的发展不可能止步于此，还有更多具有突破性的教育管理系统与方式亟待出现，以满足教师教育终身化的发展需求。

（三）教师专业发展的现实需要

教师专业发展理论认为，教师作为教学专业人员，要经历一个由不成熟到相对成熟再到自主发展的历程，教师专业发展是一个连续、动态、终身的过程。信息技术在教育领域的广泛应用，为教师专业可持续发展创造了更加便利的机会。

教师专业发展具有阶段性、连续性与差异性，教师教育信息化的发展在很大程度上契合教师专业发展的现实需求。

教师专业发展的阶段性是指教师在专业发展的过程中会经历多个阶段，每个阶段都有其发展核心、主题与问题，各阶段之间相互联系、相互影响。一般将教师的发展阶段划分为非关注阶段、虚拟关注阶段、生存关注阶段、人物关注阶段以及自我更新关注阶段，不同的发展阶段需要信息化的教师教育提供不同的教学服务着力点：非关注与虚拟关注阶段一般出现在职前教育阶段，此时教师缺少教学实践机会，难以将教学理论应用于实际的课堂教学，容易导致学生对教育理论的认知理解停留在较浅层面。信息化的职前培养可以通过给师范生录制微课、进行 VR 模拟教学或摄影录像观摩对比等多种信息化方式为其提供虚拟教学的机会，促进师范生对教育教学理论的深层理解。生存关注阶段一般出现在教师入职初期，新任教师对自我专业发展产生忧患意识，非常关心自己在新环境中的生存状态，迫切需要提高自身专业能力。信息化的入职培训可以根据这一阶段特征为教师提供大量符合其学科专业发展的教学资源，帮助新教师树立生存信心，同时可以为他们提供线上交流平台，鼓励他们共同进行专业发展初期的问题探讨，促进新任教师间的沟通交流，在一定程度上缓解生存关注阶段的压力。职业发展中后期的教师渐渐到达人物关注阶段与自我更新关注阶段，此时的教师将关注点转移至学生身上，并且开始根据自我发展情况为自身制定合适的专业发展路线，具有明确的方向性。此时，就需要信息化的教师教育为这一阶段的教师提供更加丰富的教学资源，使其自由发展。同时，可以组织教师进行信息技术的培训，帮助教师利用具有互动性的教学手段得到更加广泛的学生反馈，促进教学能力的深层可持续发展。由此可见，教师专业发展的阶段性对教师教育信息化发展具有现实需求。

教师专业发展的连续性是指教师的专业能力是在不断的经验积累中发展与完善的，每个阶段核心问题的解决与否、解决程度如何对后一阶段有很大影响。这一特性决定了教师教育必须能够总体把握教师各个发展阶段的情况，在实施过程中不仅要对各阶段的薄弱之处进行补充，而且要对必要的专业能力进行巩固，同时需要避免重复培训。这无疑是对传统教师教育的极大挑战，但同时也反映出教师专业发展对教师教育信息化的迫切需求：如在信息化的教师教育培训中，需要信息系统为教师创建专业发展档案与教师教育培训档案，对二者进行交叉分析后生成适合教师当前发展阶段的培训内容甚至是培训方法，使得教师各阶段所接受的教师教育具有很强的连续性，即前一阶段为后一阶段奠定良好的专业基础，后一阶段对前一阶段进行有效补充与巩固，将教师专业发展的各个阶段无缝衔接，形成连续的教师教育闭环。

教师专业发展的差异性是指由于教师在每一发展阶段所面临的社会际遇、生存方式及社会角色等存在差异，因此他们在专业发展各阶段中的关注点、主要的矛盾和冲突、发展所具备的条件都会有所不同。此时传统"一刀切"的教师教育显然已不能满足教师的发展需要，必须考虑教师发展不同阶段的差异和内在联系，设计出既有针对性又具规范性的培训内容和方法。信息化的教师教育能够在培训前期，利用电子问卷及分析系统对教师的年龄、学科背景、学历、信息素养基础进行分组，开展差异化教学，提高教师教育培训的针对性及有效性。另外，信息化的教师教育可以为教师提供丰富的教育资源，教师可以根据自身专业发展特点自主选择。因此，教师教育的信息化完美契合了教师专业发展的差异性需求。

二、教师教育信息化的内涵特征

构建信息社会下的现代化教育体系已成为各国教育发展的主要目标。教育信息化作为教育现代化的基本内涵和显著特征，是信息时代教育改革发展的必由之路，是促进教育公平、提高教育质量、推动教育改革的有力抓手。同时，提高教师教育水平、加强教师队伍建设又是实现信息时代教育现代化的根本保障。因此，必须加强教师教育信息化的基本内涵特征研究，深化对教师教育信息化的认识理解，探寻教师教育信息化发展规律，以促进教育信息化的跨越式发展，进而实现教育现代化的伟大目标。

教师教育信息化对教师教育的发展起到了不可替代的建设性作用，教师教育的发展亦对教师教育信息化提出了新的要求。教师教育信息化正是在与教师教育互动过程中呈现出新的特征。

（一）现代教育理念的指导性

教师教育信息化以计算机及网络技术等硬件设备为物质基础，但是先进的教育技术不等于教师教育信息化，只有当教育技术与先进的教育理念有机融合，才能实现真正的教师教育信息化。正如叶澜教授所言，没有教育理念的变革，现代化的教育设施和再高学历的教师队伍，也无法创造出面向21世纪的新基础教育。当前，教师教育信息化跳出传统教育理念的桎梏，在现代教育理念的指导下不断发展，这是教师教育信息化最显著的特征。

传统教育理念受科学主义与主知主义的影响，将知识的传授与获取作为教育的唯一目标，认为教师几乎是信息的唯一提供者，对教育标准、内容与方法等具有绝对的控制权，处于教育活动的中心位置，而学生则成为接收教育的容器，师生沦为知识的工具。师生角色在这种工具理性的支配下逐渐异化，教育学界开始呼唤师生人文精神的复归。随着信息技术的发展，传统的教育理念被逐渐颠覆，现代化的教育理念重视人的价值存在，认为学生既是接受教育的客体，也是主动获取知识的主体，同时鼓励教师摆脱课程的控制，以实践主体的身份积极参与教师教育信息化进程。教师教育信息化的现代化教育理念特征同时体现在它对于改善僵化的师生关系也有所裨益，信息的更替速度加快，其获取的来源日益多元化，学生获得了拥有前喻知识的可能，教师由知识传授者转变为教学组织者和引导者，师生开始以更加平等的方式相互学习、相互影响。另外，现代教育理念还强调培养学生的独立性与创造性。信息技术的快速发展不仅改变人们的生活方式，同时还为个体的个性发展提供了更多的选择与可能。相对于传统教育理念下千篇一律的学生培养方式而言，现代教育理念要求教师不仅要对学生的基本发展进行统一规划，还要能够根据学生个性发展要求制订多样化的培养方案、评价方案，使每个学生能够在自我经验基础之上对知识进行意义建构，成为具有高度自主性、独立性与创造性的人。

（二）信息技术的支撑性

首先，教师教育信息化必须以信息化的技术和资源为重要支撑。信息技术通过将多媒体技术、计算机技术和网络技术应用于教师教育的整个过程中，能够更直观地将信息呈现在学习者面前，更快捷地传播信息，以更加符合人的思维方式处理信息。只有充分运用现代信息技术才能实现有效的教师教育过程，为学生提供新型的学习认知工具，构建起新型教学模式，助力教育现代化。在线网络交流技术可以有效整合教师教育培训的设计原则，提供灵活的在线交流方式帮助教师突破时间与空间的限制，维持长期的交流；可以加强师范生与经验丰富的一线教师之间的交流沟通，改善师范生在职前培养阶段理论知识与实践技能相分离的问题。其次，借由网络技术搭建的专业发展系统，可以记录教师的教学日常，为教师提供观看自己及他人教学视频的机会，从而激发教师的反思性讨论，获得对"探究性教学"的直观认识；可以为教师建立合作性专业虚拟社区，提供来自导师、教师教育机构以及同行的社会、情感与专业支持，促进教师的专业发展。最后，利用关键的信息技术所研发的在线课程开发助手、协作性网络和知识管理系统等工具，可以帮助教师制订科学的课程计划并获得专家的评审意见；可以开展在线调查获取量化研究数据等。信息化技术的应用与升级是突破地域局限实现教师教育资源共享的有效媒介，更是实现教师教育信息化发展的重要保障。

信息化的教学资源为信息化教学提供了物质基础，尤其是利用超文本、超媒体技术搭建起来的智慧教室、网络教学平台、教师发展平台以及数字图书馆等教育资源成为信息技术与课程相融合的产物，为信息技术支持下的教师教育提供了丰富的资源保障。《教育信息化2.0行动计划》所提出的建成和完善数字资源公共服务体系、实施教育大资源共享计划等计划更是为教师教育信息化进程的快速推进营造了良好的政策环境。教师通过数字化教学资源，可以随时随地进行自主学习，接受与学习更加先进的教学理念、教学方法与教学技术，能够更好地支持及引导学生进行自主探究学习。可见，信息化的教学资源可以保障新型教学模式的可持续发展，将创新人才的培养落到实处。

（三）教师教育模式的变革性

教师教育信息化的核心是，在现代化的教学环境中，利用数字化教学资源与信息化教学技术帮助教师建立一种能够充分调动学生学习自主性的双边信息活动。体现在教师教育中，就是建立一种新型的教师教育模式，引导教师思考利用信息技术提高学科知识的学习与教学，从而将教师培养为技术创新应用的先行者。

教师教育信息化所构建的新型教师教育模式不是单纯地在传统教学基础上运用信息技术与手段，而是以现代信息技术为基础，将信息资源与信息方法渗透到教师教育课程设计和课程操作全过程的一系列革新。在这种模式下，教师将始终处在围绕信息进行挖掘、辨识、使用、处理及创新的过程中，教师能够利用教师教育过程中所学到的新型教学模式，如情景化学习、计算机支持合作学习、计算机个别授导等多种方式来充分调动学生的创造性，有利于开展探究性学习、合作性学习等以学生为主体的学习方式，并通过评价系统进行信息反馈，将教育理论与教学实践充分结合起来，做到学以致用，提高教师教育的培养质量。

（四）教师信息技术能力的促进性

信息化教师教育的目的是提高教师的信息化教学能力和信息化管理能力。以信息化带动现代化，促使教育教学实现跨越式发展。信息化教学能力是指教师在现代教学理论指导下，以信息技术为支持，利用教育技术手段进行教学的能力，它包括信息化教学认知能力、信息化教学调控能力、信息化教学组织能力以及信息化教学研究能力等。信息化的教师教育过程不仅要从外部为教师提供有效途径将知识以符合教育现代化发展的方式传授给学生，同时还应在过程中提升教师的信息素养，促进教师的专业化发展。有学者认为，为实现教师信息化教学能力的提升，现行教师教育系统已试图从构建一体化网络教研体系、设计专题学习网站、制定混合学习模式等多元化途径着手，促进教师信息化教学能力健康高效的发展，为教育信息化时代的教育教学改革提供高质量的师资保障，推动信息技术与教育的融合创新。

信息化教学管理主要是指教师应用计算机技术管理教学过程，包括利用计算机进行学生学业水平测试与评价、全面诊断学生学习问题、建立电子版学生信息档案等管理方式的信息化。传统的人工管理模式难以满足现代化教学管理工作的需求，而通过信息平台的交互性使得教师规范教学管理工作，从而实现教学管理过程中的信息化与自动化，提高教学管理的客观性，为教师带来更加简单便捷的教学管理体验一直是教师教育信息化的价值追求。为此，信息化的教师教育不断引导教师树立科学的信息化教学管理观念，致力于建设信息化的教学管理平台，培养教师对于教学管理资源的开发能力，以期实现教师信息化管理能力的持续提升。这也是教师教育信息化区别于传统教师教育的显著特征之一。

第二节　教师的信息素养

随着信息技术的飞速发展，信息素养教育引起了各国的广泛重视，培养符合数字时代需求、掌握现代信息技术的人才成为增强国家国际竞争力的重要发展战略之一。教师作为教育生态中的重要组成部分，教师的信息素养是促进教育信息化发展的基础，教师信息素养的高低将直接影响信息化人才的培养质量。同时，教师信息素养与教师教育信息化相互促进，二者相辅相成，因此，教师信息素养已成为教师教育信息化研究中的重要组成部分。

一、教师信息素养的概念界定

信息素养是教师必须具备的重要素质。但什么是信息素养，教师信息素养有哪些特殊的要求，一直是人们关注和讨论的主题。很多学者对信息素养和教师信息素养的内涵开展了研究并进行了明确的界定。

信息素养（Information Literacy）的概念最早产生于图书情报界。人们将图书检索技能与快捷高效的计算机技能进行综合所形成的一种能力与素质称为信息素养。信息素养最早是由美国信息产业协会主席保罗·车可斯基于1974年提出的。他把信息素养定义为"利用大量的信息工具及主要信息源使问题得到解答的技术和技能"，后来又将其解释为"人们在解答问题时利用信息的技术和技能"。这是关于信息素养早期的概念界定。

我国最早对信息素养的引入是在商业领域而非教育领域，熊杨华公开发表的《浅议企业经营者市场信息素养》一文是国内能检测到的最早以信息素养为题的论文。直到 1995 年金国庆发表《信息社会中信息素养教育概述》一文，标志着我国教育界开始关注信息素养的研究。随后几年中，沙红（1996）① 对信息素养概念进行了进一步的引入与解释。沙红在《信息素养及其培育》一文中首先介绍了信息素养概念的由来，并且从技术、意识与知识三个层面阐述对信息素养的理解，她强调单纯从信息技术水平高低来衡量信息素养水平是片面的，应将文化素养与信息意识作为信息素养研究的核心。王吉庆（1999）② 在《信息素养论》一书中指出信息素养是完全可以经后天培养而获得的，信息素养是指个体获取、利用与开发信息的能力。

21 世纪以来，信息化对教育教学的广泛渗入引起教育界对信息素养研究的重视，国内涌现出大量关于信息素养的著作与论文。关于信息素养内涵的研究大致分为两类：第一类学者结合国外信息素养内涵研究对国内信息素养的认识方向提出新的见解，如王旭卿（2000）③ 介绍了美国关于信息素养定义的演变，并总结出信息素养不仅是利用信息技术进行获取、检索与交流的技能，更是利用信息技能解决信息问题、创新方法路径的综合信息能力；张倩苇（2001）④ 对美国、澳大利亚等国信息素养人的特征进行描述，以期为国内理解信息素养内涵提供更加广阔的视角；任友群等（2009）⑤ 对美国信息素养定义的产生与发展进行描述后提出人们对信息素养的认识要从单纯利用计算机查找信息向对信息技术的本质及其对文化与社会的影响发展，倡导人们利用批判性思维思考信息素养的内涵，并发现信息素养的艺术价值。第二类学者多从能力结构进行分析，使信息素养的内涵更加具体化、清晰化。如对信息素养进行结构性描述的代表学者桑新民提出从三个层次六个方面确立信息素养：第一层次为驾驭信息的能力，在这一层次下包含着获取信息、评价信息、存储与提取

---

① 沙红.信息素养及其培育［J］.天津市教科院学报，1996（6）：48-49.

② 王吉庆.信息素养论［M］.上海：上海教育出版社，1999.

③ 王旭卿.美国中小学信息素养教育［J］.外国中小学教育，2000（2）：20-23.

④ 张倩苇.信息素养与信息素养教育［J］.电化教育研究，2001（2）：9-14.

⑤ 任友群，胡航，顾小清.教师教育信息化的理论与实践［M］.上海：华东师范大学出版社，2009.

信息、运用多媒体形式表达信息与使用信息四种能力；第二层次为运用多媒体提高学习效率与进行交流的能力，这一层次下要求人们具备利用信息进行自主学习与交流的能力；第三层次为信息时代公民的人格教养，这一层次的目标是培养与提高信息素养。

新兴信息技术给教育带来了便利，同时也给教师带来了挑战，必须着力加强教师信息素养，解决教育教学过程中的人技结合问题。习近平总书记2018年在北京大学师生座谈会上指出，随着信息化不断发展，知识获取方式和传授方式等发生了革命性变化，这也对教师队伍发展提出了新的更高的要求。2018年4月，教育部发布《教育信息化2.0行动计划》，要求实现从提升教师信息技术应用能力向全面提升其信息素养方向转变。2019年1月，教育部启动全国首批智慧教育示范区建设项目，将全面提高师生信息素养作为示范区建设的重要目标。2019年4月，教育部印发《关于实施全国中小学教师信息技术应用能力提升工程2．0的意见》，提出构建教师信息素养发展新机制。

如前所述，自20世纪70年代信息素养的概念提出以来，信息素养概念和内涵不断发展、延伸与变迁，目前还没有对信息素养的概念形成统一的认识。而在教师信息素养相关理论研究中，我国学者对于教师信息素养的内涵表述也并不一致，主要从信息素养的内涵出发，结合教师职业的特质，从不同角度对教师信息素养内涵进行剖析。例如，蔡其勇（2006）[①] 从文化角度出发，认为教师信息素养是一种以获取和利用信息为特征的科学文化素养，主要包括基本信息素养、多媒体素养、网络素养以及课程整合素养等方面；林聪（2016）[②] 从传播学的角度出发，认为高校教师应该具备各种媒介信息的解读和批判能力以及有效应用媒介教育功能的能力，具体包含师德和教育责任的意识、媒介的认知和使用技能、注意力和信息辨别能力、信息批判能力和创新能力以及学习社区组织能力。王铁，石纬林等（2017）[③] 从信息素养在教学环节的作用出

① 蔡其勇．基础教育课程改革与教师信息素养的培养［J］．课程·教材·教法，2006，（7）：79-82．

② 林聪．"互联网+"背景下的高校教师信息素养及构成［J］．黑龙江高教研究，2016，（8）：54-56．

③ 王铁，石纬林等．"互联网+"时代青年教师信息素养研究［J］．中国电化教育，2017，（3）：109-114．

发，认为教师信息素养应该包括教学设计素养、教学方法运用素养、教学实施素养、教学媒体选用素养、教学观察素养与教学反思素养。

二、教师信息素养的培养策略

教师信息素养的提升是教师教育信息化的核心目标。从宏观层面来说，提升教师信息素养是实现教育现代化与教师跨越式发展的有效路径。从微观层面来说，教师信息素养的提升有利于增强师生终身学习意识，创建学习型社会；有利于教师专业发展，提升各级各类学校人才培养水平；有利于促进教师角色的转变，创立学生自主学习模式。但是目前我国各区域教育信息化发展程度不均衡、教师队伍庞大且信息素养水平参差不齐，整体提升教师信息素养则成为一项长期而艰巨的任务，需要众多学者持之以恒的研究。一直以来，学术界对于教师信息素养提升策略的研究众多，但总体可从培养主体的维度对已有学术研究进行分类。教师信息素养的提升是多方努力、共生共促的结果，既需要教师个人转变教育观念，增强信息意识，践行信息技术与学科课程深度融合，又需要国家相关政策的宏观引导、学校对教师信息素养培训的组织实施。

（一）教师信息素养的自我提升

1. 转变传统教学观念，增强信息教育意识

没有教师自身教学观念的转变与信息意识的觉醒，再有利的政策指导与设施建设也不能推进教师信息素养的提升。多年来，传统的教学观念强调教师的主体地位，重教师知识灌输轻学生自主思考，以至于教师形成了较为落后的教学习惯，难以培养出新时代迫切需要的创新型人才。随着全球信息技术的快速发展，开放的网络环境与便捷的信息获取渠道为学生创造了独立思考、自主发展的有利条件，教师作为教育教学的关键角色，应主动打破传统教学的思维定式，顺应信息发展，增强信息教育意识，提高信息敏锐度，将信息技术与学科知识进行融合，构建信息化知识体系，从而促进学生的全面发展。

王继新（2006）① 在《信息化教育概论》一书中指出要从认识与态度层面

---

① 王继新. 信息化教育概论［M］. 武汉：华中师范大学出版社，2006：42.

提升教师信息素养，教师要首先拥有学习与使用信息工具的欲望以及利用信息技术解决教学实践中实际问题的意识，培养现代化教学观念，积极引导学生使用信息工具，加强对学生信息素养进行提升的意识。叶惠芳（2007）① 认为，在信息化时代，教师要不断提升自身信息素养，以信息行为对学生进行潜移默化的影响，提高教学质量。而提升信息素养的首要途径就是确立信息化的教学理念，增强信息教育的意识。教师要主动提高对信息知识的敏感度，选择能够融入学科教学与发展的有利信息，对学生进行信息化教学的洗礼。卜忠飞等（2009）② 认为提升教师信息素养的首要条件就是转变教师的教学观念，对信息技术发展带来的教育思想、教学模式、教学方法变革有清晰的认识，改变传统电化教育模式，以积极的心态和主动的意识在技术万能论与技术无用论之间找到平衡。梁泽鸿等（2018）③ 提出教育正在向学习者为中心转变，面对信息技术的飞速发展，教师要改变传统教学观念，适应信息化带来的观念变革，自主学习信息技术以辅助教学，促进智慧教育教学观的形成。由已有研究可以看出，学者在思考教师信息素养提升策略时，大部分将教师教学观念的转变和信息意识的树立放在了首要位置，在这一理念的指导下，教师逐渐形成信息素养提升的内驱力，这种内驱力与学校、社会等提供的外部支持形成合力，共同促进教师信息素养水平的提升。

2. 教师信息素养提升的内生动力

自主研究是相对于学位进修、短期培训、校本培训等教研机构、政府及学校组织的信息素养培训活动来说的，它具体是指非组织性的、教师自主的自我提升信息素养的活动。自主研修活动往往在教师的日常工作与生活中以多样的形式进行，主要包括：订阅与信息技术相关的书籍期刊，提高获取信息的能力；积极在网络上寻找与自身学科教学和研究相关的主题论坛，在论坛中提出困惑，发表观点，解决问题，与他人进行经验交流，提高信息输出与信息交换

① 叶惠芳. 培养教师信息素养的几点思考［J］. 江西教育，2007（9）：21-22.
② 卜忠飞，韦凯. 数字化校园环境下教师信息素养提升的策略［J］. 中国电化教育，2009（11）：4.
③ 梁泽鸿，全克林. 面向智慧教育的高校教师信息化教学能力提升［J］. 中国成人教育，2018（19）：145-147.

能力；主动利用教学软件提升课堂生动性；创造性地利用信息调整教学思路、更新教学内容、优化教学方式、转换教学手段等。自主研修的自发性与渗透性使其具有外部组织培训所不具有的效力，是内生机制层面有效的提升方式。

王继新（2006）[①] 提出自发研修方式属于自发的零散的自我提升的活动，但是还未得到学界足够的认识。"自发研修方式是最具生命力和活力的培养方式，它不仅有利于增强教师提升信息素养的迫切感，而且能够使教师在网络上得到知识、情感的支援，与专家、同行进行交流。"全宏瑞等（2010）[②] 将自主研修作为提升教师信息素养的重要方式，并且根据教师工作与生活实际情况提出自主研修的具体途径，包括运用计算机进行日常事务的管理、制作教案课件等提升自身数据处理与信息技术运用能力，注重将信息技术与课程进行整合等。已有研究对自主研修策略的作用与实现路径进行了详细介绍，它作为教师自主开展的一项信息素养的提升活动更具价值意义，教师应利用好自主研修，培育提升信息素养的内生动力，实现专业可持续发展。

（二）教师信息素养的外部驱动

根据已有研究，教师信息素养提升的外部驱动主要包括国家和学校两个层面，两种培养主体各司其职，共同促进教师信息素养的稳步提升。

1. 开展信息化基础设施和信息资源建设

巧妇难为无米之炊，教师信息素养的提升离不开信息技术的新发展以及硬件的新装备。政府要结合区域差异、实际需要以及发展需求进行信息基础设施及资源的布局与建设，同时还要采取方法有效避免资源的重复建设和利用率低的问题。林万新提出，要建设省、市、县三级教育信息资源中心，加强信息资源的共建共享，对具有推广意义的教学资源与课程资源进行有效整合，便于教师相互学习与交流，提升信息素养。陈孟娴等（2003）[③] 将信息化基础建设的重要性放在与教师队伍建设同等重要的位置上，认为要开展教师信息素养的培

① 王继新. 信息化教育概论［M］. 武汉：华中师范大学出版社，2006：46.
② 全宏瑞，温守轰，姚惠伶. 论教师信息素养及其培养方法［J］. 教育探索，2010（7）：111-113.
③ 陈孟娴，黄雪芳，杨永忠. 开展教育技术培训提高教师信息素养［J］. 高教探索，2003（3）：52-53.

训活动，必须建设必要的基础设施，设施建设水平要尽量与教师的应用水平同步发展，才能既不造成物质浪费又不造成智力浪费。张文波（2015）[①] 提出，首先要明确资源建设规划，要注意资源建设质量与学校教学适配性；其次要将一线教师纳入信息资源规划队伍中，从需求中落实基础设施与信息资源的合理建设；最后政府部门要制定信息化基础设施和信息资源建设标准，并对建设情况进行定期检查，以保证为教师信息素养的提升提供物质保障。王红梅等学者在培养策略中提出政府要整合优质数字教学资源，完善校园信息网络建设，特别是注重教学资源库和信息化教学平台的建设，扩大教学资源受益面，以保障教师信息化实践的需要。

教育部为了扎实推进国家教育数字化战略行动，完善教育信息化标准体系，规范教育基础数据管理，实现数据互通共享，研究制定并于 2022 年 11 月 30 日发布了《教育基础数据》《教育系统人员基础数据》《中小学校基础数据》三项标准；为了提升数字教育资源建设与应用水平研究制定并于 2022 年 11 月 30 日发布《数字教育资源基础分类代码》标准；为了提升各级各类智慧教育平台建设与应用水平，研究制定并于 2022 年 11 月 30 日发布了智慧教育平台系列的两项标准，包括《智慧教育平台 基本功能要求》和《智慧教育平台 数字教育资源技术要求》；为了保障直播教学正常开展，提升直播类在线教学平台的安全保障能力，教育部研究制定并于 2022 年 12 月 9 日发布了《直播类在线教学平台安全保障要求》。一系列教育信息化相关标准的发布为我国教育信息化建设和教师信息素养提升提供了有力的保障。

2. 建立信息素养标准体系

长期以来，我国学者强烈呼吁建立教师信息素养统一标准，以规范教师培训工作，提升教师信息素养水平。王玉明于 2004 年在《电化教育研究》上发表论文，强调各类教师信息素养的培训还没有规范的培养标准和评价体系，国家需要制定内容全面系统、标准分级分层、具有实用价值以及便于实行的教师信息素养标准体系，为规范相关教师培训提供有力保障。刘润英引用张景生教

---

① 张文波. 中小学教育信息化发展新阶段问题及对策［J］. 基础教育改革动态，2015（2）：26-30.

授的观点，提出要构建教师信息素养标准，认为它能有效保证教师培训质量，同时能够为培训结果提供评价与认证的参考，呼吁国家加快制定标准的进程，并制定相应的制度落实评价标准的实施。2014 年，教育部办公厅研究制定《中小学教师信息技术应用能力标准（试行）》，它作为教师信息素养标准的一种表现形式，代表了当时我国教师信息素养标准研究的最高水平，但是不得不说明的是，它并未体现教师在信息素养养成方面的主体地位，而是侧重于教师对信息技术的操作能力。马欣研、朱益明[1]介绍了美国教师信息素养标准的建立与发展历程，认为我国应借鉴其部分制定原则内容，构建服务于国家发展战略、与学生发展相适应的、具有固定更新周期（3~5 年）的教师信息素养标准。这一标准的制定将为提升我国教师信息素养提供方向引领，同时也是实现教育信息化"2.0 行动"计划所提出的"从提升师生信息技术应用能力向全面提升其信息素养转变、从融合应用向创新发展转变"要求的有效途径。

为了深入贯彻落实党的二十大精神，扎实推进国家教育数字化战略行动，完善教育信息化标准体系，提升教师利用数字技术优化、创新和变革教育教学活动的意识、能力和责任，教育部研究制定了《教师数字素养》教育行业标准，并于 2022 年 11 月 30 日发布。文件给出了教师数字素养框架，规定了数字化意识、数字技术知识与技能、数字化应用、数字社会责任、专业发展五个维度的要求。教师数字素养框架包括 5 个一级维度、13 个二级维度和 33 个三级维度，见图 6-1。一级维度包括：数字化意识、数字技术知识与技能、数字化应用、数字社会责任，以及专业发展。每个一级维度由若干二级维度组成，每个二级维度由若干三级维度组成。[2]

中国人民大学附属中学联合学校总校常务副校长、中国人民大学附属中学航天城学校校长周建华认为这五个维度是一个整体，数字化意识是教师在数字时代有效开展教育教学和持续发展的前提条件，数字技术知识与技能是教师实现数字技术与教育教学深度融合的基本要求，数字化应用是教师实现数字化教

---

① 马欣研，朱益明. 中小学教师信息素养标准的国际特点与启示［J］. 外国中小学教育，2019（5）：51-59.

② 中华人民共和国教育部. 教育部关于发布《教师数字素养》教育行业标准的通知［EB/OL］ http：//www. moe. gov. cn/srcsite/A16/s3342/202302/t20230214_1044634. html. 2022-12-02.

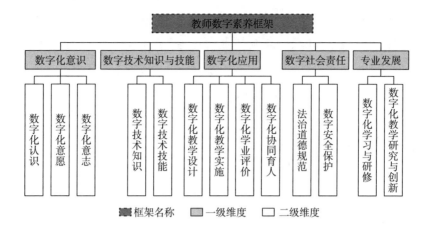

图 6-1　教师数字素养框架

育教学的核心要素，数字社会责任是教师开展公平包容、绿色发展、开放合作的数字教育的根本保障，专业发展是有效支持教师开展数字化创新应用与实践的重要保障。①

第三节　教师教育信息化促进教育高质量发展的路径

一、教师教育信息化的建设路径背景

教师教育信息化建设是一项长期而复杂的工程，需要按照系统工程的思想将中小学教师、校长、基础教育专家、信息技术专家、教育主管领导、教研人员等有机整合在一起，对构成教育信息化体系的各项内容进行建设、完善与调整，采取科学合理的方法，朝着一个正确的、有价值的目标进发。这是一个较

---

① 专家名师解读《教师数字素养》教育行业标准．[N]．中国教育报，2023-05-08.

漫长的过程，需要逐步完成。教师教育信息化既包括对教师教育过程的信息化，又包括信息技术环境下的教师专业的发展，政策的保障、课程的引导以及信息资源的支撑是达成教师教育过程信息化和促进信息技术环境下教师专业发展的核心要素。同时，教师教育信息化政策、课程以及信息资源也是已有研究所集中的主题。

（一）教师教育信息化建设的相关政策

教师教育信息化政策是党和国家在教育信息化发展的历史时期，为了培养具备良好信息素养，能够利用现代信息技术优化教学活动的新型教师而制定的行动准则和方针计划。教师教育信息化政策作为教育信息化政策的重要组成部分，具有合理分配教育资源以及引导教师教育信息化健康发展的功能。构建完善的教师教育信息化政策体系对教育政策的发展、教师专业水平的提升以及国家教育现代化进程的推进具有重要意义。

（二）教师教育信息化政策的体系建构

20世纪末，教育信息化建设进入新的发展阶段，我国教师教育信息化以此为契机相继出台多个政策，不再依托于相关政策而存在。1999年9月，教育部颁发《中小学教师继续教育规定》，明确提出"教师继续教育内容要包括教育教学技能训练和现代教育技术"，此后多个基础教育发展纲要及教育发展规划中均对教师应用信息技术开展现代化教学提出要求。教育部于2004年12月和2005年4月相继发布《中小学教师教育技术能力标准（试行）》和《教育部关于启动实施全国中小学教师教育技术能力建设计划的通知》，从制度上明确提出对中小学教学人员、管理人员以及技术支持人员的教育技术能力要求，并制定了完善的实施项目以推进标准的落实。此后，我国教师教育信息化政策逐步走向独立，基本形成了教师教育信息化政策体系。教育部在2017年发布《教育部关于全面推进教师管理信息化的意见》。为全面推进教师管理信息化，优化教师工作治理体系，提升教师工作治理能力，更好地开展教师队伍建设工作提供了充分的保障。

（三）教师教育信息化政策的不断完善

虽然我国教师教育信息化政策体系已基本建成，但是在技术不断发展进步的大背景下，我国教育信息化发展还将产生很多新问题与新矛盾，因此，不断完善教师教育信息化发展政策是确保我国教师教育信息化事业健康发展的重要保障。2006 年至今，我国教师教育信息化政策不断发展完善，为教师教育信息化的协调发展指明了方向。2006 年 5 月 8 日，中共中央办公厅、国务院办公厅发布《2006—2020 年国家信息化发展战略》；同年 7 月，教育部颁发《关于实施中小学教师新课程国家级远程培训项目的通知》，为教师教育信息化工作提供了重要指导作用。2010 年 5 月 5 日，国务院总理温家宝主持召开国务院常务会议，审议并通过《国家中长期教育改革和发展规划纲要（2010-2020年）》对深化教师教育改革、提高教师应用信息技术的水平提出要求。2012年，国务院制定印发了《国务院关于加强教师队伍建设的意见》要求推动信息技术与教师教育深度融合，建设教师教育重视学习的服务体系，提高教师学习的自主性。2014 年教育部相继发布《中小学教师信息技术应用能力标准（试行）》《中小学教师信息技术应用能力培训课程标准（试行）》和《中小学教师信息技术应用能力测评指南（试行）》，用于指导中小学教师信息技术应用能力的培养实践，逐步确立了教师教育以信息技术应用能力的建设为核心的发展方向。2016 年 6 月，教育部印发《教育信息化"十三五"规划》的通知，提出"要建立健全教师信息技术应用能力标准，将信息化教学能力培养纳入师范生培养课程体系"，为"十三五"期间教师教育信息化的发展指明方向。2018 年 4 月，教育部印发《教育信息化 2.0 行动计划》，要求大力提升教师信息素养，通过教师教育信息化加强教师信息化教学能力培训，实施新周期中小学教师信息技术应用能力提升工程。这一时期的教师教育信息化政策由宏观指导为主转变为以项目来推进，使得教师教育信息化目标在项目支持中得以精准实施。同时，国家更加重视教师教育信息化课程资源的建设和共享，为教师教育方式的变革和教育质量的提升提供了物质保障。2021 年 7 月，教育部等六部门联合发布《关于推进教育新型基础设施建设构建高质量教育支撑体系的指导意见》，《意见》指出"教育新型基础设施是以新发展理念为引领，以信息化为主导，面向教育高质量发展需要，聚焦信息网络、平台体系、数字资源、智慧校园、创新应用、可信安全等方面的新型基础设施体系。"2022 年 11

月，教育部相继发布了《教育基础数据》《教育系统人员基础数据》《中小学校基础数据》《数字教育资源基础分类代码》《智慧教育平台 基本功能要求》《智慧教育平台 数字教育资源技术要求》教育行业标准。2022 年 12 月，教育部又发布了《直播类在线教学平台安全保障要求》行业标准。《意见》和教育信息化系列教育行业标准的出台为加快推进教育现代化、建设教育强国，提升教师教育质量提供了充足的保障。

二、教师教育信息化的资源建设

在教育信息化发展的大背景下，教师教育信息化的建设离不开适应教育教学发展形势、数量充足、实用有效的教育教学资源，特别是数字化信息资源及其应用系统。优质的数字信息资源共享能够扩大教师教育信息化的教育规模；丰富的数字信息资源能满足不同教师的多元化需求；数字信息资源的互动性能提高教师的参与性，增强教师教育效果。当前教师教育信息化数字信息资源建设主要存在两方面的问题：一是数字化信息资源的匮乏，尤其是缺乏具有一定学术理论价值、指导性强、与教师教学实践紧密相连的优质信息资源；二是大量的数字化信息资源被闲置，资源分布松散，没有得到有效的整合与利用。因此，探究中小学教师教育信息化的数字信息资源建设，思考在资源建设与教师教学之间找到提升教师信息化教学能力的方法对于提高学生学习能力、实现教师跨越式发展以及加快教师教育信息化进程具有重要意义。关于教师教育信息化数字信息资源建设的研究主要集中在区域性实证研究、建设路径研究以及国外数字信息资源建设的借鉴研究三个方面。

（一）教师教育信息化资源建设的实践探索

为解决教师教育信息化资源建设过程中出现的现实问题，越来越多的学者主张对不同区域的信息化教师教育进行实证研究，总结各个区域数字信息资源建设的经验，分析其中存在的问题，以期在优势方面以点带面，为全国教师教育信息化的数字信息资源建设贡献力量，在问题方面注重反思，使相关部门在开展信息资源建设工作时避开"雷区"，快速发展。江苏省率先建成中小学教师省级数据中心，在开展中小学教师发展工作方面卓有成效，建立了一套较为完善的信息资源服务体系。江苏省省级教育行政部门是信息资源建设的主导力量，负责数据中心、资源库的规划与设计工作；市级教育行政部门负责统筹信息系统的整合；县级教育行政部门主要负责推进信息资源的应用，学校以组织培养教师信息资源与教学过程的融合为主要任务，各部门相互配合，协同创新。2007年，江苏省开通教师教育网，为全省教师、培训管理部门和培训基地提供了统一的登录门户网站。该网站提供了丰富的网络资源，并对教师免费开放，教师在登录网站后还可以参加教师培训、上传微课作品等。另外，江苏省还针对基础教育的不同学科建设了丰富的专业资源，为各学科教师提供教师培训课程资源，形成了"资源免费开放、内容自主选择、目标任务驱动、辅导统一组织、成绩统一评判、管理以县为主的江苏网络培训模式"，利用资源平台开展教育学、心理学、教育技术等教师网络竞赛和微课大赛，对参赛教师所提供的数字资源进行统一管理与整合，通过相应的激励机制吸引教师参与数字信息资源的建设，享受建设成果。

通过江苏经验，有学者对建设教师教育信息化数字信息资源提出建议：第一，在全国各省建立省级教师数据中心，完善省级中小学教职工信息管理系统，以此为平台推进信息资源的建设，为教师提供更加丰富的信息资源、更广阔的交流空间。第二，要利用好数字信息资源。很多区域的信息化资源建设已非常完善，但是大多处于封闭状态。解决这一问题的途径就是开放数字化信息资源，鼓励相关培训机构充分利用信息资源助力教师教育。赵文霞、张萍（2007）[①]则以郑州市几所中学为研究对象，对学校的教师教育信息化资源建设进行了调研，发现虽然该地学校校园网的覆盖率达2/3，但是教师对校园网建设的满意度却不到1/10，数字信息资源建设不达标，超过80%的教师认为信息资源不充足，教师教育信息化数字信息资源的建设总体情况令人担忧。教育信息化需要掌握信息技术、拥有高信息素养的教师，而信息化的教师教育需要信息化教学资源的建设。两位学者针对郑州教师教育信息化建设中出现的问题，提出以下几个方面的建议：第一，学校要树立开放的教育信息化观念，尤

---

① 赵文霞，张萍. 优化资源建设促进教师教育信息化能力发展——来自郑州市中学的调查 [J]. 中国教育信息化·基础教育，2007（12）：23-26.

其是现代的数字信息资源观念，鼓励各学科教师加入信息资源建设的队伍。第二，要根据不同学科教师所面临的教学实际问题的差异，为教师提供不同层次及类型的信息资源，如教学内容支持性材料（教学知识、计算机技能等）、教学工具性材料（图片、音频、软件等）、教学半成品等，同时要为不同学科的教师提供一个统一的资源平台，既能为教师提供丰富而综合的信息资源，又能发挥各学科教师的优势和特性，共建教育信息资源。第三，要积极调动社会力量，参与信息资源的建设，加强与企业的技术合作，共建数字信息资源库。同时，还要加强城乡教师交流，实现教育资源共享、优势互补。第四，要加强其他学科教师与信息技术教师的合作，通过网络主题资源数据库的建设，使其他学科教师成为资源提供者，使信息技术教师成为资源建设的技术提供者，通过信息技术教师整合素材数据库、师生作品数据库、反思评价数据库等数据资源，二者相互配合，在实践中提高信息资源开发能力，协同优化数字信息资源建设。钟苇笛（2017）经过调研总结出重庆市中小学教师教育的信息资源建设情况，认可了重庆市在开发、汇聚中小学同步课堂资源（库）、名师课程资源及仿真实验教学资源方面的工作成效，同时也指出存在的问题，如很多学校没有投入足够的经费购买、更新或制作教师教育数字信息资源，大部分学校的数字化课程资源少，开发不充分。对此，中小学领导应及时转变观念，增强信息化教学课程的开发能力、信息化教学资源的建设能力。同时要为教师教育提供良好的发展环境，加大学科教学资源建设的资金投入，保证教师教育信息化的可持续发展；教师要充分利用国家教育资源公共服务平台所汇集的优质教学资源和优秀教师教学案例，建立个性化教学资源库，构建数字信息资源建设共同体。

王会军等（2017）介绍了浙江教育资源公共服务平台建设的成果。2012年11月，浙江省教育厅被确定为教育部第一批教育信息化试点单位，建设中国教育云—浙江教育资源公共服务平台，探索教育资源公共服务平台建设机制，打造多层次、智能化和开放式的教育资源服务平台。经过四年多的努力，国家教育资源公共服务平台已落地浙江，目前浙江教育资源公共服务平台已建成涵盖基础教育、职业教育、高等教育、特殊教育、教师继续教育、社区与终身教育的区域性教育教学资源库，并开设了名师网络工作室、学科网络协作组、高中网络选修课、浙江微课网、中小学信息技术学习平台等特色模块，提供集学习资源、专业研修、教育管理、教育咨询、终身学习等多项应用于一体的教育公共服务。王会军等（2017）采用文献研究和案例研究的方法，以中国教育云—浙江教育资源公共服务平台促进浙江教师专业发展的实践为案例，提出了教育资源公共服务平台促进教师专业发展的五种路径：互联网思维重塑教师教育理念、信息化教学促进教学方式变革、在线分析培育教师教学诊断能力、优质资源共建提升教学知识管理能力和网络研修培养教师自主发展能力。①

2022 年 3 月 28 日，国家智慧教育公共服务平台（Smart Education of China）正式上线。该平台是由中华人民共和国教育部指导，教育部教育技术与资源发展中心（中央电化教育馆）主办的智慧教育平台。平台一期项目主要包括国家中小学智慧教育平台、国家职业教育智慧教育平台、国家高等教育智慧教育平台和国家 24365 大学生就业服务平台等 4 个子平台，汇聚政府、学校和社会的优质资源、服务和应用，聚焦学生学习、教师教学、学校治理、赋能社会、教育创新等五大核心功能，一体谋划基础教育、职业教育、高等教育三大基础板块，全面覆盖德育、智育、体育、美育、劳动教育，为师生、家长和社会学习者提供"一站式"服务。它是教育部推出的教育数字化战略行动取得的阶段性成果，是构建网络化、数字化、个性化、终身化教育体系迈出的重要一步。据统计，截至 2023 年 2 月 28 日 24 时，共有 1372 万教师在国家智慧教育平台 2023 年"寒假教师研修"专题学习专题进行学习，约占全国各级各类专任教师数的 74.4%，累计浏览量 6.94 亿次。第三方机构进行的监测评估显示，各级各类教师对研修的满意度全面提升，达到 90.6；教师参与寒假研修的收获感得分为 88.6，且 90.5% 的参训教师认为此次研修收获能够直接运用于自身的教学实践。② 国家智慧教育平台为推动教师队伍数字化转

① 王会军，王永固，王张琴. 教育资源公共服务平台促进教师专业发展的机制研究——以中国教育云—浙江教育资源公共服务平台为例［J］. 2017（9）：119-124.

② 1372 万教师参与国家智慧教育平台 2023 年"寒假教师研修"专题学习［J］. 中小学信息技术教育，2023（4）：9.

型、推进教师学习方式变革、提高教师数字素养和数字化教学水平方面发挥了重要作用。

（二）国外教师教育信息化资源建设的经验借鉴

1997 年，美国教育部在以"克林顿行动纲领"为指导所发表的举措说明中强调所有教师都应掌握一定的现代化计算机技术以培养学生对计算机的操作能力，因此教师教育机构要共同协作为教师提供相关培训和资助。2001 年，美国总统布什呼吁各级教育领导、企业、社区及个人行动起来，开发有效的软件和在线学习资源，使其成为加速教师教育信息化的重要组成部分；1982 年澳大利亚联邦政府颁布的乡村地区计划（Country Areas Program，CAP）通过联邦政府提供资金为偏远地区的教师提供专业发展和支持推广有关资讯，以通知 CAP 学校社区，包括学校网络和小组活动。1999 年澳大利亚国家公共资源管理局的"澳大利亚教育网计划"建立澳大利亚教育网并联通 Internet，该网络不仅包括全部高等院校，而且还覆盖全澳大利亚所有的中小学。2007 年澳大利亚联邦政府开展的数字教育革命（Digital education revolution，DER），政府预计在 2008~2014 年投入 21 亿澳元，其中目标之一就是支持提高澳大利亚教师和学生对信息和通信技术（ICT）的熟练程度，促进在教学中使用 ICT；2012 年澳大利亚教育部实施的宽带教育和技能服务计划（The Broadband Enabled Education and Skills Services Programme）旨在使学生、教师和家长认识到通过宽带通信技术改善在线教育培训和技能服务的机会。1997 年，英国国家学习信息系统网络创建"虚拟教师中心网站"，开发了大量教师信息技术培训在线资源；1998 年初，法国在"将法国社会带入 21 世纪"计划中对教师编制软件程序的能力提出要求，并通过为师资培训站招聘计算机博士的方式来辅导数万名教师进行信息资源的开发与利用，建成较为完善的信息资源库。通过对当时欧美各国在教师教育数字信息资源建设方面的成就介绍，学者余武提出对我国教师教育信息化建设的启示，他认为我国教育部门要加强与信息技术部门和公司的合作，共同开发教师信息技术培训软件，广泛建立教师培训网站，促进信息资源共享；为教师教育创建良好的信息技术环境，学校不仅要鼓励教师积极利用数字化信息资源，还要结合教学经验进行数字资源以及教学软件的开发；建议国家加大对教师开发教学资源能力的评价比重，从多种途径促进我国教师教育信息化数字资源的建设进程。孔令帅（2005）[①] 探讨了美国提高中小学教师信息技术使用积极性的四种培训模式，其中一种是无线网络模式。他介绍了无线网络模式中的代表模式"在线实验室"为教师提供网络平台，教师可以在线分享实验成果，并且可以通过公告栏、研讨会、网上图书馆等数字信息资源来提高对信息技术的使用兴趣。同时，美国还设立了教育信息资源中心（ERIC），将庞大的教育信息资源进行整合，向教师提供课程计划样本、教育即时信息，解答教师在线提出的教育教学问题，帮助教师将信息技术融合进课程教学，为教师教育的信息化提供服务。

（三）教师教育信息化资源建设的路径优化

东北师范大学钟绍春教授（2005）[②] 首先对教师教育数字信息资源的建设路径做出介绍，从组织及存贮形式及媒体呈现方式两个维度对应该建设的资源类型进行了分类：按照资源的不同组织及存贮形式划分，应建设教学资源库（教学素材、试题库、课例、文献、教学设计、学例）与专题性学习网站；按照资源的媒体呈现形式划分，应建设信息化的动画资源、影视资源、声音资源、图片资源及文字资源。其次，钟绍春教授提出信息资源建设的原则：第一，要最大限度地为建构主义学习理论、研究性学习等教学理论及模式提供支撑。第二，要以师生现实需求为依据，以激发教师应用兴趣和解决教学实践问题为焦点。第三，要充分利用网络资源，建设有效的、有特色的资源和软件，尤其要注重建设学科动画制作工具软件及专题性学习网站。第四，要坚持整合要素的个性特点，既要突出信息技术的教学功能特点，又要将课程教学的基本规律融入其中。第五，他提出信息化教师教育数字信息资源的建设路径：首先，要根据资金、教学环境、教师、学生等实际情况确定建设目标；其次，在具体建设中既可以对所有学科的信息资源进行融合，也可以分学科局部建设。第六，要根据实际情况确定建设方法，包括多种形式购买、与大学和相关技术

① 孔令帅．美国提高中小学教师信息技术使用积极性的四种培训模式及启示［J］．中小学教师培训，2005（4）：61-63.

② 钟绍春．关于教育信息化一些关键问题的思考［J］．电化教育研究，2005（10）：3-10+23.

部门合作开发，与其他学校资源共享，建立基于学科的共享网站等。

广州大学杜玉霞教授（2017）① 则对数字信息化资源建设路径提出以下三点建议：第一，要构建一体化的中小学信息化教师教育信息资源建设体系。她认为优质的数字信息资源是教育信息化背景下中小学教师学习的基本条件和基础性学习服务需求，传统的以培训单位组织的数字信息资源建设已经不能适应"互联网+"环境下中小学教师对多元化研修资源的需要，亟须整合高校、培训机构、社会以及企业的多方力量，开发开放课程、微课、直播课等新型信息资源。第二，要汇集专家、高校教师、中小学教师、教研员等相关研究人员，通过相关的信息资源门户对中小学教师上传的内容进行点评与讨论，在解决问题的同时生成新的信息资源。第三，学校要整合利用多种网络渠道和资源，针对教师的个性化需求提供多元的交流平台和学习资源支持，通过数字信息资源库的建设为教师的专业发展提供系统持续的服务。

北京师范大学教育学部的李玉顺教授认为至"十三五"末，我国已初步建成教育信息化支撑体系，基本形成了较为完善的教育信息化融合发展关键技术体系与基础设施体系。广大教师参与教育信息化融合的信念和意愿普遍提高，推动现代教育发展走向虚实融合的育人发展新阶段。但同时也需要正视存在的一些问题，如信息技术支撑课堂结构性变革、推动教育信息化创生性发展的实践路径并不清晰，信息技术对教育发展具有的革命性影响还没有得到充分彰显。数字教育资源开发与服务能力不强，信息化学习环境、平台建设与应用水平不高等问题。并提出要科学把控好教育信息化融合实践进程的节奏，建构服务生态，进一步深化国家教育信息化支撑体系建设，探索要素重构，建构时空、地域、机构、人等要素重构性的教育信息化融合实践体系等举措。②

教育部教师工作司 2023 年在《2022 年教师队伍数字化建设情况报告》中总结了现有工作的成效，并提出有待提高的地方和下一步工作的方向："目前教师工作司从数字资源建设、有组织教师研修、教师管理与教师服务四个方面

① 杜玉霞. 基于"互联网+"的中小学教师信息化教学能力提升研究［J］. 中国电化教育，2017（8）：86-92.

② 李玉顺. 关于我国教育信息化发展进程及关键问题的思考——教育数字化战略行动实施的建言［J］. 教育家，2022（16）：48-49.

开展教师队伍数字化建设，在数字化助推学习、教学、管理、服务方面取得了明显成效。在课程资源的针对性与智能性，平台应用的丰富性与常态化，系统服务和支撑作用方面还有待加强提高。下一步应全面深入开展调查研究，根据教师需求，从资源与研修进一步提升教师信息化素养，利用大数据支撑教师队伍治理现代化，在信息化支撑教师服务，人工智能助推教师队伍建设等方面着力，推动教师队伍的高质量发展。"①

三、教师教育信息化促进教育高质量发展

教育信息化是个系统工程。教育信息化促进教育高质量发展离不开顶层设计、能力提升以及教研引领，主要表现在完善教育信息化的使用和管理机制、加快网络基础设施建设、培育师资力量以及重视多学科交叉融合和示范研究。

（一）顶层设计：完善教育信息化的育人机制

教育高质量发展是一项系统工程，亟须提升战略协同意识，逐步建立完善的教育信息化，促进教育高质量发展的战略协同机制，加快建立教育信息化使用与管理制度，明晰信息技术在教育教学中的定位，确立正确的指导思想，重点做到横向连通与纵向衔接的战略机制。横向上，政府应加快完善教育信息化相关应用与管理政策，如组织制定完善的教育信息化课程标准，明确培养目标、培养内容以及教学方法；规范中小学教育信息化在基础设施、教学资源以及师资培育等方面的内容，完善教学基本条件；加强教育信息化战略规划、教育信息化标准同教育法规、教育战略规划等相关指导政策之间的战略协同。综上所述，需把握我国不同阶段教育信息化战略规划之间的战略协同，梳理教育信息化自实施以来的历史脉络，从而更加明晰新时代、新理念、新要求下教育高质量发展的内在机理，立足社会的变化，不断更新、完善评估指标，采用更高质量的多元评价模式，增强学习评价方式立体化，完善信息化时代下的督导机制，更好地引领教育的高质量发展。

① 教育部教师工作司. 深入落实国家教育数字化战略行动 全面提升教师队伍信息化素养和现代化治理水平——2022 年教师队伍数字化建设情况报告［J］. 中国电化教育. 2023（4）：1-6.

（二）能力提升：稳步推进"提智增素"的师资培育常态化

教师教育信息化既是教育信息化的重要组成部分，又是推动教育信息化建设的重要力量。教师教育是一个自上而下的系统工程，不仅涉及对教师的培养与培训，还包括教师信息素养的提升、信息技术与学科课程的融合、国家"以点带面"项目的辐射带动等方面。总体上，需坚持共享流转、精准匹配、效能落实的教师培育机制。在信息技术高速发展的今天，实现"共享流转"的关键还在于采用网络渠道，加强校校合作、校企合作，充分挖掘、建设教师成长平台，通过线下线上相融合的形式共建学习共同体，加强教师之间的资源共享、信息交流，促进优质资源的循环利用。"精准匹配"要求立足教师岗位需求、职业要求以及学校实际工作的教学实践，开发教师个人研修网络空间，精准落实到每个教育主体身上，实现个性化教学。同时，开展专题培训，坚持全面发展与精准匹配相结合的理念，重点转变教师的信息化教学理念，接受信息技术对教育教学的革新，树立正确的智能教学观；提升教师的智能素养，扩大教师特别是农村教师培养规模，培养更多优质的"双师型"教师。"效能落实"重点在严抓效能考核机制，实施理论与实践相结合的考核制度，将教师信息技术应用能力同教师职称、评聘和考核直接挂钩，与中小学办学水平和教师专业发展能力考核直接挂钩，促进教师在教学工作中自觉主动地学习、实践和应用信息技术，将信息技术与学科教学进行深度融合，避免新一轮"数字鸿沟"的出现。

（三）教研引领：重视多学科交叉融合和示范研究

教育的高质量发展不仅需要加强多学科之间的交流互通，还需要遵循研究、试点、示范和推广的迭代历程。首先，多学科交叉融合作为教育学发展的显著特征，涵盖社会学、心理学等众多领域。要实现教育信息化促进教育高质量发展，在研究内容上需综合运用大数据科学、计算机科学以及心理学等方面的知识，形成"跨学科链"，建立大智慧库，为教育的高质量发展提供知识补充。而教育信息化建设主体不仅包含中小学，还涉及政府管理者、信息技术产业以及相关研究机构，故在研究主体上，需加强建设高等院校以及研究机构所要开展的基于信息技术、大数据以及信息资源为基础的多学科交叉融合的前沿研究，特别强调要充分发挥一线教师深入教学实践的优势开展教研活动。其次，针对目前一线教师存在的如何有效开展智能课堂教学、信息化使用技能未深入掌握等问题，一要不断加强理论学习，树立正确的信息技术使用观，消除极端论思想；二要不断加强示范研究，先带动一批经济发展较好地区的学校推行教育信息化，完善教育信息化五大基本要素，在课程构建、教学模式、师生素养等方面开展信息化工程，不断探索两者深度融合的有效途径，在反思不足的同时加快"实验区""标杆校""师范课"等示范研究，开发模范课程，为一线中小学教师落实新理念、新策略输送可参照的模式，加强教育信息化促进教育高质量发展的实践。

以教育信息化推动教育高质量发展，既是响应新时代号召的迫切需要，也是加快教育现代化的必然选择。以教育信息化破解新时代教育高质量发展中的主要矛盾，需把握理念革新，立足社会需求，透视教育本质。本书梳理了在教育信息化时代促进教育高质量发展的逻辑、困境与路径，发现最大限度实现信息技术优化教育质量并非由技术本身单维决定，而是由政府、学校、机构等教育主体多维合作决定的。同时，如何解决现有教育信息化促进教育质量提升中存在的"重技术的应用，轻人的发展；重技术功能，轻教育规律；重已有条件，轻未来想象；重'大数据'，轻'小数据'"可见，发展有温度的智能教育，就是要以人为中心，让技术为育人服务，以解决问题和满足需要为导向，以教育规律和人的发展规律为牵引，实现从"人工智能+教育"向"教育+人工智能"的转变，实现对教育的革命性重塑。

第七章　构建高质量教师教育体系的实践路径

第一节　构建助力科技自立自强的高质量高等教育体系

一、建立特色发展引导机制，构建更加多元的高等教育体系

新时代各类高等学校要瞄准 2035 年教育现代化目标，依托区位优势与专业特色，以"特色"引导发展，以"优势"提升人才培养水平，打造各具特色、多元共生的高质量高等教育体系。

一是充分发挥各类高校的学科特色，避免"千校一面"。21 世纪初的"去师范化"使得师范教育逐渐被边缘化，为争夺办学空间、提高办学层次，师范院校不得不通过转型、升级向综合院校靠近，许多师范类院校甚至通过修改校名的方式，摇身一变为综合类院校。特色类型高校向综合类高校转型已经引起了警惕。2019 年 4 月，教育部、科技部等 13 个部门联合启动"六卓越一拔尖"计划 2.0，正式全面推进新工科、新医科、新农科、新文科的建设，其主要目标是推动高校以特色引导发展。"双一流"建设的一个基本导向也是坚持

"以学科为基础"，鼓励不同类型高校紧密结合自身特色加强学科建设，发扬学科特色无疑成为构建高质量高等教育体系中的一个重要环节。

二是着眼于科技发展与产业结构变革，大力发展复合性高、专业性强的现代职业教育，改善普职类型结构。近年来，高速发展的智能化生产系统对技术技能人才工作模式有五个根本性影响，即工作过程去分工化、人才结构去分层化、技能操作高端化、工作方式研究化及服务与生产一体化，这对职业教育培养高度复合性的专业人才提出了新的要求，不仅要将培养系统一贯化，而且要在课程和实践上推陈出新，构建高端现代学徒制体系和教学与应用相统一的课程开发方法。

三是高等教育布局结构要与区域人口结构、产业结构相适应，与国家战略和地方经济发展需求相适应。教育结构、人力资本积累、产业结构之间应该形成一个良性循环的闭环，即高等教育高质量发展快速形成人力资本积累，高水平人力资本积累促进经济结构优化，经济结构优化进一步提升人力资本积累，并对高等教育发展提出新的要求。如粤港澳大湾区在产业结构快速优化和人才大量积聚的过程中就对高等教育提出了新的要求，致力于打造产教融合的高校集群发展新模式。同时，高等教育布局结构也要充分呼应国家战略及地方经济发展需求，如依托"一带一路"在沿线西部城市大力发展高等教育。

二、建立学科专业动态调整机制，增强高校学科设置针对性

综观历史，高等教育使命的变化总是与一个国家的特定发展进程联系在一起，高等教育要始终贴合时代脉搏，回应国家发展与社会进步对知识生产的需求，学科设置无疑是最能反映这一点的。然而，一方面当今社会的科学技术变革速率呈现指数级增长，对教育尤其是高等教育的反应时间提出了更高的要求；另一方面由于教育收益存在一定的滞后性，尤其高等教育在人才培养上有四年甚至更长的滞后时间，因此在新时代的高质量高等教育体系建设中，必须建立动态、灵活的学科专业动态调整机制。

一是突出面向未来，学科设置与科技发展实现良性互动。当今世界，互联网、物联网、大数据、人工智能、区块链、新能源等众多前沿技术叠加发展，新技术革命正在渗透到人类社会的每一个角落，从根本上不断改变着社会结构。这更强调了高等教育的学科设置不能是一成不变的，要么领衔科技进步，要么吻合科技发展的现实，要么为科技进步奠定深厚理论基础，这尤其体现在了理工科学科门类设置中。在这一点上，国家、研究机构都可定期追踪世界科技前沿进展，并及时向社会公布，尤其要求高等教育领域做出针对性反应，夯实基础学科、及时建设紧缺急需学科，超前布局关键核心技术领域人才培养。

二是注重学科交叉，关注跨学科与人工智能融入教育。未来将会出现"大教育"的办学模式与办学格局，特征是一个"融"字——教育融入社会，人工智能融入教育，学科相互融合，专业融合产业。高等教育将越来越关注资源共享，关注世界性知识资源合作，高等学校将成为对各方开放的载体平台。随着科学技术进步，知识壁垒正在不断被打破，人们逐渐意识到只有实现学科交叉与融合，开展跨学科研究，才能产生更多有趣、新颖的结论与成果，因此学科交叉已经成为世界高等教育发展的重要路径。此外，在第四次工业革命中，我们必须正视万物互联条件下教育与学习实践的变化，必须正视伴随人工智能技术而来的新的教育与学习革命，高等教育学科结构更需要不断适应建立在人工智能技术革命基础之上的社会结构变革。

三、加强研究生培养管理，提升研究生教育质量

高等教育进入普及化阶段后，除了加强本科生教育之外，研究生教育更成为建设高质量高等教育体系的关键。研究生教育在培养创新人才、提高创新能力、服务经济社会发展、推进国家治理体系和治理能力现代化方面具有重要作用，科技自立自强更是离不开研究生人才的培养。

一是聚焦资源支撑、导师队伍建设、质量培养机制等关键问题。2020 年 7 月 29 日，中华人民共和国成立以来的第一次全国研究生教育会议在京召开，这是我国研究生教育史上的重要里程碑。长期以来，我国研究生教育已形成比较完整的体系，奠定了从大到强进一步发展的重要基础，但总体规模仍需进一步扩大，财政直接投入仍然偏少，拨款机制相对简单化，对优秀人才的激励力度不够，资源支撑机制尚需深化改革，因此我们更需要在这些关键领域上下功

夫。此外，导师队伍建设是研究生培养的基础性工程，课程教学是研究生培养的核心抓手，因此，不仅要严格导师岗位选拔、培训、考核、调整和退出机制，而且要在课程教学设计中充分体现研究性，从问题出发，引导学生自主探究和体验知识的发生过程，激发学生的学术兴趣。

二是坚持研究生教育为社会服务，培养高层次拔尖创新人才，提高研究生教育国际影响力。过去常常有人将研究生教育看作远离现实的高深研究活动，然而在今天，研究生教育必须从"空中楼阁"落到实处，切实为社会发展进步服务，为人民需求服务。同时，在科教融合的背景下，高质量的研究生教育要对接科教兴国战略与人才强国战略，培养的正是高层次拔尖创新人才。此外，中国作为亚洲第一大、世界第三大留学生目的地，应该切实通过质量提升提高研究生教育国际影响力，以更自信的姿态与世界上的其他高等教育机构展开合作，吸纳越来越多的留学生来到中国接受研究生教育。

第二节　建设高质量教师教育学科体系

国家之盛衰视人才，人才之消长视教育。教师是教育工作的中坚力量，有高质量的教师，才会有高质量的教育。党的二十大报告指出："高质量发展是全面建设社会主义现代化国家的首要任务。"各级各类教育要适应人民期盼和发展需求，巩固提升普及水平，更加注重高质量发展。近年来，党和国家高度重视教师教育高质量发展，在建设中国特色高水平教师教育体系方面取得了长足进步，先后颁布了《新时代基础教育强师计划》《教师教育振兴行动计划（2018—2022年）》《关于实施师范教育协同提质计划的通知》《关于全面深化新时代教师队伍建设改革的意见》《中国教育现代化2035》以及《中华人民共和国国民经济和社会发展第十四个五年规划和2035年远景目标纲要》等重要文件，明确提出了教师教育高质量发展的重要任务。目前，我国教师队伍建设取得了飞速发展，但是面对人民对高质量教育的需求，面对中国式教育现代化的要求，教师教育学科体系还不能完全适应。如何持续推动教师教育高质量发展，发挥教师队伍在中国式教育现代化的关键作用是教师教育学科需要直面的重大问题。学科是知识的传递、生成、传播和应用的连续体，独立成熟的学科要具有独立的理论体系、严密的学科制度体系和完善的学术组织体系。对于社会学科来说，建构学科的自主知识体系也是学科独立成熟的重要命题。本节在分析教师教育学科的理论体系、学科制度体系和学术组织体系的基础上，探讨如何立足中国式教育现代化的需求建构教师教育学科的自主知识体系，进而提出建构高质量教师教育学科体系的逻辑路向。

一、构建高质量教师教育学科体系的现实意义

党的二十大报告指出："坚持为党育人、为国育才，全面提高人才自主培养质量，着力造就拔尖创新人才，聚天下英才而用之。"高质量的人才培养离不开高水平的教师队伍，打造有师德、高素质、专业化和创新型教师队伍离不开高质量的教师教育学科体系。完善的学科体系是一个学科建制成熟的标志。学科体系只有经过理论层面的内在创生和实践层面的砥砺打磨，才能逐步形成成熟的多层级、严密的体系架构。教师教育学科的创设旨在构建一个致力于创新教师培养模式的知识领域，完成培养高质量教师的实践任务。高质量教师教育学科体系是教师教育理论体系、制度体系和学术组织体系立体化的有机构成。打造高质量教师教育学科体系对于推动教师教育研究创新与学科发展具有重要的现实意义。

（一）独立的学科理论体系是教师教育学科高质量发展的动力源泉

教师教育理论体系的创新发展是教师教育学科高质量发展的不竭动力。理论是知识的高度概括与抽象，理论体系是知识体系的升华。在教师教育学科建设过程中，加强教师教育理论研究，夯实教师理论教育基础，是实现教师教育学科独立成熟的重要途径。教师教育学科理论体系源于教育实践的发展和需求，在知识的创新中逐渐走向独立与成熟。

一方面，教师教育学科理论体系是在总结教师培养实践经验的基础上，探索教师教育新途径、新方法，提高教师教育实效性的迫切需要。教师是一个古

老的职业，是人类文明的主要传承者。早在 17、18 世纪，法国和德国便出现了专门培养教师的教育机构。通过对百余年来教师培养实践经验的系统总结，形成基于实践基础上的教师教育理论创新，才能更好地揭示、把握新时代背景下教师教育的特点和规律，进而开辟和创新教师培养的新途径和新方法，提升教师教育的实效性。

另一方面，教师教育学科理论体系是教师教育二级学科的重要内容，推动教师教育学科的发展和完善。与时俱进的理论创新为推动学科知识体系和理论体系建设，实现学科高质量发展输送新能源。高质量开展教师教育理论体系研究是一项系统工程，它既是建设教师教育学科的题中之义，也对巩固教师教育学科地位，提升教师教育学科在教育学科领域的学术影响力具有重要的战略意义。为此，只有推动教师教育学科理论体系的可持续发展，才能更好地发挥它在学科建设、知识创新、理论创生和师资培养等方面的作用。

立足我国教育现实问题建构自主的教师教育知识体系。师范院校要从国家制度、文化背景、战略需求以及现实问题等角度提出支撑中国式教育现代化的教师教育发展问题，进而通过知识生成的内在逻辑建构本土化的教师教育知识体系。只有依托本土化的教师教育知识体系，才能培养支撑中国式教育现代化的高素质教师。

（二）严密的学科制度体系是教师教育学科高质量发展的制度保障

建立能够促进教师教育知识创新发展的严密的学科制度体系是教师教育学科高质量发展的制度保障。伯顿·克拉克认为："高等教育的工作都按学科和院校组成两个基本的纵横交叉的模式"，并且"主宰学者工作生活的力量是学科而不是所在院校"。在现代教育体系中，人们的一切教育行为都是在一定制度框架下进行的，受相关制度的规训，学科建设也是如此。学科制度是一种知识生产与高级专门人才培养同步进行的整合性制度。田国秀[①]曾言："学科规训制度其实是社会控制与规调方式的一部分。"学科制度就是与学科相关的制度，比如学科准入制度、学科划分制度、学科评价制度、学科奖惩制度、学科

---

① 田国秀. 论学校规则训教育对师生关系的影响——以福柯的权力理论作为分析视角［J］. 中国教师，2008（18）：16-18.

资助制度和专业人才培养制度等。学科制度体系是由不同层类的学科子系统构成的有机整体。这一制度有机体系能够以无形的制度驱动力提高学科的正当性，确立学科的合法地位，达成学科的社会认同和文化认同。同时，以制度化的规则引导学科从业者形成规范的研究模式，最终构建一种稳定的、可持续的制度有机体。

构建教师教育学科制度体系的核心目标在于建立一个在教师培养方面基于标准、规范及其程序的科学化、高质量的制度体系，依靠相关法律、政策、规章等保障性要素来调节、优化教师培养机制，进而实现教师培养质量的有效跃升。具体目标如下：

一是明确学科地位，构建学科规则。从国家宏观政策层面出发，有效利用制度的强制性、规范性作用，在确立教师教育学科合法地位的基础上，科学、合理地构建学科运行、资源配置、学科评价和人才培养等规则。

二是加强学科凝聚力，提升学科认同感。充分发挥学科制度的使动性优势，通过制度认同，逐步达成教师教育学科的社会认同和文化认同，促进教师教育相关主体提升其学科身份认同感，形成主体间的共同愿景和共同信念，进而增强学科凝聚力。

三是规范学科知识创新，提高教师培养质量。知识创新是学科发展和提升学科育人质量的根本路径。通过建立合理完善的教师教育学科学术研究规则，形成学术研究的正向理念，规范学科知识创新的方式方法，在教师教育实践中不断适应国家和社会发展需要的教师培养模式，持续提升教师培养质量。

（三）完善的学术组织体系是激发教师教育学科创新活力的"催化剂"

大学学术组织是在学科基础上发展起来的，是传统学术价值观扎根最牢固的地方。学术活动是大学区别于其他社会组织的基本特色之一。大学开展的学术活动具有多样性与丰富性等特点，在主体关系上呈现出复杂性的特点。以学术组织作为开展学术活动的重要载体，有助于理顺多样化学术活动中的多元主体关系，激发学科的创新活力。可以说，高水平的学术成果离不开完善的学术组织体系。党的二十大报告指出："创新是第一动力""加快实施创新驱动发展战略。加快实现高水平科技自立自强"。完善的学术组织体系是教师教育学科取得新成果、获取新理念和实现新发展的内生性动力。打造高质量教师教育学术组织体系要注意以下几方面：

首先，应结合教师教育学科特点，成立专业性的学术组织。借助学术组织的向心力，高效聚合教师教育知识的消费群体，进而建立世界性的、有影响力的教师教育学术共同体。通过发挥学术共同体的聚生合力，有效推动教师教育学术组织体系的高质量发展。

其次，依托学术组织的合理制度和有效管理，实现教师教育学科内各类学术资源的科学分配，为组织内学术活动的高质量开展注入活力。优化学科专业布局，提升学科组织的创新能力，是造就更多专业化、高素质教育人才的关键。

最后，构建高质量的学科体系需要借助体系内学术组织的多元合力，突破原有学科组织机构之间的发展屏障，通过学科知识体系的融合共建，共同孕育教师教育学科新的知识生长点，以保证教师教育新知识的高质量发展。

二、高质量教师教育学科体系的本质特征

在迈上全面建设社会主义现代化教育强国新征程的关键阶段，高质量教师教育学科体系必然体现以中国式现代化思想理念为根本遵循，以跨学科协同化发展方式为基本路向，以培养人民满意的高素质专业化创新型教师为根本目的的本质特征。

（一）以中国式现代化思想理念为根本遵循

党的二十大报告指出："在新中国成立特别是改革开放以来长期探索和实践基础上，经过十八大以来在理论和实践上的创新突破，我们党成功推进和拓展了中国式现代化。""中国式现代化是中国共产党领导的社会主义现代化，既有各国现代化的共同特征，更有基于自己国情的中国特色。"教育现代化是中国式现代化的重要组成部分。面对人民日益增长的高质量教育需要，全面深化教育领域综合改革，实现教育高质量发展是全面建设社会主义现代化国家的基础性、战略性支撑，是助力教育事业走上中国式现代化发展道路的本质要求。构建高质量教师教育学科体系，必须以"中国式现代化"思想理念为根

本遵循。

首先，中国共产党领导的中国式现代化，是具有社会主义性质的现代化，是中国特色社会主义道路、理论和制度的现代化。构建高质量的教师教育学科体系必须始终坚持社会主义办学方向，坚持教师教育为人民服务、为中国共产党治国理政服务、为巩固和发展中国特色社会主义制度服务、为改革开放和社会主义现代化建设服务。

其次，中国式现代化是物质文明和精神文明相协调的现代化。师德师风是精神文明的体现，也是深厚的知识和文化品位的体现。建设社会主义教育强国，打造高质量教师教育学科体系，必须始终坚持立德树人根本任务，加强师德师风建设，实现教师培养与师德建设的协调发展。2022 年 4 月，习近平总书记在中国人民大学考察调研时强调："老师应该有言为士则、行为规范的自觉，不断提高自身道德修养，以模范行为影响和带动学生，做学生为学、为事、为人的大先生，成为被社会尊重的楷模，成为世人效法的榜样。"教师是一项具有崇高荣誉感的特殊职业，不仅是学问之师，而且是道德之师、为人之师。依托高质量的教师教育学科培养的教师应是以德施教、以德立身的楷模。教师教育学科体系建设应着眼于立德树人的根本要求、高质量教师的职业特质和社会公众的殷切期盼，对师德师风设置高标准。

再次，中国式现代化既有各国现代化的共同特征，更有基于自己国情的中国特色，是可分享、可持续、具有包容性的现代化。在以 5G、人工智能等技术为核心支撑的智能时代，技术赋能教师角色变革成为新时代教育创新发展的重要抓手。

最后，中国式现代化是全方位、全过程的现代化。高质量的教师教育学科体系要通过学科知识体系、专业理论的全面创生，学科制度、学科理念的全面革新，学术组织、研究机构的全面发展，实现教师教育学科打造现代化教师队伍、服务教育现代化、支撑社会主义现代化国家建设的促进作用。

（二）以跨学科协同化发展方式为基本路向

跨学科协同化发展目前已经成为学科高质量发展的主流趋势，也是面向国家需求，完成培养复合型、创新型人才任务的主要途径。打造能够有效推动人的全面发展的知识创新体系是跨学科协同化发展的根本目的。从知识的本体论来看，知识形态的演进经历了"学科总括性知识—学科分化式知识—学科融合型知识"的变化历程，这是跨学科协同化发展的认识基础。从知识的价值论来看，知识的创生源自人类对物质世界与精神世界的整体化关怀。这便决定了单一学科无法展现知识的全貌，跨学科协同化发展势必会成为学科创新发展的必然趋势。在对单一学科的深化研究难以取得高质量知识创新的境况下，以协同、集成、融合的跨学科研究范式，在消化吸收不同学科知识内涵的基础上进行知识的转化和再创新，成为推动学科高质量发展和拔尖人才高质量培养的新兴途径。

教师教育学科内在蕴含着跨学科属性，主要体现在教师教育学科教育性与专业性的融合共生：

其一，教师教育学科具有教育性。教育是立德树人的事业，立德树人是教育的根本任务。教师教育学科高质量发展的根本任务是在遵循教育的育人性、规律性和道德性的基础上，培养有师德、高素质、专业化、创新型的教师。

其二，教师教育学科包括广泛的其他学科知识。高质量的教师必须具备宽泛的知识结构，高质量的教师教育学科应当以专业知识为基础，实现学科间的协同发展，促进教师教育知识和专业学科知识之间的流动互融。师范院校要依据学科自觉理念，优化学科布局，促进新兴与交叉学科建设。通过激励教师教育者开展跨学科研究和教学、设置专门的跨学科研究和教学机构，促进教师教育跨学科协同化发展。

（三）以培养人民满意的高质量教师为根本目的

党的二十大报告指出："我们要办好人民满意的教育，全面贯彻党的教育方针，落实立德树人根本任务，培养德智体美劳全面发展的社会主义建设者和接班人。"进入新时代，接受更好的教育是人民群众的殷切希望。"教师是立教之本、兴教之源，承担着让每个孩子健康成长、办好人民满意教育的重任。"人民满意的教育必定是高质量的教育。办好人民满意的教育，高质量的教师队伍是关键。

目前我国各级各类教育已经迈入"后普及化"阶段，这标志着我国的教育发展水平已经克服了"有学上"的总体问题，进入下一个攻坚克难阶段，踏上了解决"上好学"问题的新征程。目前，我国已建成全世界体量最大的教育教师队伍，教师数量、规模问题得到了历史性解决，教师职业吸引力明显增强，但在质量、结构、配置、管理体制机制等方面仍面临许多挑战，亟须顶层设计和专门政策予以应对。

首先，打造高质量教师队伍，实现教师教育对受教育对象意识形态和社会价值观的正向建构是关键。教师教育学科区别于其他教育类学科的最重要特点在于对受教育对象意识形态和社会价值观的正向建构。教师是人类灵魂的工程师，是民族振兴的希望。正向的意识形态和社会价值观是教师教书育人、未来的指路明灯。高质量的教师是通过意识形态和社会价值观的正向建构，造就而成的有理想信念、有道德情操、有扎实学识、有仁爱之心的"四有"好老师。

其次，打造高质量教师队伍，培养专业化教师是核心。教师专业化是教师专业知识、专业素养和专业技能的有机建构，培养专业化教师的实质就是以教师培养的实践价值为根本取向，不断提升教师立德树人的关键能力。培养专业化教师是探究如何建设高质量教师教育学科体系的重要议题。专业化水平的稳步提升是教师实现自我提升和教师教育学科可持续发展的内生性动力。只有稳步推进教师专业化发展，才能紧跟时代步伐，满足建设社会主义现代化教育强国对未来教师专业素养的要求。构建专业化的教师教育学科知识体系、培养理念、培养方式，满足教师的专业化发展需求，是教师教育学科高质量发展的重点。

综上所述，人民满意是教师教育学科的宗旨，培养高质量的教师是打造高质量教师教育学科体系的出发点和落脚点。因此，高质量的教师教育学科体系应当是人民满意的高质量教师教育体系，要将人民满意和高质量的双重意蕴贯穿于教师教育学科体系构建的全部环节。

三、构建高质量教师教育学科体系的逻辑路向

学科体系是一个学科的整体架构，决定着学科的发展方位和发展质量。当前，我国教师教育学科体系已搭建完成了初步框架，但依然存在着如知识体

系、理论体系、研究范式混杂不清，知识生成的本土化程度不足；制度体系受困于"自主设置"囹圄，合法化程度不足；学术组织体系的影响力、规范性不足等问题。为此，在打造高质量教师教育学科体系的进程中，需从制度设计、发展方略、治理模式三个层面出发，由外到内、由表及里地构建立体化的学科体系。首先，在制度设计层面，要做好顶层设计，通过制度供给为教师教育学科体系高质量建设指明道路，输送动力；其次，在发展方略层面，充分发挥部属师范大学"引领者"和"协同者"作用，更好地推动教师教育学科高质量发展；最后，在治理模式层面，要遵循协商共治原则，以实现多元主体共商共建。

（一）顶层设计：充分激发制度供给的"强引擎"作用

制度是一切体系构建和运转的有力保障。制度供给为体系内的一切主体提供了应共同遵守的认知系统和信息集合。完善中国特色社会主义制度，实现制度的有效衔接，充分彰显制度的优势，是保障中国式现代化道路不断延伸的基石。只有现代化的、适切的、充满活力的、一流的教师教育制度，才能为一流的教育事业培养出一流的教师队伍。要打造高质量教师教育学科体系，关键在于持续优化制度建设，必须抓住教师教育的薄弱环节做好政策安排和制度创新，系统地解决好培养高素质、专业化、创新型的教师的核心问题，有效发挥制度供给的"强引擎"作用。教师教育学科体系建设的直接驱动力源于国家的政策。教师教育学科体系建设应在教育强国发展战略的引导下，以科学、系统的制度供给为内驱力，充分发挥国家制度中强制性要素的刚性作用，持续优化完善教师教育学科体系结构。

首先，要以制度供给保障教师教育学科的合法化，提升教师教育学科的社会认可度。2018 年 3 月，教育部等部门颁布的《教师教育振兴行动计划（2018—2022 年）》主张开展"教师教育学科专业建设行动"，"鼓励支持有条件的高校自主设置'教师教育学'二级学科，国家定期公布高校在教育学一级学科设立'教师教育学'二级学科情况，加强教师教育的学术研究和人才培养"。然而国家虽鼓励各高校自主设置"教师教育学"二级学科，但数年来依旧停留于"自主设置"的尴尬阶段，教师教育学科的合法化程度及社会认可度仍旧不足。学科资源的配置依据来源于国家颁布的学科专业目录，教师教育学科在学科制度合法化层面的缺位导致了学科资源配置的缺失。通过制度供给，保障教师教育学科的合法地位，才能有效提升其学科影响力。

其次，要以制度供给确立教师教育学科的建设标准，提高师范人才培养质量。其一，要严格审查教师教育学科的办学标准，不断细化、提升教师教育学科开设要求，力求整体推动教师教育学科发展质量。其二，要构建与国家教师资格考试制度相适配的专业化教师教育学科培养标准，培养符合教师职业要求，并且能够胜任教师岗位的高素质、专业化教师。其三，打造高质量的教师教育课程标准，通过课程改革持续创新教师教育理念，改进教师培养方式，优化教师教育路径。从学科制度体系的源头出发，构建开放、系统、连续的一体化课程设置，为教师教育的各阶段发展提供助力，从根本上提高教师教育水平。

最后，要以制度供给推动教师教育学科知识创生的规范化，提高学科发展质量。针对教师教育学科知识体系清晰度不足、学术组织体系混乱和合法化程度不足等问题，需以制度供给规范学科知识创生路径和方向，规范学术研究，优化学术组织体系，保障教师教育学科高质量发展。

（二）引领以望：充分展现部属师范大学的"领头雁"作用

《关于实施师范教育协同提质计划的通知》明确提出要"充分发挥部属师范大学的引领示范作用，建立部属师范大学和地方师范院校师范人才培养协同机制，支持区域内相关院校在教育科学研究、教师教育师资队伍建设、师范人才培养和教育服务等领域开展合作"。部属师范大学肩负着推动教师教育高质量发展的时代重任，在完成教师队伍高质量建设根本任务的同时，还要为其他师范院校教师教育改革发展和质量提升起到引领示范作用。一流的师范类院校应当以培养卓越教师为主责主业，而培养卓越教师则须倚靠一流的教师教育学科。

首先，部属师范大学应长期坚守教师教育主责主业，集中资源优先打造高质量教师教育学科体系。一是打造高质量的学科人才队伍，培养和引进高水平的教师教育者。二是主动实施教师教育学科"提质扩容"计划，有序、合理地提升教师教育学科招生规模。学校通过建设国家级教师教育改革实验区、

"人工智能+教师教育"大数据中心，提升卓越教师培养计划、拔尖创新人才培养计划的实施成效；构建"本-硕-博"三级学位的"三位一体"立体化人才培养体系，不断提升教师的信息素养、综合素质、专业水平和创新能力。三是拓宽国际交流路径，汲取世界先进的教师教育学科建构理念。通过合作办学、交流访学、共建实践基地和研究平台、教学资源共享等方式搭建国际教师教育交流合作平台。

其次，部属师范大学应主动协同地方师范院校，引导师范院校坚持"以师范为本"、以培养教师为主业。部属师范大学要加大在重点学科建设、学生协同培养、教师协同教研等方面对地方师范院校的支持力度，力求整体提升师范院校和教师教育学科的发展水平。

最后，部属师范大学应依托教师教育学科，推进教师教育智库建设，主动发挥学科的社会服务功能，在为政府教师教育政策制定提供智力支持的同时，有力回应国家和地区经济社会发展的需求以及人民对高质量教育的期盼。近年来，学校带头成立西部师范大学教师教育创新与发展联盟，建成教师教育高端智库，通过加强教师教育基础学科建设、新师范专业建设，引领西部教师教育振兴发展。

（三）协商共治：充分发挥多元主体的"共建者"作用

教师教育学科体系建设是一项事关经济社会发展的实践举措，打造高质量的教师教育学科体系与社会环境中的多元主体利益密切相关。协商共治是以协同、互助、共享和共商为基本手段，以实现多元主体的共同愿景为根本目标的治理模式。协商共治理念体现了浓重的公共性意蕴，以公共理性为指导，力求实现国家、社会和个人的共赢共荣，"为增进公共利益做出贡献"。在教师教育学科体系建构过程中，通过协商共治充分发挥地方政府、中小学、高校等多元主体的"共建者"作用，有利于主体间的共商合作、共谋发展，加快推动资源共享、优势互补，携手开创教师教育学科体系互惠共建的新局面。

党和国家于2018年颁布的《关于全面深化新时代教师队伍建设改革的意见》给予了"大学主导、地方政府协调、中小学校参与"的"U-G-S"三位一体协同育人机制的肯定。

首先，地方政府在教师教育学科体系构建过程中应担当"供给者"和"保障者"，通过制度供给保障学科体系建设，进行整体设计与布局，保障学科建设资源的优质供给。我国教育呈现着发展水平不均衡、资源分布不均衡、教育特点差异明显等特征。我国政府主导的师范院校高水平发展和整体性发展构成了中国特色师范院校体系的重要特征，坚持服务于人民是这一特征形成的价值基础。在"U-G-S"培养模式中，地方政府应充分发挥其统筹把控职能，通过共享当地教育实际状况，充分发挥统筹协调能力，高效分配教育资源，科学把控教育政策走向。同时，地方政府应担当高校与中小学在教师教育实践中有效连接的桥梁，合理解决因高校与中小学互动不足而导致的学用分离、培养培训脱节等问题。地方政府合理、适度的参与，为"U-G-S"三位一体的高效联动提供物质基础和政策保障。

其次，中小学在教师教育学科体系构建过程中应为学科体系建设提供广阔的示范和实践场域，为新知识的创生提供检验平台，引导教师教育学科的改革发展。大学若想培养出更好的教师，就必须将模范中小学作为实践的场所。中小学是教师培养和教师教育学科深化改革的主战场。在"U-G-S"培养模式中，师范生通过高校与中小学的有效连接，以城镇高水平中小学为示范场域，以农村中小学为实践场域，获取到了自由、真实的教育实践体验空间。同时，教师教育学科的发展要聚焦于解决教育实践场域中出现的难题、偏题。教师是否具备解决实践中的难题、偏题的能力，是检验教师教育质量的重要途径。因此，中小学同时承担着检验教师教育质量和引导教师教育发展的重任。

最后，高校应充分发挥学科体系建设中的主体支撑作用，建立教师教育学科平台，制定教师教育学科管理机制，打造教师教育科研中心；深入了解教师教育理论前沿、精准统筹教师教育学术资源、着力解决教师教育实践中产生的疑难杂症，力求推动教师教育学科体系建设的整体水平。在此基础上，多元主体要依据地方具体情况，创设共同愿景，共同制定任务清单，协商建立协同运行机制、信息共享机制、研训激励机制和成果评价机制，在设备、技术和资金等关键资源方面实现真正意义上的共享共用，合力保证教师专业的高质量发展，打造教师教育学科发展共同体，协同共建高质量教师教育学科体系。

第三节　深化教师教育管理综合改革

"十四五"时期是我国全面建成小康社会、实现第一个百年奋斗目标之后，乘势而上开启全面建设社会主义现代化国家新征程、向第二个百年奋斗目标勇毅迈进的第一个五年。《中华人民共和国国民经济和社会发展第十四个五年规划和2035年远景目标纲要》提出了"建设高质量教育体系"的战略任务。教师是教育工作的中坚力量。有高质量的教师才会有高质量的教育。建设高质量教育体系，必须以高质量教师队伍建设为支撑，而建设一支高质量教师队伍，又必须以高质量教师教育体系建设为支撑。

一、必须深刻认识高质量教师队伍建设的重要性和战略地位

"兴国必先强师""教师是立教之本、兴教之源""有高质量的教师，才会有高质量的教育"。教师是影响学生健康成长的关键人物，是提高教育质量的能动因素，是促进教育公平的重要保证，是一切重大教育变革的核心力量，更是推动家风、民风、社风积极转变的有效机制。教师所能发挥的作用是其他任何硬件资源都不能替代的；相反地，教师却可以在硬件资源相对匮乏的情况下弥补硬件配置的不足，具有一定的可替代性。教师承担着传播知识、传播思想、传播真理的历史使命，肩负着塑造灵魂、塑造生命、塑造人的时代重任，是教育发展的第一资源，是国家富强、民族振兴、人民幸福的重要基石。如果说教育是通向国家富强、民族复兴和人民幸福大门的"钥匙"，那么掌握这把"钥匙"的人就是伴随青少年儿童健康成长的教师。

当今世界处于百年未有之大变局，新一轮科技革命和工业革命正在孕育，新的增长动能不断积聚。科技和产业的转型升级，从根本上说是人的转型升级，国家间的竞争归根结底是人的竞争，国家实力的较量在本质上说是人的素质能力的较量。时代越是向前，知识和人才的重要性就越发突出，教育和教师

的地位和作用就越发凸显。高质量教师队伍建设是事关人才创新、国家富强和民族复兴的重大政治任务，是事关教师生活福祉、人民教育福祉、国家公共福祉的根本性民生工程，教育质量的提升、高质量教育体系的发展，关键点在教师，发力点在教师，最终希望点也在教师，教师工作在建设教育强国和高质量教育体系中具有基础性、全局性的重要战略地位。实践表明，把教师这个第一资源用好、用活，将其积极性调动起来，教育的兴旺蓬勃就有了关键支撑。因此，必须始终坚持从战略高度认识教师工作的重要性，充分信任、紧紧依靠广大教师，培养和汇聚打造中华民族"梦之队"的筑梦人。

二、必须确保教师教育优先发展，加快高质量教师教育体系建设

教师教育是高质量教师队伍建设的活水源头，是推动教育高质量发展的坚强后盾，必须以更加高度的政治自觉与更加有力的政策措施，确保教师教育优先发展，加快建设高质量教师教育体系。

第一，要加强建设以师范院校为主体、高水平综合大学参与、教师发展机构为纽带、优质中小学为实践基地的开放、协同、联动的现代教师教育供给体系。要以提升教师教育质量为核心，以教师教育供给侧结构性改革为动力，积极强化和充分发挥师范院校在教师教育体系中的主体地位，加大对师范院校的支持力度，推动师范院校牢固树立以师范教育为主业的办学定位，办好一批高水平有特色的教师教育院校和师范类专业，重点建成一批国家师范教育基地和教师教育改革实验区；支持和鼓励高水平综合大学举办教师教育，特别是引导综合大学和工科大学举办以符合教育和职业教育跨学科学习、综合性学习、创新性学习趋势的新型急缺教师的培养；要全面加强区县教师进修学校、市区教育学院和省级教育学院三级教师培训体系建设和覆盖面广、扎根区县的教师教育机构能力建设，补齐教师教育体系的短板；要建立责任和激励相结合的师范生实习实践机制，一方面要强化优质中小学提供实习实践机会的责任意识；另一方面要建构"高校—地方政府—中小学"合作的优质中小学参与教师教育协同育人机制。

第二，要加强建设以政府、高校和社会为治理主体，以法治化、制度化和信息化为治理手段，以管办评分离为治理机制的制度完备、科学规范、运行有效的现代教师教育治理体系。要明晰政府、学校和社会参与教师教育的职责义务，国家要完善公费师范生政策，提高师范生生均拨款，升级实施"卓越教师培养计划"，深度实施"优师计划"，建立师范类专业认证制度；要赋予教师教育举办机构充分的办学自主权，高校要加强教师教育学科建设、强化师范专业质量保障，完善职前职后一体、执行有力、运转高效的教师教育治理机制；探索建构基于大数据、云计算、虚拟现实和增强现实等现代信息技术的"互联网+""人工智能+"的现代化教师教育治理新模式。

第三，要加强建设以提升教师教育质量为核心，以尊重教师成长发展规律和师德师风建设规律为基础，以培育有理想信念、有道德情操、有扎实学识、有仁爱之心的"四有"好老师为目标，以教师思想政治素质、师德师风品质、专业能力素养培育为重点，以推动优质课程资源共享、学科建设经验分享、教育科研课题共同研究为机制的现代教师教育培养体系。要建强做优教师教育，构建教师教育机构准入标准、招生标准、专业标准、课程标准、教学标准、实践标准、教师教育者标准、改革实验区或基地标准等质量保障体系；要全面构建"互联网+"教师教育资源共享体系，要不断优化教师培养培训内容，积极创新教师教育教学方式，持续深耕课程、教学、实践培养环节，着力培养未来卓越教师和教育家型教师。

三、必须深化教师管理综合改革

2020年，我国各级各类教育共有专职教师1793万人，在校学生达2.89亿人。确保世界上最大规模教师队伍补充有保障、结构更合理、存量有水平、工作有活力是教师管理高质量的核心目标。

第一，要完善教师资格标准和严格教师准入制度。教师是一个专门的职业，需要掌握"教什么""教给谁"和"怎么教"等一系列理论性和实践性知识，必须经过专业化的训练。国家要完善教师资格标准，将修习教师教育课程、参加教育教学实践作为取得教师资格的必备条件。全面推行中小学教师资格考试制度，严把教师入口关，重视思想政治素质和业务能力，教师必须持教师资格证上岗任教。要做好教育类研究生和公费师范生免试认定中小学教师资格改革，建立师范生教育教学能力考核制度，提升师范生教育教学能力水平。

第二，要完善教师招聘制度和优化教师资源配置。建立符合教育行业、类别和层级特点的幼儿园、中小学、职业院校和高等学校教师招聘办法，遴选乐教、适教、善教的优秀人才进入教师队伍。要明确中小学校领导人员任职条件和资格，规范选拔任用程序。深入推进县（区）域内义务教育学校教师"县管校聘"管理改革，引导城镇优秀教师、校长向乡村学校、薄弱学校流动。完善交流轮岗激励机制，将到农村学校或薄弱学校任教1年以上作为申报高级职称的必要条件，3年以上作为选任中小学校长的优先条件。

第三，要改革教师编制管理体制和优化教师编制配置。建立区（县、市）长领导下的教师编制管理体制，理顺财政、编办、人社、发改、教育等部门之间的职责关系与合作机制。要充分考虑新型城镇化、放开三孩政策、新课程改革、高考综合改革等增编因素，通过周转使用、跨行业跨市县调剂等措施，加强编制统筹配置，切实解决中小学教职工编制结构性短缺问题。要区分寄宿学校、规模较小、示范实验、对口支教等实际情况，予以适当倾斜。要加大紧缺学科教师补充力度。结合实际合理核定公办幼儿园教职工编制。

第四，要完善教师职称评定标准和深化教师岗位管理改革。要改进结果评价，强化过程评价，探索增值评价，积极架构综合、多维、互动的教师评价方式。充分考虑不同地域、不同学段、不同学科的特点和要求，坚决克服"五唯"顽瘴痼疾，进一步完善教师职称评价标准，坚持把师德师风作为第一标准，突出教育教学实绩，强化一线学生工作，实行分类评价。"双师型"教师要突出实践技能水平和专业教学能力。高校教师职称评定要重点评价学术贡献、社会贡献以及支撑人才培养情况，推行代表性成果评价，探索长周期评价，完善同行专家评议机制。要提高中小学、中高级岗位结构比例，进一步落实学校办学自主权，中初级职称和岗位由具备条件的学校依据标准自主评聘，高级职称和岗位按照管理权限由学校推荐或聘用，鼓励地方探索进一步由具备条件的学校自主评聘高级职称和岗位。推动高等学校教师职称制度改革，将评审权直接下放至高等学校，由高等学校自主组织职称评审、自主评价、按岗聘任。

第五，要提高教师工资待遇水平和营造尊师重教社会氛围。"尊师重教"并"让教师成为令人羡慕的职业"。教师职业具有公共属性，中小学公办教师具有国家公职人员的特殊法律地位，承担着国家使命和公共教育服务职责。要按照健全中小学教师工资长效联动机制要求，确保核定绩效工资总量时统筹考虑当地公务员实际收入水平，开展专项教育督导，切实保障和全面落实义务教育阶段教师平均工资收入水平不低于当地公务员平均工资收入水平政策，彻底解决拖欠义务教育阶段教师工资和欠缴社会保险费、职业年金、住房公积金等问题。要完善中小学教师绩效考核办法，强化教师收入分配激励机制，绩效工资分配要向班主任、一线教师、从事特殊教育随班就读工作教师和教育教学效果突出的教师倾斜。要不断提升教师的政治地位、社会地位、职业地位，切实减轻中小学教师不合理负担，要在全党全社会大力弘扬尊师重教的社会风尚，推动形成优秀人才竞相从教、广大教师尽展其才、好教师不断涌现的良好局面。

四、必须把乡村教师队伍建设摆在优先发展战略地位

新时代教育的主要矛盾是人民日益增长的美好教育需要和不平衡不充分的教育发展之间的矛盾，主要体现在城乡教育发展不平衡和乡村教育发展不充分问题上。新时代要紧紧抓住"乡村振兴"这一重大战略机遇，紧紧盯住乡村教师队伍建设突出问题，把乡村教师队伍建设摆在优先发展战略地位，大力推进乡村教师队伍建设高效率改革和高质量发展。

第一，深入实施乡村教师定向培养计划，从源头上改善乡村中小学幼儿园教师队伍建设质量。实践证明，实施乡村教师定向招生、定向培养、定期服务方式解决乡村教师队伍的补充问题是最为有效的。目前，国家在部属师范大学实施"免（公）费师范生教育"的基础上又实施了"国家级优秀农村教师定向培养计划"，这对改善乡村教师队伍质量，特别是中西部欠发达地区乡村教师队伍质量是特别重要的，但从数量上看依然不够。建议地方省属师范大学也要在地方"免（公）费师范生教育"的基础上探索实施省级优秀乡村教师定

向培养计划，选拔一批适教、善教、乐教的优秀人才进行精准化培养，厚植他们的乡土教育情怀，形塑他们的现代教育理念，夯实他们的专业能力素养，真正从源头上解决乡村教师队伍质量问题，推进乡村教育现代化和乡村振兴。

第二，创新实施乡村校长教师国培计划，在过程中不断提升乡村中小学幼儿园教师能力水平。从 2010 年实施"国培计划"至今，已有十余年的时间，政府重视程度之高、财政投入力度之强、参训受益人数之多、持续发展时间之长，在世界上是少有的。然而，我们也要清醒地看到，同城镇教师相比，乡村教师的课堂教学形态在整体上还是传统的，乡村学生的学习方式在整体上还是落后的，乡村教育的质量水平在整体上还是有差距的，距离上好每一节课、关爱每一个学生、促进每一个学生德智体美劳全面发展的要求还有很大差距。因此，要实施"精准培训"，让乡村教师充分认识到乡土资源的教育价值，让乡村校长深刻认识到乡村教育特有的资源优势，增强乡村教育自信，创造性地开展乡村教育试验，探索具有乡村特色的教育教学管理模式，推进乡村教育的现代化。

第三，接续实施乡村教师增强支持计划，在动态中有力激发乡村中小学幼儿园教师队伍活力。进一步扩大农村教师特岗计划实施规模，适当提高特岗教师工资性补助标准，鼓励优秀特岗教师攻读教育硕士。继续实施银龄讲学计划，鼓励支持乐于奉献、身体健康的退休优秀教师到乡村和基层学校支教讲学。完善交流轮岗激励机制，城镇教师校长在乡村交流轮岗期间享受当地相关补助政策，作为申报高级职称和选任中小学校长的必要条件。编制继续向乡村小规模学校倾斜，按照班师比与生师比相结合的方式核定。大力提升乡村教师待遇，认真落实艰苦边远地区津贴等政策，全面落实脱贫县和定向县乡村教师生活补助政策，依据学校艰苦边远程度实行差别化补助。对长期在乡村学校工作的中小学教师实行"定向评价、定向使用"，并对中高级岗位实行总量控制、比例单列，不受各地岗位结构比例限制。加强乡村教师周转宿舍建设，让乡村教师住有所居。关心乡村青年教师工作生活，切实解决乡村青年教师困难，在专业培训、职称评聘、表彰奖励等方面向乡村青年教师倾斜，不断提升乡村教师职业吸引力。

第四节 全面建设高素质专业化创新型教师队伍

一、高素质、专业化、创新型教师的概念内涵

高素质、专业化、创新型教师这一概念内涵涉及三个范畴，即"高素质""专业化""创新型"，对这一概念的内涵理解主要是对三个范畴及其关系的理解。"范畴"一词，是指"人们对客观事物的本质和关系的概括"，意指对客观事物的不同方面进行分类、归纳，从而"赋予一个直观中各种不同表象的单纯综合以统一性"，即"纯粹知性概念"。本书对"高素质""专业化""创新型"教师三个范畴及其关系的理解，旨在以抽象思维的"分类、归纳、综合与统一"为逻辑工具，来把握和认识新时代教师队伍建设的总体目标。

（一）高素质教师

从构成要素看，高素质教师是教师道德、教师知识、教师能力、教师情意的综合统一。教师素质，是指教师在专业的教育教学过程中逐渐发展而成的、在教育活动中体现出来并直接作用于教育教学过程的、稳定的心理品质和行为品质的统一，具有专门性、指向性和不可替代性。在参照教师素质研究的相关代表性学者、欧盟和美国教师核心素养以及我国学生核心素养的框架分类，在深入解读党中央、国务院有关教师队伍建设的相关政策基础上，通过比较、分析和综合，作者将高素质的教师理解为教师道德、教师知识、教师能力、教师情意的综合统一。具体来讲：教师道德是指能够理解和把握社会主义核心价值观、具备公民道德素养，能够将职业伦理内化为职业精神，并在教育教学过程中表现为相应的道德的、伦理的专业行为；教师知识是指教师具备深厚的传统文化知识、广博的自然科学知识、扎实的学科本体性知识、教与学的条件性知识、学生的知识、实践性知识；教师能力是指教师具备教育教学所需的多元化能力，包括反思实践能力、人际沟通能力、组织协调能力、学术研究与写作能

力、数字信息技术能力、跨文化理解能力、终身学习能力；教师情意是指教师拥有积极向上的教师情感、达观坚忍的教师意志、善于理解以及愿意付出的教师人格品质。

从核心品质看，高素质教师是以"专业素养"为核心品质的教师。素质一词，在内涵上具有心理和行为品质的"基本条件"，那么，如何理解"高素质"教师中的"高"？本书认为，教师的"高素质"是在具备教育教学基本素质的基础上，通过教师的专业化过程，所形成的以"专业素养"为核心品质的素质体系。教师的基本素质只有通过教师的专业化过程，才能逐步形成高于其他一般人员的专业素养。比如，在教师专业准入的过程中，本科学历是教师专业资格准入的基准线，《教师教育振兴行动计划（2018-2022年）》明确将"提升培养规格层次，夯实国民教育保障基础"作为提升教师队伍素质的目标之一，高学历的教师成为高素质教师队伍建设的必然要求。有研究基于对国家政策文本的分析，揭示了近年来国家政策话语体系中教师专业素养的五大核心维度，包括教学实践素养、教育理论素养、学科教学素养、技术整合素养和教师专业意识素养。教师的专业素养只有通过教师的专业培养、专业准入和专业发展等专业化、一体化过程，才能有效提升。

从评价标准看，高素质教师是以"师德师风"的教师道德素质为第一评价标准。结合对国家教师队伍建设的相关政策分析，"师德师风"的教师道德素质在内涵上包括三个方面：一是思想政治教育是新时代师德师风建设的生命线，教师要深入学习领会习近平新时代中国特色社会主义思想，自觉践行和培育社会主义核心价值观，切实将党的教育方针贯彻落实于教育教学工作的全过程。二是"四有"好老师是新时代师德师风建设的质量标准，理想信念是教师职业道德的基本灵魂，道德情操是教师教书育人的前提条件，扎实学识是其从事教师职业的基本要求，仁爱之心是教师职业道德的本质特征。三是"四个相统一"是新时代师德师风建设的基本要求。

（二）专业化教师

从专业化属性看，专业化教师具备"专业精神、学习专业、学科专业、教授专业"相统一的全专业属性。社会学的学科视角指出，专业是具备相关特质的，如专业知识、专业伦理、专业判断与决策等。我国学者朱旭东提出并建构了教师的全专业属性这一概念，认为专业化的教师要具备专业精神，即教师要有丰富的教育情怀和坚定的教育信仰，热爱教育事业，热爱学生，科学育人；要具备学习专业，具有理解学生发展和学习规律的专业知识并能运用到教育教学中的能力；要具备学科专业，即教师应当在了解学习科学的基础之上，掌握系统的学科知识，具有较强的学科能力，理解学科本质，运用跨学科思维和知识，开发课程内容；要具备教授专业，即能基于学生的学习规律和学科内容，形成指导、引导、辅导、启发、帮助学生学习的教导路径。具备全专业属性的专业化教师是新时代教师队伍建设的必然要求，特别是在信息化、智能化、数字化的教育现代化过程中，教师的学习专业和教授专业被凸显，基于复杂教育教学情境中的专业判断与决策能力要求教师具备实践智慧，即教师要懂得"如何做"，这一过程也是教师对自身所置教育教学情境进行分析、判断，从而转化为自身心智的过程。

从专业化过程看，专业化教师是经历教师资格准入、教师专业培养、教师专业发展的全过程，符合教师专业标准的教师。在借鉴教师专业化的国际经验的基础之上，我国积极推进教师专业化，主要分为三个方面：一是通过建立相应的准入制度如教师资格证制度来规范进入教师专业的门槛，教育部于1995年颁布《教师资格条例》，2000年颁布《〈教师资格条例〉实施办法》，2009年开始实施全国统一资格考试，2013年印发《中小学教师资格定期注册暂行办法》，打破教师资格的终身制，教师专业准入逐步制度化、规范化。二是通过贯通和完善教师教育体系来提高教师职前培养以及在职发展的专业性，促进教师的专业化发展。如2017年开始实施师范专业认证，2018年颁发《关于全面深化新时代教师队伍建设改革的意见》，指出建立以师范院校为主体、高水平非师范院校参与的中国特色师范教育体系，强化教师职前培养与职后发展的有机衔接。三是通过建立专业标准来规范专业化的教师队伍建设，我国于2012年颁布了幼儿园、小学和中学阶段的《教师专业标准（试行）》，对于一名合格教师应该具备的专业信念、专业知识和专业能力进行了规范性描述。

（三）创新型教师

从创新要素来看，创新型教师是具备创新意识、创新思维、创新行动、创新自觉、创新素质的教师。"创新"在《马克思主义哲学大词典》中被解释为"人类的创造性活动",是"人类自觉能动性的集中体现"。创新型教师是在创新型国家建设的时代背景下,我国教育政策和学术领域对教师队伍建设的新要求。创新型教师是在教师基本素质和专业素质的基础上形成的一种能够用灵活多样的方式去发现教育新规律、解决新问题的一种高级素质,包括创新意识、创新思维、创新行动和创新自觉四个维度。创新意识是指教师具有丰富的想象力和强烈的好奇心,对新鲜事物有强烈的探究意识;创新思维是指教师具有敏锐的洞察力、独立与多元的思维习惯、对事物有独到的见解;创新行动是指教师具备实践力,能够在教育教学的实践过程中打破常规、创造性地解决新问题;创新自觉是指教师具备对实践的"元反思"能力和扎实的科学研究素养,自主自觉地对自身的专业实践进行重构,凝练教育思想。

从创新目标来看,创新型教师是能够发现教育教学新规律、解决教育教学新问题、发明教育教学新理念和新实践的教师。创新这一语词在概念上包含"发现"与"发明"两层含义。对教师来讲,丰富复杂的教育教学情境是教师进行创造性活动的场域。创新型教师要能够在教育教学活动中,突破传统的教育教学窠臼,发现新规律、解决新问题、发明新理念,对教育的进步、教学的创新、学生的成长做出贡献,这是创新型教师的目标。

"高素质、专业化、创新型"教师,是站在为 2035 年实现教育整体现代化和 2050 年实现教育全面现代化的战略目标基础之上,对我国教师队伍建设提出的总体要求。高素质、专业化、创新型三个范畴之间既有区别,又有联系。高素质是教师队伍质量的总要求,概念内涵和外延最广,教师的基本素质只有通过教师的专业化过程,才能形成以"专业素养"为核心品质的"高"素质;专业化是形成教师专业素质的必经路径,专业化标准也是教师素质发展程度的衡量依据;创新则是建立在教师的专业素养和专业化发展基础之上的一种更高层次的素质类型和专业行为,教师只有在深入把握一定程度的专业知识、能力与精神的前提下,才有可能对教育教学进行实践和理论的创新。三者并非完全独立分割,而是密切联系、相互促进的。

二、高素质、专业化、创新型教师队伍建设面临的现实挑战

《中国教育现代化 2035》描绘了我国教师队伍建设的重要蓝图，在内容上着力于教师队伍建设的应然性、规范性和举措性，但也从侧面反映了我国教师队伍建设所面临的突出问题与薄弱环节，"到 2035 年，教师综合素质、专业化水平和创新能力大幅提升"的政策目标实现仍然面临着现实挑战。

（一）教师队伍建设的目标之维：以"师德师风"为第一评价标准的教师专业素质体系建设有待提升

第一，职前师范生培养的师德养成教育缺位，职后教师的师德培训专业化不足。师范生的师德养成具有体验性和弥散性的特征，而当前师范生的师德教育重视理论传授，忽视基于个人体验和环境渲染的道德内省，难以让师范生从活动和经验中养成高尚师德和职业信念。职后教师的师德培训常常从属于"教育教学业务能力提升"的附属地位，师德培训专业化不足。

第二，师范生生源质量不高。有研究表明，高质量准教师的选拔和培养是提高整个教育质量的先决条件。比如，新加坡、芬兰和韩国等基础教育学生学业水平较高的国家，教师曾经的学业成绩均在前 1/3。而当前，我国本科以下层次教师教育生源以"托底性"生源为主，而"托底性"生源的主要培养专业在学前教育和小学教育。

第三，反思—探究取向的教师专业学习欠缺，教师创新素养存在不足。教师专业学习符合成人学习的规律：以问题为导向、自主探究、合作学习等，具有鲜明的反思—探究的特点。比如，芬兰注重培养职前教师的探究性学习，促进教师的知识创造和批判性思维的发展。然而当前我国教师专业学习缺乏对反思—探究能力的真正培养，教师在专业学习过程中无法提出真问题，无法借助有效的概念框架和思维工具对实践进行审慎反思，也就无法在发展批判性思维的基础上提升自身创新素养。

（二）教师队伍建设的发展之维：教师职前培养和职后发展的专业化、一体化程度有待加强

第一，教师职前培养和职后发展的专业化、一体化建设在政策层面缺乏制

度建设与运行规范。目前，我国教师职前培养和职后教师发展在管理体制上仍然存在着条块分割、协同乏力的状况，大学、地方政府、教师研修机构、中小学没有建立起有机衔接和统一的管理体制、激励机制和问责机制，协同培养和培训教师的动力机制尚未建立。

第二，教师职前培养和职后发展的专业化、一体化建设在目标设置、课程建设、实践教学体系上缺乏全程规划。目前，由于体制机制建设的不足，衔接教师专业发展不同阶段的目标体系、课程体系和教学体系尚未有效贯通，体现教师教育"理论"和"实践"相融合的课程与教学体系尚未建立。

第三，教师职前培养和职后发展的专业化、一体化建设在教师教育者师资队伍上缺乏有机协同。一方面，高校教师教育者基础教育素养和实践素养缺失。有研究通过对教师教育者参与的实习指导活动的调查研究发现，教师教育者的临床指导活动缺少深度，作为教育实践研究者的责任感缺失。另一方面，中小学教师和教研员虽然拥有丰富的专业经验和实践理论，却缺乏对"师范生培养者"的身份认同，对教师职前培养的参与深度不足。相比较而言，荷兰、英国以及美国在教师教育者的遴选、培训与专业发展方面则走在国际前沿，教师教育者深度参与师范生培养全过程的机制正在建立。

第四，教师职前培养和职后发展的专业化、一体化建设在教师教育机构建设上缺乏标准引领。目前，我国教师教育机构准入标准建设缺位，不同层次教师教育机构的培养质量参差不齐。

（三）教师队伍建设的管理之维：教师资格准入制度和教师职称评审制度有待健全

第一，教师资格申请未与教师专业培养建立有效联结。在当前教师资格证"国考"的制度设计中，无论是师范类专业申请人还是非师范类专业申请人，均采用同样的资格筛选、考试内容和评价体制，忽视了教师教育专业化过程中师范生培养的"专业性"特点，忽视了师范生与非师范生在教师教育专业知识与能力学习过程中的差异性。

第二，教师资格考试侧重对申请者认知能力和临场教学能力的考核，忽视了对申请人从教意愿和个人品质等非认知性因素的考察。

第三，教师职称评审方式以线性量化考核为主，将工作成绩、论文发表、课题承担等以量化的方式进行评价，忽略了教师在师德修养、常态教学行为、持续专业精进等方面的软性审查，教师职称评审中的"资历化"现象明显。

第四，教师职称评审组织的独立性与专业性不足，职称评审存在程序公正不足、结果透明度不高的现象，滋生了教师队伍管理的相关问题。

第五，教师职称评审名额存在城乡不均的问题，乡村教师在职高级职称指标方面尤为紧缺。

（四）教师队伍建设的保障之维：教师待遇保障、政治地位、社会地位与专业地位有待提高

第一，教师工资水平中等偏下，工资结构不合理，工作增长机制尚未建立。有研究者指出，就工资水平而言，我国教师平均工资水平在国民经济各行业中位居中等偏下，中小学教师工资水平低于学历相当的行业工资水平。就工资结构而言，教师绩效工资制度不完善，拉大了不同职级教师之间的待遇差异；教龄津贴所占比重过低，仅相当于教师工资总额的 1/300，未发挥其在鼓励教师终身从教中的作用。就工资增长机制而言，教师的工资水平如何与国民经济发展相协调、与社会进步相适应的机制建设仍然匮乏。

第二，教师住房、医疗、带薪休假等福利待遇落实不力，特别是一些偏远乡村地区，教师职业吸引力不足。

第三，教师表彰存在不足，激励作用较弱。一是教师表彰的价值导向脱轨，奖励目的不是对优秀教师教育教学水平的肯定，而是对教师清贫生活和劳苦工作的补偿；二是没有设立国家级教师荣誉称号，教师表彰的社会影响力不足，未能引起全社会关注。

三、高素质、专业化、创新型教师队伍建设的改革路径

面向教育现代化，我国教师队伍建设的改革路径是紧紧围绕"高素质""专业化""创新型"三个核心概念，着力解决当前教师队伍建设中存在的突出问题，深入把握《中国教育现代化 2035》政策文本中提出的涵盖师德师风建设、教师资格准入制度、教师职称与考核制度、建立中国特色教师教育体

系、教师职前培养和职后发展、提高教师地位与待遇等方面内容的九条路径，进而全面深入建设面向教育现代化的高素质、专业化、创新型教师队伍。

（一）围绕教师立德树人的根本任务，聚焦师德师风建设，全面提升教师专业素养和创新能力，解决好教师队伍建设的目标问题

第一，加强师范生的师德养成教育和职业信念教育，提升职后教师师德培训的专业化水平。立足社会主义核心价值观重塑师范生师德养成，通过引入名师访问、学校参观、主题报告、专题论坛、教育电影、专题研究等多元教育形态涵养师范生的道德修养；出台师德培训课程标准，审查师德培训机构办学资质，以专业化建设路径提升师德培训质量。

第二，建设常态、长效的师德建设制度，营造多元立体的师德建设社会支持体系。建立由教育部门主导，其他政府部门联合参与、齐抓共管的师德建设管理机制，加强普通教师常态师德和教师师德边界等争议性议题的学理研究，联合媒体、家长等各方社会力量做好师德舆情监督与反馈。

第三，完善师范生生源质量制度，全面提升教师队伍的整体学历层次。首先，逐步将当前的"托底性"生源质量准入体系转变为"基线性"生源质量和"选拔性"生源质量相结合的生源质量准入体系。将本科师范专业招生的基准线确定为高中学业水平考试各科良好且高考成绩不低于生源所在省份二本线；通过高考录取增设面试环节、入校二次综合选拔、就读全过程考核"进入—退出"等形式，深入考察跟踪学生的综合素养和从教潜质。提高教师资格的学历要求，幼儿园教师应要求具有大专及以上学历，中小学教师应要求具有本科及以上学历。为在职教师提供更多学历教育机会，提高在职教师的学历达标率；激励教师攻读在职教育硕士，获得更高层次学历水平。

第四，深化反思实践取向的教师专业学习，促进教师在专业情境中基于实践智慧进行理论创新。创新素养的提升要建立在反思—实践的批判思维能力以及扎实的科学研究能力基础之上，可借鉴国际教师专业学习中探究式、合作型和持续性的模式，包括课例研究、合作性行动研究、同侪协作学习等，增进教师的专业智慧和创新潜能。

（二）强化职前教师培养和职后教师发展的有机衔接，健全开放、协同、联动的中国特色教师教育体系，解决好教师队伍建设的发展问题

第一，统筹教师教育职前与职后有机衔接的体制机制建设，构建"大学—政府—区域教研机构—学校"四位一体的发展共同体。首先厘清政府、大学、区域教研机构和中小学幼儿园在职前教师培养和职后教师发展中的角色，协同政府、大学、区域教研机构和中小学幼儿园的职能，使其相互衔接从而发挥整体功能。比如在职前培养方面，政府应以立法的形式明确中小学幼儿园在师范生培养中的法定权利、义务和责任，将中小学幼儿园接纳师范生实习作为绩效评估指标之一，并为其提供相应的资源支持、政策激励。

第二，遵循教师专业成长规律，在教师专业发展目标体系的基础上统筹教师教育职前与职后有机衔接的课程体系和教学体系。在课程体系方面，基于教师终身学习和专业发展的理论指引，对教师职前职后课程进行全程规划，构建"学科专业"和"教育专业"并重，"理论课程"和"实践课程"并重且相互融合的课程体系。在教学体系建设方面，以"问题意识"为引领，建构真实的教学实践场景，运用案例教学、项目作业等多样化的教学方式帮助师范生建构反思探究能力。

第三，探索分层统整的教师教育队伍建设体制机制，建设大学—政府—区域教研机构—中小学幼儿园职前与职后有机衔接的教师教育者专业发展平台。一是在发挥大学教师教育研究者的理论研究优势的基础上，提升大学教师教育者的基础教育素养，提高大学教师教育者在师范生实践中的临床指导能力。高校可从政策上支持大学教师教育研究者去中小学开展挂职研修，并将大学研究者参与基础教育研究纳入评价体制。二是以面向基础教育为宗旨，充分依靠中小幼一线教师队伍和教研员队伍，全面参与师范生遴选、师范生培养课程设置、教学实施和质量评估等各个环节。

第四，建立健全师范院校建设标准和师范类专业认证标准，建立起基于标准的开放型办学资格准入体系，提升教师教育机构的办学水平。

（三）完善教师资格准入制度，健全教师职称评审与考核制度，解决好教师队伍建设的管理问题

第一，提高教师资格报考过程中的专业准入要求，针对非师范生身份的应考者，可要求其出示在国家认可的教师教育机构修习教育专业课程、进行教育实践的相关材料，从而将开放的教师资格认证准入制度建立在完善的专业教育的基础之上。

第二，完善教师资格考试制度，结合纸笔测验、撰写教案和面试等多元评价形式，将申请者的专业认同、个性品质和实践思维等非认知品质的考察纳入评价体系。比如日本、韩国、新加坡等国家的教师资格考试重视个人面试、集体面试和小组讨论等多元形式，全面考察申请者的专业素养。

第三，建立教师资格更新机制，由终身制改为定期注册制，如在获得教师资格证书后每5~7年进行重新申请与考核，保障教师的持续性专业提升。比如，日本于2008年正式施行教师资格更新制，教师资格证书有效期限由终身制改为每十年更新一次；教师应在教师资格证书更新期限的前两年，学习大学开设的30学时的教师研修课程。

第四，在国家宏观教育政策导向和吸纳原有评审标准内容的基础上，结合本地区教育发展情况的教师结构性需求，制定并完善适应本区域中小学教师职称评聘的专业标准，逐步形成操作性强的评价指标体系。

第五，建立权威的、专业性强的评审组织，采取更为公平、公正的评审办法，如对所有评审材料采取"双盲"同行评议，确保职称考核评审过程的公开透明。此外，教育行政部门要建立职称评审监督制度。

第六，建立合理的职称评审倾斜机制，在考虑城乡教育发展水平差异的基础上，在县域内实现高级职称评审中向乡村、边远和少数民族地区教师群体倾斜。

（四）健全以中小学教师工资长效联动机制为核心的教师待遇和福利制度，加大教师表彰力度，解决好教师队伍建设的保障问题

第一，提升教师工资水平，改善教师工资结构，建立健全教师工资增长机制。提高教师工资待遇，努力实现中小学教师平均工资收入水平不低于或高于

当地公务员平均工资收入水平；完善绩效评估制度，建立科学的绩效工资管理机制，适当提高奖励性绩效工资所占比例，体现"多劳多得，优绩优酬"原则；构建以教龄、学历为主要指标的基本工资增长机制，将教师的平均收入与人均 GDP 进行比较，让教师合理分享经济增长的成果。

第二，建立健全教师经费保障机制，落实教师福利待遇。健全保证财政教育投入持续稳定增长的长效机制，保证国家财政性教育经费支出占国内生产总值的比例不低于4%，适当提高我国教师工资福利支出在教育投入中的占比。落实中小学教师在住房福利、定期体检、带薪休假方面的福利待遇，如依法为乡村教师缴纳住房公积金，加快落实农村教师周转房建设，建立省市县三级乡村教师重大疾病救助基金等举措。

第三，营造尊师重教的社会氛围，重振教师职业的师道尊严。建立以政府部门牵头、主流媒体参与、社会多方合力建设的新型尊师重教文化；特别是媒体行业要恪守职业道德，杜绝对教师的不实报道，积极优化舆论导向，合理引导公众期望，展示教师真实形象，努力引导公众形成尊师重教的社会风尚。

第四，加大教师表彰力度，建设国家教师荣誉制度。建立以"国家级教师荣誉"领衔的国家教师荣誉制度，发挥教师表彰对社会心理的辐射、引导和强化作用，让尊师重教逐步成为大众心理结构中稳定的要素，推动教师成为一种充满荣誉感的、受人尊重与羡慕的职业。

（五）推动教师供给侧改革，加大教职工统筹配置和跨区域调整力度，解决好教师队伍建设的统筹问题

第一，建立教师需求监控与预测制度，通过科学的数据评估来预测各级各类教师队伍需求总量。定期发布国家与地方政府年度教师需求监测报告和预测报告，缓解教师队伍供需矛盾。比如，英国政府每年会发布教育人力报告，向社会公开当年的教师供需状态；美国教育者培养认证委员会要求教师教育机构研判中小学校关于短缺型教师培养的需求和诉求，并将其作为教师教育机构的认证条件。

第二，学前教育和特殊教育教师培养的短板急需补齐，逐步缩小专科和中等教育层次师范生培养规模，引导有条件的院校开设本科层次和研究生层次的

学前教育专业和特殊教育专业。

第三，对农村、偏远地区、民族地区的学校而言，实行定岗招聘制度和短期轮岗交流制度。实行定岗招聘制度，政府通过提高教师待遇、改善教师工作生活条件、增加教师专业发展机会等方式吸引、鼓励执教素质好、教龄较长的教师到乡村定点学校任教。实行轮岗交流制度，探索城市教师区农村或者偏远地区任教，缓解当地农村教师师资不足、教师专业素质过低的情况。

第四，建立教师编制动态调配机制，规范人事代理制度和教师聘任制度，并出台相关政策保障公立学校通过合同制聘用的教师工资、福利与保险待遇不低于编制内教师。

第五，优先扶持中部院校的教师教育师资队伍建设，提高教师教育办学层次。比如，提升教学论教师占专任教师比例，特别是引进具有基础一线教育教学经历的拥有学科教学理论博士学历的一线教师。通过这些措施，着力推动教师供给侧改革，系统统筹解决好教师队伍建设，为提升高素质专业化创新型教师队伍、推进教育现代化奠定坚实的基础。

（六）建立高水平现代教师教育体系，重点建设一批师范教育基地

教师教育作为促进教育公平、提高教育质量的重要支撑，是加快实现教育现代化的基础工程。《中国教育现代化2035》明确提出，要"培养高素质教师队伍，健全以师范院校为主体、高水平非师范院校参与、优质中小学（幼儿园）为实践基地的开放、协同、联动的中国特色教师教育体系"。中国特色高水平的现代教师教育体系应该具备"开放、协同、联动"的显著特征，现代教师教育体系本质上是一个开放的系统，由师范院校、高水平非师范院校、地方教育行政部门、优质中小学（幼儿园）等多元主体和教师培养、准入、培训、考核等多个环节组成。

协同性是建立健全教师教育体系最重要的核心理念之一，这是由教师教育所包含和关联的多主体、多环节、多领域所决定的。我国目前已经基本形成了师范院校与非师范院校共同举办师范教育的格局和多元化的办学体制，但当前我国教师教育体系内部还存在各子系统之间联动不充分、不深入、不紧密的问题。要推动实现实质性联动，还需要推动实现制度化协同，需要建立师范专业

招生"研判"制度、中小学及幼儿园参与师范生培养的法定义务和绩效制度，完善教师编制政策，制定县级教师发展中心建设标准。要积极推动高水平综合大学开展教师教育，通过开设教师教育课程等方式培养优秀教师。实施"互联网+教师教育"创新行动，推动现代信息技术应用于教师教育，实现线上线下教育充分融合联动。

师范院校具有教师教育的师资、学科发展等方面的资源和优势，要承担起教师终身发展的责任，建设师范教育基地对于实现教育现代化和建设高质量教育体系具有关键作用。要明确师范院校建设标准和师范类专业办学标准，加大对师范院校发展的支持力度，各类师范院校要确保正确的办学方向，突出体现师范教育的特色。通过师范教育基地建设，推动教师职前培养与职后培训融通，并将师范生培养与教育教师队伍建设紧密结合，为师范生提供更多学习基层一线教学方法的机会，也让师范院校教师走进课堂了解教育发展实际，适时更新教育理念，创新师范生培育方式以适应教育改革发展需要，引导师范院校与中小学幼儿园等开展教师专业发展实践与研究。

（七）推动"互联网+"条件下教师教育理念和教学方法的变革与创新

进入数字化智能化时代，工业化时代的教育形态已经无法满足数字化智能化社会经济发展的需要，教育正逐步发展为灵活、开放、终身、个性化的新生态。《中国教育现代化2035》提出要"利用现代技术加快推动人才培养模式改革，实现规模化教育与个性化培养的有机结合"，信息技术打破了原来封闭的学习空间，提供了新型的教学和学习工具，链接了更加丰富多样的学习资源，为重塑传统教学模式中的关键要素提供了可能。

面对新的教育时代发展特征，全面提升教师的信息化素养，将增强信息化意识、提升信息技术能力作为教师培训的基础性目标和内容，作为所有教师应具备的基本素养和能力，是加快推进教育现代化和建设高质量教育体系的必然要求。传统的以教师为中心的课堂教学结构已发生根本性变革，互联网时代教师要对自身所承担的角色进行新的定位，更新教育理念和教学方法。教学活动要从"教"向促进"学"转变，教师不再是单一的知识传授者、灌输者，而应转变为学生课堂学习的帮助者、促进者，激发学生学习的主动性、积极性和创造性。教师的专业发展能力结构构成也将体现互联网时代特点，如教师应具备信息技术知识、教学迁移能力、信息技术与学科整合能力、数字化交往能力、数字化教学评价能力、数字化协作能力等。教师要利用现代信息技术，根据学生的不同情况实现个性化教学，通过相关数据分析工具增进对每个学生的了解，并以此来改进教学内容和整体的教学规划，增进与学生的沟通和互动，使教学工作更加高效。

参考文献

一、期刊

［1］李之钦. 简谈高师教育改革的几个问题［J］. 西北师大学报（社会科学版），1987（1）：92-99.

［2］成有信. 论师范教育和教师［J］. 高等师范教育研究，1989（1）：27-35.

［3］张民选. 模块课程：现代课程中的新概念、新形态［J］. 比较教育研究，1993（6）：11-13.

［4］石中英. 关于教育活动的理论思考［J］. 北京师范大学学报（社会科学版），1996（2）：21-28.

［5］优先发展师范教育　建设高素质教师队伍［J］. 人民教育，1996（10）：3-4.

［6］沙红. 信息素养及其培育［J］. 教育改革，1996（6）：48-49.

［7］袁锐锷. 世界师范教育的过去和未来［J］. 高等师范教育研究，1997（1）：11-14.

［8］柯森. 论信息时代教师角色的转变及师范教育的发展趋势［J］. 教育研究，1997（6）：74-76.

［9］陈时见. 发展师范教育问题与展望［J］. 教育科学，1998（3）：17-19.

［10］叶澜．一个真实的假问题——"师范性"与"学术性"之争的辨析［J］．高等师范教育研究，1999（2）：11-17．

［11］刘德华．论高师课程新体系的构建［J］．陕西师范大学学报（哲学社会科学版），1999（1）：170-174．

［12］成有信．教师养成方式的演变和21世纪我国师范教育发展的宏观走向［J］．教育研究，2000（1）：8-11．

［13］王旭卿．美国中小学信息素养教育［J］．外国中小学教育，2000（2）：20-23．

［14］母小勇，谢安邦．论教师教育课程的价值取向［J］．教育研究，2000（8）：43-47．

［15］张倩苇．信息素养与信息素养教育［J］．电化教育研究，2001（2）：9-14．

［16］丁邦平．论美国教师教育的改革与创新——教师专业发展学校及其对我们的启示［J］．首都师范大学学报（社会科学版），2001（2）：93-99．

［17］张贵新，饶从满．关于教师教育一体化的认识与思考［J］．课程．教材．教法，2002（4）：58-62．

［18］田宝军，王德林．美国专业发展学校（PDS）模式述评［J］．高等师范教育研究，2002（6）：63-66．

［19］韩清林．积极推动师范教育转型构建开放式教师教育体系［J］．教育研究，2003（3）：54-60．

［20］钟秉林．教师教育的发展与师范院校的转型［J］．教育研究，2003（6）：22-27．

［21］陈孟娴，黄雪芳，杨永忠．开展教育技术培训提高教师信息素养［J］．高教探索，2003（3）：52-53．

［22］赵昌木．美国教师专业发展学校：理念、实施与问题［J］．外国教育研究，2003（10）：42-46．

［23］谢安邦．教师教育转型时期的体制创新和制度建设［J］．教育研究，2004（9）：7-10．

[24] 曾天山. 教师教育应由满足数量向调整结构和提高质量转变 [J]. 教育研究，2004（9）：12-13.

[25] 杨德广. 教师教育要向高层次专业化方向发展 [J]. 教育研究，2004（9）：13-15.

[26] 李海英. 教师教育课程设置的价值取向 [J]. 全球教育展望，2005，34（1）：40-44.

[27] 曲铁华，冯茁. 专业化：教师教育的理念与策略 [J]. 教师教育研究，2005（1）：10-15.

[28] 孔令帅. 美国提高中小学教师信息技术使用积极性的四种培训模式及启示 [J]. 中小学教师培训，2005（4）：61-63.

[29] 杨光钦. 教师教育效率与教育模式创新 [J]. 教育研究，2005（7）：75-79.

[30] 钟绍春. 关于教育信息化一些关键问题的思考 [J]. 电化教育研究，2005（10）：4-11+24.

[31] 杜玉霞. 美国信息素养教育与研究的启示 [J]. 电化教育研究，2005（10）：42-44+48.

[32] 王克勤，马建峰，盖立春等. 师范教育的转型与教师教育发展 [J]. 教育研究，2006（4）：76-79.

[33] 楚江亭. 科学知识观与教师创新能力养成——社会建构论视野中的科学知识性质解析及启示 [J]. 教师教育研究，2006（6）：53-57+28.

[34] 赵文霞，张萍. 优化资源建设促进教师教育信息化能力发展——来自郑州市中学的调查 [J]. 中国教育信息化，2007（24）：23-26.

[35] 叶飞. 关于师范生免费教育的课程目标设定的基础分析 [J]. 教育科学，2008（1）：34-37.

[36] 何菊玲，栗洪武. 教师教育范式：结构与内涵——基于库恩范式理论的解读 [J]. 教育研究，2008（4）：83-88.

[37] 高晓清. 从经验性实践到专业性实践——从教师教育的发展历程比较看教师的实践性特点 [J]. 教育研究，2009，30（2）：72-74.

［38］卢乃桂，王夫艳．当代中国教师教育改革与教师专业身份之重建［J］．教育研究，2009，30（4）：55-60.

［39］栗洪武．"教师教育"不能取代"师范教育"［J］．教育研究，2009，30（5）：68-72.

［40］李爱秋．美国教师教育课程设置特色与启示——以美国伊利诺大学（UIC）教师教育课程设置为例［J］．教育科学，2009，25（3）：79-84.

［41］宁虹．教师教育：教师专业意识品质的养成——教师发展学校的理论建设［J］．教育研究，2009，30（7）：74-80.

［42］王健．我国高校学士后教师培养模式的现状分析［J］．教师教育研究，2009，21（6）：10-14.

［43］王宇翔．学士后教师教育模式实施的必要性探究［J］．中国教育学刊，2010（1）：73-75.

［44］胡艳．美国教师专业发展学校述评［J］．中国教育学刊，2010（3）：65-68.

［45］胡艳，邹学红．美国教师专业发展学校标准评析［J］．教师教育研究，2010，22（3）：76-80.

［46］杨燕燕．我国教师教育实践课程的历史回顾与发展愿景［J］．教育探索，2010（5）：39-42.

［47］朱旭东．教师教育标准体系的建立：未来教师教育的方向［J］．教育研究，2010，31（6）：30-36.

［48］全宏瑞，温守轰，姚惠伶．论教师信息素养及其培养方法［J］．教育探索，2010（7）：111-113.

［49］杨念鲁．构建以学生发展为本的高效课堂［J］．中国教育学刊，2010（12）：3.

［50］钱小龙，汪霞．美、英、澳三国教师教育课程设置的现状与特点［J］．外国教育研究，2011，38（4）：1-6.

［51］唐智松，易连云．目标定位：研究型教师［J］．教育研究，2011，32（8）：85-86.

［52］赵士果．培养研究型教师——芬兰以研究为基础的教师教育探析［J］．全球教育展望，2011，40（11）：31-36．

［53］欧璐莎，吕立杰．实习教师社会化进程中教育实践课程优化［J］．当代教育科学，2012（12）：28-29．

［54］许涛．推动信息技术与教师教育的深度融合［J］．教育研究，2012，33（9）：124-127+132．

［55］马敏，王坤庆．教师教育新模式理论探索及其实践——以师范生免费教育政策实施为契机［J］．教育研究，2012，33（11）：87-92+97．

［56］杨茂庆，孙杰远．聚焦于教育研究能力的教师教育模式探析［J］．教育研究，2012，33（12）：95-99．

［57］娄立志．教师教育课程平台顶层设计的理念与构想——搭建与基础教育改革相沟通的桥梁［J］．教育研究，2012，33（12）：100-104．

［58］杜玉霞．中国教师教育信息化政策的演进与特点［J］．电化教育研究，2013，34（8）：34-41．

［59］肖瑶，陈时见．教师教育一体化的内涵与实现路径［J］．教育研究，2013，34（8）：149-152．

［60］何茜，张学斌．教师教育一体化课程体系及其实施保障［J］．教育研究，2013，34（8）：154-156．

［61］邹绍清，陈亮．教师教育协同机制的创建与实施［J］．教育研究，2013，34（8）：158-159．

［62］李中国，辛丽春，赵家春．G-U-S教师教育协同创新模式实践探索——以山东省教师教育改革为例［J］．教育研究，2013，34（12）：144-148+159．

［63］刘义兵，付光槐．教师教育一体化发展的体制机制创新［J］．教育研究，2014，35（1）：111-116．

［64］郝文武．师范教育向教师教育转变的必然性和科学性［J］．教育研究，2014，35（3）：127-131．

［65］张文波．中小学教育信息化发展新阶段问题的现状及对策研究

［J］. 中国电化教育，2014（5）：39-43.

［66］朱旭东. 论教师专业发展的理论模型建构［J］. 教育研究，2014，35（6）：81-90.

［67］肖正德. 系统论视域下教师教育学科体系之特质与构架［J］. 教育研究，2014，35（7）：101-108.

［68］饶从满. 变动时代的日本教师教育改革：背景、目标与理念［J］. 比较教育研究，2014，36（8）：1-7.

［69］刘益春，李广，高夯. "U-G-S"教师教育模式实践探索——以"教师教育创新东北实验区"建设为例［J］. 教育研究，2014，35（8）：107-112.

［70］李中国. 两种"三位一体"教师教育模式比较研究［J］. 教育研究，2014，35（8）：113-117.

［71］苟渊. 教师教育变革的基本逻辑与未来走向［J］. 教育研究，2014，35（10）：73-78.

［72］关松林. 发达国家教师教育改革的经验与思考［J］. 教育研究，2014，35（12）：101-108.

［73］宁虹，赖力敏. "零距离"教师教育——全日制教育专业硕士培养的探索［J］. 教育研究，2015，36（1）：81-89.

［74］张国霖. 教师教育课程改革片议［J］. 基础教育，2015，12（4）：1.

［75］陈时见，王雪. 教师教育一体化课程体系的构建与实施［J］. 教育研究，2015，36（8）：109-112.

［76］肖瑶，张学斌. 教师教育一体化课程资源及其建设［J］. 教育研究，2015，36（8）：112-115.

［77］何茜. 教师职前职后一体化教育实践课程及其保障实施［J］. 教育研究，2015，36（8）：115-118.

［78］艾兴. 一体化教师教育的专业建设内涵及核心内容［J］. 教育研究，2015，36（8）：118-121.

［79］刘义兵，常宝宁．教师教育一体化师资队伍建设及其创新实践［J］．教育研究，2015，36（8）：121-124．

［80］俞婷婕．造就研究型专业人员：教师教育课程设置的芬兰经验［J］．教师教育研究，2015，27（6）：99-106．

［81］叶澜．终身教育视界的深刻意蕴：全时空性的全人发展——保尔·朗格朗带给我们的启示和价值［J］．人民教育，2017（1）：13-18．

［82］杨跃．教师教育课程衔接：不容忽视的改革视域［J］．南京师大学报（社会科学版），2017（2）：93-98．

［83］杜荣．教师教育一体化课程体系实施的深层困境与调适［J］．中国成人教育，2017（4）：136-138．

［84］李广．教师教育协同创新机制研究——东北师范大学"U-G-S"教师教育模式新发展［J］．教育研究，2017，38（4）：146-151．

［85］朱旭东．论教师的全专业属性［J］．教育发展研究，2017，37（10）：1-7．

［86］赵明仁．教师教育者的身份内涵、困境与建构路径［J］．教育研究，2017，38（6）：95-100．

［87］杜玉霞．基于"互联网+"的中小学教师信息化教学能力提升研究［J］．中国电化教育，2017（8）：86-92．

［88］王会军，王永固，王张琴．教育资源公共服务平台促进教师专业发展的机制研究——以中国教育云-浙江教育资源公共服务平台为例［J］．中国电化教育，2017（9）：119-124．

［89］钟苇笛．教育信息化背景下中小学教师专业发展提升策略［J］．中国电化教育，2017（9）：125-129．

［90］孟繁华．以新发展理念引领教师教育改革创新［J］．教育研究，2017，38（11）：15-17．

［91］周波．区域教师教育一体化的实践变革［J］．教育发展研究，2017，37（22）：77-84．

［92］肖正德．我国教师教育学科的发展基础与未来期待［J］．教育研究，

2018，39（2）：52-57.

[93] 蔡春，卓进，麻健．教师的哲学诉求——兼论教师教育的路径问题 [J]．教育研究，2018，39（3）：83-93.

[94] 余新，王婷．改革开放 40 年我国教师在职教育的回顾与前瞻 [J]．课程．教材．教法，2018，38（7）：21-26+80.

[95] 饶从满．提高教师和教师教育地位，推动教师教育振兴发展 [J]．华东师范大学学报（教育科学版），2018，36（4）：34-36.

[96] 赵明仁．培养反思性与研究型卓越教师：新师范教育的内涵与体系建构 [J]．西北师大学报（社会科学版），2018，55（5）：79-86.

[97] 曲铁华，于萍．改革开放 40 年教师教育改革与未来展望 [J]．教育研究，2018，39（9）：36-44.

[98] 梁泽鸿，全克林．面向智慧教育的高校教师信息化教学能力提升 [J]．中国成人教育，2018（19）：145-147.

[99] 杨晓梦．链接、赋能与重塑：新时代教师的全专业发展——来自"第三届全国教师专业发展学术会议"的声音 [J]．中小学管理，2019（3）：41-43.

[100] 陆道坤，钱婉君．论教育自信视角下中国特色师范教育体系的建构——基于 120 余年师范教育发展历程的反思 [J]．高校教育管理，2019，13（3）：26-34.

[101] 马欣研，朱益明．中小学教师信息素养标准的国际特点与启示 [J]．外国中小学教育，2019（5）：51-59.

[102] 申国昌，陶光胜．铸造大国良师：习近平总书记教师教育重要论述的内涵及特征 [J]．教育研究，2019，40（8）：12-14.

[103] 陆道坤．再论"师范教育"与"教师教育"——基于 120 余年中国教师养成史的考察 [J]．教师教育研究，2019，31（6）：86-91.

[104] 吴砥，周驰，陈敏．"互联网+"时代教师信息素养评价研究 [J]．中国电化教育，2020（1）：56-63+108.

[105] 房艳梅．基于师范类专业认证的高师院校教师教育课程改革研究

［J］．教育理论与实践，2020，40（27）：41-43.

［106］王芳．教师教育理论课程教学模式改革探析［J］．现代教育管理，2021（4）：92-98.

［107］巫锐．师范性与学术性的张力——21世纪德国综合性大学教师教育课程体系改革研究［J］．教育发展研究，2021，41（9）：56-62.

［108］游旭群．重塑教师教育培养体系着力打造优秀乡村教师［J］．教育研究，2021，42（6）：23-28.

［109］孟繁华．构建指向欠发达地区教师培养的教师教育共同体［J］．教育研究，2021，42（6）：28-33.

［110］龙宝新．教师教育学科：现象、隐忧与走向［J］．教育研究，2021，42（7）：60-70.

［111］肖新祥．信息素养的理论缘起、内涵及构成要素略论——兼论信息素养教育国际经验［J］．电化教育研究，2021，42（8）：116-121+128.

［112］李琼，孙晓红，赵江山．百年来中国共产党领导教师教育发展的逻辑与经验［J］．教育研究，2021，42（9）：4-13.

［113］李广．构建新时代中国特色高质量教师教育体系［J］．教育发展研究，2022，42（2）：3.

［114］许美娟．英语教师职前教育实践课程现状调查及应对策略［J］．黑河学院学报，2022，13（2）：91-93.

［115］张炜，张万红．高质量教师教育体系建设：框架与路径［J］．现代教育管理，2022（3）：57-65.

［116］谢维和．综合性大学参与教师教育的实践与思考［J］．教育研究，2022，43（4）：155-159.

［117］左崇良，张磊．地方高等师范院校与乡村学校"双向渗透"协同育人机制探究——以衡阳师范学院为例［J］．民族高等教育研究，2022，10（3）：71-77.

［118］宋萑．教师教育专业化与教师教育体系建设［J］．国家教育行政学院学报，2022（7）：40-47.

［119］闫建璋，王曦．新时代高质量教师教育体系建设研究［J］．当代教师教育，2022，15（3）：1-6.

［120］周跃良，吴茵荷，蔡连玉．面向人机协同教育的教师教育变革研究［J］．电化教育研究，2022，43（10）：5-11.

［121］刘善槐，朱秀红，赵垣可．乡村振兴背景下乡村教师补充机制研究［J］．中国电化教育，2022（10）：20-26+46.

［122］杨梅，叶宜生．校企合作模式下的英语教师师资队伍建设研究［J］．太原城市职业技术学院学报，2022（10）：97-100.

［123］曲铁华，杨洋．论芬兰的教师教育课程改革及其启示［J］．四川师范大学学报（社会科学版），2022，49（6）：159-168.

［124］徐赟，董永贵．新时代高质量教师教育体系建设：逻辑结构、现实基础与基本理路［J］．国家教育行政学院学报，2022（11）：21-28+39.

［125］周振飞．基于实践导向的高校教师教育实践课程改革研究［J］．中国成人教育，2022（22）：46-50.

［126］李欣．应用型本科院校高质量师资队伍建设路径研究［J］．平顶山学院学报，2022，37（6）：114-118.

［127］余文森．新课标呼唤新教学——新时代教学改革的方向与路径［J］．教师教育学报，2023，10（2）：43-49.

［128］左崇良，皮修平，唐芳贵．教育硕士"G-U-S"三位一体培养模式的实践与创新——以衡阳师范学院为例［J］．创新人才教育，2023（1）：67-71+76.

［129］张佳伟，卢乃桂．寻找学术性与师范性融合的空间——高水平综合性大学发展教师教育的优化路径［J］．教育研究，2023，44（2）：150-159.

［130］唐汉琦．我国综合性大学举办教师教育的模式、困境与改革展望［J］．黑龙江高教研究，2023，41（03）：112-117.

［131］李伟，邬志辉．国外乡村教师教育变革的在地化实践［J］．比较教育研究，2023，45（3）：22-31.

［132］游旭群．新时代教师教育"全能型"教师的理性建构与实践策略

[J]．内蒙古社会科学，2023，44（2）：188-195+2.

[133] 何舒颖，李广海．面向立德树人根本任务的教师教育高质量发展进路[J]．内蒙古社会科学，2023，44（2）：196-204.

[134] 杜学元，赵永勤．"高内适质量"教师教育体系的应然价值追求、现实困境及改进路径[J]．教育与教学研究，2023，37（3）：52-63.

[135] 杨琴．德国《教师教育标准：教育素养》的修订及启示[J]．西南大学学报（社会科学版），2023，49（2）：192-201.

[136] 周彬．论技术时代高质量教师教育的路径建构[J]．教师教育研究，2023，35（2）：1-8+14.

[137] 沈辉，周钧．教师教育课程质量保障制度：现状、问题与建议[J]．当代教育论坛，2023（2）：77-84.

[138] 朱以财．从"学科"到"实践"：教师教育课程的价值哲学审思[J]．教育科学探索，2023，41（2）：12-18.

[139] 教育部教师工作司．深入落实国家教育数字化战略行动全面提升教师队伍信息化素养和现代化治理水平——2022年教师队伍数字化建设情况报告[J]．中国电化教育，2023（4）：1-6.

[140] 饶从满．高水平教师教育体系建设的意蕴与课题[J]．西北师大学报（社会科学版），2023，60（3）：54-60.

[141] 朱旭东，黄蓝紫．一流大学建设高校的教师教育体系构建：困境与路径[J]．清华大学教育研究，2023，44（2）：43-52.

[142] 龚楠．指向"乡村教师"的高校师范生定向培养研究[J]．教育理论与实践，2023，43（15）：47-50.

[143] 张军，朱旭东．重构科学教师教育体系[J]．教育研究，2023，44（6）：27-35.

[144] 郭绍青．教育数字化赋能新课程实施与教师培训转型策略研究[J]．中国电化教育，2023（7）：51-60.

二、书籍

[1] 刘捷．栅栏内外：中国高等师范教育百年省思[M]．北京：北京师

范大学出版社，2002.

［2］朱永贞．教师教育［M］．南京：江苏教育出版社，2004.

［3］马晓燕．教师教育论［M］．济南：济南出版社，2005.

［4］王继新．信息化教育概论［M］．武汉：华中师范大学出版社，2006.

［5］聂志成．教师教育与教师教育课程研究［M］．成都：西南交通大学出版社，2007.

［6］王保华．国际教师教育机构认证制度研究［M］．武汉：华中师范大学出版社，2007.

［7］任友群，胡航，顾小清．教师教育信息化的理论与实践［M］．上海：华东师范大学出版社，2009.

［8］南国农，李运林，祝智庭．信息化教育概论［M］．北京：高等教育出版社，2011.

［9］陈时见．教师教育课程论历史透视与国际比较［M］．北京：人民教育出版社，2011.

［10］吕纯孝．教师教育［M］．南京：江苏教育出版社，2014.

［11］饶从满，邓涛．义务教育教师专业发展导论［M］．北京：北京师范大学出版社，2016.

［12］陶振伟．教师教育［M］．南京：江苏凤凰教育出版社，2017.

［13］黄正平．转型视域中的教师教育研究［M］．南京：南京大学出版社，2018.

［14］荀渊．迈向专业的教师教育［M］．上海：华东师范大学出版社，2018.

［15］俞婷婕．教师教育学研究［M］．杭州：浙江大学出版社，2019.

［16］朱旭东，胡艳，等．中国教育改革开放40年教师教育卷［M］．北京：北京师范大学出版社，2019.

［17］张慧军．教育信息化背景下教师专业发展理论与实践［M］．西安：陕西人民教育出版社，2020.

［18］陈时见，王远，李培彤［M］．教师教育研究，福州：福建教育出版

社，2021.

［19］岳建军．教师教育者共同体构建研究基于地方综合性大学的考察［M］．北京：中国社会科学出版社，2021.

［20］龙宝新．中国教师教育综合化研究［M］．北京：中国社会科学出版社，2022.

三、网上电子公告

［1］国家教委．高等学校教师培训工作规程［EB/OL］．http：//www.moe.gov.cn/srcsite/A02/s5911/moe＿621/199604/t19960408＿81890.html，1996－04－08.

［2］中华人民共和国教育部．中小学教师继续教育规定［EB/OL］．http：//www.moe.gov.cn/srcsite/A02/s5911/moe＿621/199909/t19990913＿180474.html，1999－09－13.

［3］教育部．教育部关于成立教师教育专家委员会的通知［EB/OL］．http：//www.moe.gov.cn/srcsite/A10/s7058/200308/t20030827＿89028.html，2003－08－27.

［4］教育部．教育部关于印发《中小学教师教育技术能力标准（试行）》的通知［EB/OL］．http：//www.moe.gov.cn/srcsite/A10/s6991/200412/t20041215＿145623.html，2004－12－15.

［5］发挥教师教育优势，加快师范院校发展——袁贵仁副部长在2005年教育部直属高校工作咨询委员会师范组会议上的讲话［EB/OL］．http：//www.moe.gov.cn/jyb＿xwfb/moe＿176/201001/t20100129＿11814.html，2005－06－17.

［6］中华人民共和国教育部．教育部关于大力推进教师教育课程改革的意见［EB/OL］．http：//www.moe.gov.cn/srcsite/A10/s6991/201110/t20111008＿145604.html，2011－10－08.

［7］中华人民共和国教育部．教育部关于全面提高高等教育质量的若干意见［EB/OL］．http：//www.moe.gov.cn/srcsite/A08/s7056/201203/t20120316＿14

6673. html，2012-03-16.

［8］中华人民共和国教育部．教育部关于印发《幼儿园教师专业标准（试行）》《小学教师专业标准（试行）》和《中学教师专业标准（试行）》的通知［EB/OL］．http：//www. moe. gov. cn/srcsite/A10/s6991/201209/t20120913_145603. html，2012-09-13.

［9］教育部等3部门．教育部国家发展改革委财政部关于深化教师教育改革的意见［EB/OL］．http：//www. moe. gov. cn/srcsite/A10/s7011/201211/t20121108_145544. html，2012-11-08.

［10］教育部．教育部关于印发《中等职业学校教师专业标准（试行）》的通知［EB/OL］．http：//www. moe. gov. cn/srcsite/A10/s6991/201309/t20130924_157939. html，2013-09-24.

［11］中华人民共和国教育部．教育部关于印发《特殊教育教师专业标准（试行）》的通知［EB/OL］．http：//www. moe. gov. cn/srcsite/A10/s6991/201509/t20150901_204894. html，2015-08-26.

［12］中华人民共和国教育部．教育部关于加强师范生教育实践的意见［EB/OL］．http：//www. moe. gov. cn/srcsite/A10/s7011/201604/t20160407_237042. html，2016-03-21.

［13］中华人民共和国教育部．教育部关于印发《教育信息化"十三五"规划》的通知［EB/OL］．http：//www. moe. gov. cn/srcsite/A16/s3342/201606/t20160622_269367. html，2016-06-07.

［14］中华人民共和国教育部．教育部关于全面推进教师管理信息化的意见［EB/OL］．http：//www. moe. gov. cn/srcsite/A10/s7151/201704/t20170419_302874. html，2017-04-05.

［15］中华人民共和国教育部．中共中央国务院关于全面深化新时代教师队伍建设改革的意见［EB/OL］．http：//www. moe. gov. cn/jyb_xwfb/moe_1946/fj_2018/201801/t20180131_326148. html，2018-01-31.

［16］教育部等五部门．教育部等五部门关于印发《教师教育振兴行动计划（2018—2022年）》的通知［EB/OL］．http：//www. moe. gov. cn/srcsite/

A10/s7034/201803/t20180323_331063. html，2018-03-22.

［17］中华人民共和国教育部．教育部关于印发《教育信息化 2.0 行动计划》的通知［EB/OL］. http：//www. moe. gov. cn/srcsite/A16/s3342/201804/t20180425_334188. html，2018-04-18.

［18］中华人民共和国教育部．教育部关于加快建设高水平本科教育全面提高人才培养能力的意见［EB/OL］. http：//www. moe. gov. cn/srcsite/A08/s7056/201810/t20181017_351887. html，2018-10-08.

［19］中华人民共和国教育部．教育部 2022 年工作要点［EB/OL］. http：//www. moe. gov. cn/jyb_xwfb/gzdt_gzdt/202202/t20220208_597666. html，2022-02-08.

［20］中华人民共和国中央人民政府．习近平：高举中国特色社会主义伟大旗帜为全面建设社会主义现代化国家而团结奋斗——在中国共产党第二十次全国代表大会上的报告［EB/OL］. http：//www. gov. cn/xinwen/2022-10/25/content_5721685. htm，2022-10-25.

［21］中华人民共和国教育部．教育部关于发布《教师数字素养》教育行业标准的通知［EB/OL］. http：//www. moe. gov. cn/srcsite/A16/s3342/202302/t20230214_1044634. html，2022-12-02.

［22］中华人民共和国教育部．教育部关于深化本科教育教学改革全面提高人才培养质量的意见［EB/OL］. http：//www. moe. gov. cn/srcsite/A08/s7056/201910/t20191011_402759. html，2019-10-08.

［23］教育部等六部门．教育部等六部门关于推进教育新型基础设施建设构建高质量教育支撑体系的指导意见［EB/OL］. http：//www. moe. gov. cn/srcsite/A16/s3342/202107/t20210720_545783. html，2021-07-08.

［24］教育部等八部门．教育部等八部门关于印发《新时代基础教育强师计划》的通知［EB/OL］. http：//www. moe. gov. cn/srcsite/A10/s7034/202204/t20220413_616644. html，2022-04-11.

［25］中华人民共和国教育部．教育部关于发布《教师数字素养》教育行业标准的通知［EB/OL］. http：//www. moe. gov. cn/srcsite/A16/s3342/202302/

t20230214_ 1044634. html，2022-12-02.

[26] 中华人民共和国教育部. 教育部关于发布《教育基础数据》等三项教育行业标准的通知 [EB/OL]. http：//www. moe. gov. cn/srcsite/A16/s3342/202302/t20230214_ 1044633. html，2022-12-02.